将本书献给最爱的妈妈白玉琴女士！

21世纪经济管理新形态教材

金融学系列

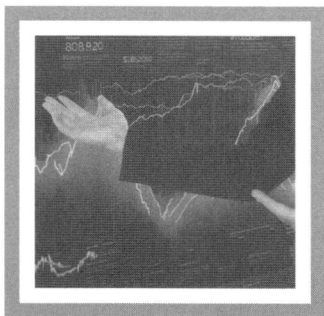

Financial Services Marketing

金融服务营销

丁宁 丁溧◎编著

清华大学出版社

北京

图书在版编目（CIP）数据

金融服务营销 / 丁宁，丁溧编著 . —北京：清华大学出版社，2024.6
21 世纪经济管理新形态教材 . 金融学系列
ISBN 978-7-302-63945-9

Ⅰ . ①金… Ⅱ . ①丁… ②丁… Ⅲ . ①金融市场－市场营销学－高等学校－教材
Ⅳ . ① F830.9

中国国家版本馆 CIP 数据核字 (2023) 第 117067 号

责任编辑：胡　月
封面设计：李召霞
版式设计：方加青
责任校对：王荣静
责任印制：刘海龙

出版发行：清华大学出版社
　　　　　网　　　址：https://www.tup.com.cn，https://www.wqxuetang.com
　　　　　地　　　址：北京清华大学学研大厦 A 座　　　　邮　　编：100084
　　　　　社 总 机：010-83470000　　　　　　　　　　　邮　　购：010-62786544
　　　　　投稿与读者服务：010-62776969，c-service@tup.tsinghua.edu.cn
　　　　　质 量 反 馈：010-62772015，zhiliang@tup.tsinghua.edu.cn
印 装 者：涿州汇美亿浓印刷有限公司
经　　销：全国新华书店
开　　本：185mm×260mm　　　印　　张：13.75　　　字　　数：312 千字
版　　次：2024 年 6 月第 1 版　　　印　　次：2024 年 6 月第 1 次印刷
定　　价：49.00 元

产品编号：087256-01

前言 PREFACE

　　十年，终于可以给自己爱意如初并持续坚守的《金融服务营销》一个"闪亮登场"的机会了。时间虽有些久远，却还依稀记得刚刚开设同名课程时，在校园专业书店里驻足徘徊的情境。彼时，心里就有一簇小火苗，希望未来某天自己的图书上架，让读者也可随我的笔触漫游。

　　依旧是这十年，眼见课程的教学笔记日益厚重，身临课程的录制现场娓娓道来，感受课程的 MOOC 平台交流传播，但是，独缺书写课程的表述文字激发阅读。因为阅读如同雨中行走，每一页都是雨滴，可以浸润心田，滋养思想。于是，静下心来，将了然于胸的内容汇聚一堂，跃然纸上。

　　金融服务营销是用创新思维洞察客户需求在金融服务领域的具体体现。随着大数据时代的来临，我们生活的世界变得既简洁高效，又纷繁复杂。一方面，从最初的 ATM 机、网上银行、手机银行，到 AI 等先进技术不断迭代更新地融入金融服务业，突破时空限制，可以全天候、全区域为客户提供便捷且效率的服务；另一方面，机器按部就班的冷漠操作无法替代人类感性灵活的温暖交流。而营销恰好是创造有温度沟通的桥梁与纽带。在"金融科技""大数据金融"等课程与相关书籍强势崛起的时代，"金融服务营销"不断地在创新中突破客户需求的边界，与时俱进，作为有温度的存在，宁静而致远。

　　《金融服务营销》共 14 章，从营销的基本理论与宏微观环境开始，沿着满足客户需求，为客户服务的主线，分别描述了金融服务业营销中的客户行为、STP 战略、客户经理制、营销技巧、内外关系营销、营销人员的激励机制、客户关系管理、品牌战略、CIS 战略、金融产品创新、危机营销以及金融网络营销等核心内容，既综合全面地涵盖了金融服务营销的框架体系，又兼具独立构思的创新特点。每一章都有固定配备的学习目标、开篇导读、具体案例及思考题、每章小节、关键概念与综合训练等项目组合。并且，书中蕴含了丰富的思政元素，例如，金融服务营销实践活动与案例可增进读者思考、分析与解决问题的能力，引导读者增强"四个意识"、坚定"四个自信"、做到"两个维护"，让思想与行为自觉与以习近平同志为核心的党中央保持高度一致。具体而言，本书的思政目标体现在政治认同、家国情怀、职业伦理道德、法治意识、文化素养与科学精神等方面。

　　《金融服务营销》文字简洁流畅、易读易懂、生动形象。书中每个案例故事都是一扇窗，透过它，可以看到不同的金融服务营销场景，思考不同的营销问题，通过找寻解决方案，走向更广阔的营销世界。本书阅读受众广泛，不仅适合财经类专业本科生与硕士生、金融机构从业人员等业界人士，也适合所有喜爱营销与嗜好阅读的诸多跨界读者。

　　在此，特别感谢东北财经大学教务处以及刘凌冰处长对本书出版的支持与鼓励；感谢东北财经大学金融学院硕士生马诗雯、张思凡、冯佳兴、于春阳、李丹华和郭沣慧对本书所付出的努力；感谢清华大学出版社的倾力支持，特别感谢胡月编辑老师耐心、细心与贴心的帮助，使得本书可以顺利付梓。

丁宁

2023 年 8 月 25 日

于澳大利亚阿德莱德

目录 CONTENTS

第1章 金融服务营销基本理论··1

1.1 营销的背景知识···1
  1.1.1 营销理论的发展···1
  1.1.2 营销创造的价值···6
  1.1.3 营销的新趋势···7

1.2 营销人员的职业道德···8
  1.2.1 营销人员的基本素质·····································8
  1.2.2 营销人员的专业素养·····································9

1.3 金融服务营销概述··10
  1.3.1 金融服务营销的重要性··································10
  1.3.2 金融服务营销的含义和基本特征··························12
  1.3.3 金融服务营销的相关方法································12

1.4 金融服务营销的实践··18
  1.4.1 银行服务营销··18
  1.4.2 证券服务营销··22
  1.4.3 保险服务营销··25

案例分析···26

本章小结···27

综合训练···28

第2章 金融服务营销的宏微观环境···**29**

2.1 金融服务营销的宏观环境······································29
  2.1.1 政治法律环境··29
  2.1.2 经济环境··30
  2.1.3 社会文化环境··32
  2.1.4 科学技术环境··34

2.2 金融服务营销的微观环境······································34
  2.2.1 金融机构同业竞争者层面································35
  2.2.2 客户层面··35
  2.2.3 监管者层面··36
  2.2.4 其他利益相关方层面····································37

案例分析 ·· 38

本章小结 ·· 39

综合训练 ·· 40

第3章　金融服务营销的客户行为 ·· 41

3.1　个人客户行为 ·· 41

3.1.1　个人客户购买行为的特点 ·· 42

3.1.2　个人客户交易行为的种类 ·· 43

3.1.3　个人客户购买行为的影响因素 ·· 44

3.2　机构客户行为 ·· 48

3.2.1　机构客户的种类 ·· 48

3.2.2　机构客户购买行为的特点 ·· 50

3.2.3　机构客户购买行为的影响因素 ·· 50

案例分析 ·· 51

本章小结 ·· 52

综合训练 ·· 53

第4章　金融服务营销的 STP 战略 ·· 54

4.1　市场细分 ·· 55

4.1.1　市场细分的原则与标准 ·· 55

4.1.2　市场细分的工具 ·· 57

4.1.3　金融市场的细分策略 ·· 59

4.2　选择目标市场 ·· 60

4.2.1　目标市场的概念 ·· 60

4.2.2　确立目标市场的原则 ·· 61

4.3　市场定位 ·· 61

4.3.1　市场定位的原则 ·· 62

4.3.2　市场定位的战略 ·· 62

案例分析 ·· 64

本章小结 ·· 65

综合训练 ·· 66

第5章　金融机构的客户经理制 ·· 68

5.1　客户经理制的基本知识 ·· 68

5.1.1　客户经理制的概念 ·· 68

5.1.2　客户经理的职责 ·· 69

5.1.3　金融机构实行客户经理制的意义 ·· 70

5.2 客户经理制的实践 ·· 71

    5.2.1 商业银行客户经理制 ·· 72

    5.2.2 证券公司客户经理制 ·· 74

    5.2.3 保险公司客户经理制 ·· 76

案例分析 ·· 78

本章小结 ·· 79

综合训练 ·· 79

第6章　金融服务营销技巧 ·· **81**

6.1 初见客户的营销技巧 ·· 81

    6.1.1 发现客户的技巧 ·· 81

    6.1.2 第一次与客户沟通的技巧 ·· 82

    6.1.3 语言营销的技巧 ·· 82

    6.1.4 个人形象设计与装扮的技巧 ······································ 83

6.2 维护客户的营销技巧 ·· 83

    6.2.1 产品推销的技巧 ·· 83

    6.2.2 建立长期客户关系的技巧 ·· 84

    6.2.3 应对客户抱怨投诉的技巧 ·· 85

6.3 其他营销技巧 ·· 86

    6.3.1 休眠客户的激活技巧 ·· 86

    6.3.2 内部关系处理的技巧 ·· 89

    6.3.3 对称营销技巧 ·· 89

案例分析 ·· 89

本章小结 ·· 90

综合训练 ·· 91

第7章　金融机构内外部关系营销 ································ **92**

7.1 金融机构内部关系营销的基本知识 ·· 93

    7.1.1 内部关系营销的含义 ·· 93

    7.1.2 内部关系营销存在的问题 ·· 94

    7.1.3 实施内部关系营销的途径 ·· 95

7.2 金融机构外部关系营销的基本知识 ·· 96

    7.2.1 外部关系营销的含义 ·· 96

    7.2.2 外部关系营销存在的问题 ·· 96

    7.2.3 实施外部关系营销的途径 ·· 97

    7.2.4 金融机构内外部关系营销的协同效应 ······························ 99

V

7.3　内外部关系营销的应用 ·······························100

　　7.3.1　商业银行的内外部关系营销应用 ·············100

　　7.3.2　证券公司的内外部关系营销应用 ·············101

　　7.3.3　保险公司的内外部关系营销应用 ·············103

案例分析 ···104

本章小结 ···105

综合训练 ···106

第8章　金融机构营销人员的激励机制 ························**107**

8.1　激励机制的理论基础 ·······························108

　　8.1.1　需求层次理论 ·····························108

　　8.1.2　双因素理论 ·····························109

　　8.1.3　期望理论 ·····························110

　　8.1.4　公平理论 ·····························110

　　8.1.5　强化激励理论 ·····························111

8.2　激励机制的实践 ·······························112

　　8.2.1　激励机制在商业银行的实践 ···············112

　　8.2.2　激励机制在证券公司的实践 ···············113

　　8.2.3　激励机制在保险公司的实践 ···············114

8.3　营销人员的薪酬激励 ·······························115

　　8.3.1　薪酬的界定与设计原则 ·················115

　　8.3.2　薪酬的内容 ·····························116

　　8.3.3　影响薪酬的因素 ·······················116

　　8.3.4　薪酬激励的实践 ·······················117

案例分析 ···120

本章小结 ···121

综合训练 ···121

第9章　客户关系管理 ···································**123**

9.1　客户关系管理概述 ·······························123

　　9.1.1　客户关系管理的产生 ·················123

　　9.1.2　客户关系管理的内涵 ·················124

　　9.1.3　客户关系管理系统软件的组成 ···········125

9.2　客户关系管理的传统与创新 ···················125

　　9.2.1　社会化 CRM 的含义 ·················125

　　9.2.2　社会化 CRM 与传统 CRM 的差异 ·········127

9.3　客户关系管理的实践 ·· 128

9.3.1　CRM 在商业银行的实践 ··· 128

9.3.2　CRM 在证券公司的实践 ··· 131

9.3.3　CRM 在保险公司的实践 ··· 134

案例分析 ··· 136

本章小结 ··· 137

综合训练 ··· 137

第 10 章　金融服务营销的品牌战略 ··· **139**

10.1　品牌的由来 ·· 139

10.1.1　品牌的构成要素 ··· 139

10.1.2　品牌定位的原则 ··· 141

10.1.3　品牌的生命周期 ··· 142

10.1.4　品牌战略的主要类型 ··· 143

10.2　金融服务营销的大品牌战略 ··· 145

10.2.1　大品牌战略的定义 ··· 145

10.2.2　大品牌战略的内容 ··· 145

10.2.3　大品牌战略的应用 ··· 146

10.3　金融服务营销的小品牌战略 ··· 147

10.3.1　小品牌战略的定义 ··· 147

10.3.2　小品牌战略的内容 ··· 148

10.3.3　小品牌战略的应用 ··· 148

10.4　品牌战略的实践 ·· 150

10.4.1　商业银行的品牌战略 ··· 150

10.4.2　证券公司的品牌战略 ··· 151

10.4.3　保险公司的品牌战略 ··· 152

案例分析 ··· 153

本章小结 ··· 154

综合训练 ··· 154

第 11 章　金融机构的企业识别系统（CIS）战略 ···························· **156**

11.1　CIS 战略概述 ·· 156

11.1.1　CIS 战略的含义与主要内容 ·· 156

11.1.2　CIS 战略的特点与作用 ··· 161

11.1.3　CIS 战略的基本程序 ·· 163

11.2　CIS 战略的国际比较 ·· 164

11.2.1　美国金融机构的 CIS 战略 ·· 164

11.2.2　日本金融机构的 CIS 战略 ··········· 165
11.2.3　中国金融机构的 CIS 战略 ··········· 166
11.3　CIS 战略的应用 ·········· 166
11.3.1　商业银行的 CIS 战略 ··········· 166
11.3.2　证券公司的 CIS 战略 ··········· 167
11.3.3　保险公司的 CIS 战略 ··········· 168
案例分析 ·········· 169
本章小结 ·········· 170
综合训练 ·········· 171

第 12 章　金融产品创新 ·········· 172
12.1　金融产品创新概述 ·········· 172
12.1.1　金融产品创新的概念 ··········· 172
12.1.2　金融产品创新的相关理论 ··········· 173
12.1.3　金融产品创新的步骤 ··········· 174
12.2　金融产品创新的国际比较 ·········· 175
12.2.1　美国金融机构的产品创新 ··········· 175
12.2.2　英国金融机构的产品创新 ··········· 176
12.2.3　中国金融机构的产品创新 ··········· 177
12.3　金融产品创新的实践 ·········· 177
12.3.1　商业银行的产品创新 ··········· 177
12.3.2　证券公司的产品创新 ··········· 178
12.3.3　保险公司的产品创新 ··········· 179
案例分析 ·········· 180
本章小结 ·········· 181
综合训练 ·········· 182

第 13 章　金融机构的危机营销 ·········· 183
13.1　金融机构危机营销概述 ·········· 183
13.1.1　金融机构危机营销的定义 ··········· 183
13.1.2　金融机构危机营销的意义 ··········· 184
13.1.3　金融机构危机营销的应对方法 ··········· 184
13.2　金融机构危机营销的策略 ·········· 185
13.2.1　调整产品布局 ··········· 185
13.2.2　提升产品附加值 ··········· 186
13.2.3　控制渠道风险 ··········· 186
13.3　危机营销的实践 ·········· 186

13.3.1 商业银行的危机营销 ……………………………………………… 186

13.3.2 证券公司的危机营销 ……………………………………………… 187

13.3.3 保险公司的危机营销 ……………………………………………… 189

案例分析 ………………………………………………………………………… 190

本章小结 ………………………………………………………………………… 191

综合训练 ………………………………………………………………………… 191

第14章 金融网络营销 ……………………………………………………………… 192

14.1 金融网络营销概述 ………………………………………………………… 192

14.1.1 金融网络营销的含义 ……………………………………………… 192

14.1.2 金融网络营销的类型 ……………………………………………… 193

14.1.3 金融网络营销与传统金融营销的比较 …………………………… 195

14.2 大数据营销 ………………………………………………………………… 196

14.2.1 大数据营销的含义 ………………………………………………… 196

14.2.2 大数据营销的特点 ………………………………………………… 196

14.2.3 大数据营销风险防范 ……………………………………………… 197

14.3 金融网络营销的实践 ……………………………………………………… 198

14.3.1 商业银行的网络营销 ……………………………………………… 198

14.3.2 证券公司的网络营销 ……………………………………………… 199

14.3.3 保险公司的网络营销 ……………………………………………… 200

案例分析 ………………………………………………………………………… 201

本章小结 ………………………………………………………………………… 202

综合训练 ………………………………………………………………………… 203

参考文献 …………………………………………………………………………… 204

第1章
金融服务营销基本理论

学习目标

通过本章的学习，理解营销的相关理论、营销人员所需要具备的职业道德、金融服务营销的含义与基本特征，掌握与金融服务营销相关的主要分析方法，以及商业银行、证券公司和保险公司营销的实践。

开篇导读

当我们有闲散资金进行储蓄或者投资时，当我们买房买车需要贷款时，当我们需要进行汇款结算时，当我们需要进行证券买卖时，当我们需要金融信息咨询时，我们都脱离不开金融服务的范畴。与此同时，我们生活的世界变化得越来越快，越来越复杂，在这样一个纷繁复杂的环境中，无论是工商企业还是金融机构，都面临着十分激烈的竞争。如何在竞争中脱颖而出，是否还是笃信"好酒不怕巷子深"呢？即便如此，我们如何去发现好酒呢？这正是金融服务营销所要探讨的内容。

1.1 营销的背景知识

金融服务营销是经济与金融发展到一定阶段后企业营销理念在金融领域的运用，为了更好地将一般营销原理融入金融服务企业，我们先来了解一下营销的相关理论。

1.1.1 营销理论的发展

1. 何为营销？

美国著名的管理学家彼得·德鲁克（Peter F. Drucker）认为，营销源于1650年日本三井家族在东京开办的世界第一家百货商店所提出的"保证满意，否则原款退还"的市场营销策略。19世纪中叶，市场营销开始在美国逐渐兴盛，美国国际收割机公司（International Harvester Corporation）的创始人塞勒斯·麦考密克（Cyrus Hall McCormick）在收割机销售中采取了市场研究、定价政策、服务推销、维修服务和分期付款、信贷服务等多种营销手段。由此，营销逐渐成为市场经济活动的重要组成部分。

随着时间的推移，市场营销的概念不断推陈出新。1960年，美国市场营销协会将市场营销定义为：引导物资与劳务从生产者流转到消费者或用户所进行的一切企业活动。1983年，美国市场营销学家菲利普·科特勒（Philip Kotler）又将市场营销的定义拓展为：致力于通过创造和交换产品和价值来满足人们需要与欲望的社会和管理过程。1985年，美国市场营销协会又重新定义了市场营销，即为了创造可同时实现个人和企业目标的交易机会，而对想法、物品和服务的构思、定价、促销和分销进行策划和实施的过程，由此产生满足个人和组织目标的交换。美国市场营销协会的定义使得市场营销的含义大大拓展，本书对市场营销的定义也以此为主。

根据对市场营销概念的深入剖析，认为市场营销与两组关键词密切相关。

第一组关键词是需要、欲求和需求。首先，需要是一种缺乏的状态，比如，人们口渴，则需要喝水；人们饿了，则需要吃饭，这就是缺乏的状态，即需要；其次，这种需要加上一种文化背景就是欲求，比如，大学生需要一台学习用的手提电脑，这个就是结合了文化背景的需要，即欲求；最后，这种"缺乏状态＋文化背景＋购买力＋购买意愿"构成了现实的需求。比如，很多女士喜欢各种名牌包，因为她们认为"包治百病"。但只有购买意愿是不够的，还必须拥有购买能力，即产生实际的购买行为，再加上文化背景，才能成为现实的需求。另外，即便有了购买力，若没有购买意愿，也无法构成现实的需求。

第二组关键词是价值、成本和满意。其中，价值主要指产品的质量和支付的价格一致，也就是我们经常说的物超所值或者性价比高；成本则是在购买商品时，付出的代价相对较低，当商品价值超出成本时，消费者在购买产品时才会感到满意。

2. 营销理论的发展

营销理论与时俱进，由最初的传统4P理论发展到4C理论、4R理论，再到4E理论，营销理论不断被人们创新，逐渐与网络、大数据等高新科技融合，以适应时代的需求。

1）4P理论

1960年，杰罗姆·麦卡锡（Jerome McCarthy）将营销要素归纳为四类：产品（Product）、价格（Price）、分销（Place）、促销（Promotion），即著名的4P理论。

（1）产品要素注重开发的功能，要求产品具有独特的卖点，把产品的功能诉求放在第一位。

（2）价格要素指的是根据不同的市场定位，制定不同的价格策略，产品定价依据的是企业的品牌战略，要注重品牌的含金量。

（3）分销要素则表示企业并不直接面对消费者，而是注重经销商的培育和销售网络的建立，企业与消费者的联系是通过分销商来进行的。

（4）促销要素就是企业通过销售行为的改变来刺激消费者，以短期的行为，如让利、买一送一、营销现场气氛等，促成消费增长，吸引消费者或通过提前消费促进销售的增长。

20世纪80年代，"营销管理之父"科特勒提出营销不能只依靠"看不见的手"，很多时候还需要"看得见的手"。原有的4P理论缺乏政府、社会文化及舆论对营销所施加的非市场干预。因此科特勒在4P理论的基础上加入政治权力（Political Power）和公共关系（Public Relation）这两个要素，由此形成大市场营销理论（6P 理论）。加入这两种要素主要是考虑到每个企业都是处于特定的国家政治或者社会环境中，不可避免地受到政治壁垒、社会习俗等方面的影响，这就需要在营销活动中适当考虑对政治、公共关系的处理。

随后，科特勒发现新增的 2P 要素缺乏明确的内涵，难以进行实际操作控制。于是科特勒又在 6P 理论的基础上，增添了四个要素，即

（1）市场调研（Probing），营销需要通过调研去实际了解某种产品在市场的需求情况如何。

（2）市场细分（Partitioning），根据消费者需求将整个市场划分为不同的子市场。

（3）市场优先（Prioritizing），在众多市场中选出营销的目标市场。

（4）市场定位（Positioning），根据目标市场产品的特征确立其不同于其他产品的市场地位，形成竞争优势。

新增的 4P 理论实际上主要着眼于把政治因素和社会因素引入营销后的新变化，尤其是公司高管层的变化。但即使扩展到 10P 理论，该理论仍存在明显的不足，从营销的本质出发，营销皆是以人为宗旨，从人出发，而营销理论中忽略了"人"这一重要角色。同时，从营销的形式来看，如何引起人的注意，包装在营销中存在重要意义。于是科特勒又加入人（People）（强调员工与顾客在营销活动中的重要性）和包装（Packaging）（在产品的设计和宣传中给予一定的包装定位）两个要素，最后演变成 12P 理论。

2）4C 理论

时至 20 世纪 90 年代，消费者个性化需求日益突出，加上多媒体的发展，传统的 4P 理论受到挑战。从本质上来讲，传统的 4P 理论以企业为中心，生产者对其生产的产品制定相应的价格，选择相应的销售渠道，并通过卖点进行促销和宣传。在整个营销过程中忽略了客户作为购买者的利益特征，因为客户才是营销服务的真正对象。

由此，1990 年，美国学者罗伯特·劳特朋（Robert F. Lauterborn）教授提出了以客户为导向的 4C 理论，4C 理论的基本原则是：

（1）客户价值（Customer Value），即营销活动的目的在于满足客户的需求。

（2）尽可能低的客户成本（Customer Cost），即成本要兼顾客户的心理价格和企业的盈利。

（3）购物的便利性（Convenience），即营销要给予客户极大的购物便利和使用便利。

（4）与营销人员的沟通（Communication），即改变单方面的企业劝导式营销方式，在双方的沟通中找到能够实现各自目标的渠道，并从这四个方面出发进行营销活动设计。

3）4R 理论

随着时间的推移，以客户为核心的 4C 理论在需求与社会原则相悖时也表现出了一定的局限性。例如，当国家提倡节能减排时，部分公司客户的高耗能需求是否要被满足。这个问题已经不能停留在营销层面，而是需要上升到社会道德层面。于是，唐·舒尔茨（Don E.Schultz）提出了着眼于企业与客户建立互动与双赢关系的 4R 理论，其营销四要素包括：

（1）关联（Relevancy），即认为企业与客户是一个命运共同体，建立并发展与客户之间的长期关系是企业经营的核心理念和最重要的内容。

（2）反应（Reaction），在相互影响的市场中，经营者最难实现的问题在于如何站在客户的角度及时倾听，如何从推测性商业模式转化成高度回应需求的商业模式。

（3）关系（Relationship），在企业与客户的关系发生了本质性变化的市场环境中，抢占市场的关键已转变成与客户建立长期而稳固的关系。

（4）报酬（Reward），任何交易与合作关系的巩固和发展，都是经济利益问题，一定合理的回报既是正确处理营销活动中各种矛盾的出发点，也是营销的落脚点。

4R 理论以竞争为导向，提出了营销新思路，不仅积极地满足客户的需求，而且主动地创造需求，通过关联、关系、反应等形式，把企业与客户联系在一起，形成独特的竞争优势。4R 理论真正体现并落实了关系营销的思想，提出了如何建立关系、长期拥有客户、保证长期利益的具体操作方式，这是营销史上的一大进步。

4）4E 理论

随着互联网逐渐渗透人们的生活，现有的营销理论是否还能引领营销领域的潮流，引发人们质疑。奥美互动全球的 CEO 布莱恩·费瑟斯通豪（Brian Fetherstonhaugh）认为，数字化营销已经成为主流，他立足于互联网时代的客户变化，提出将传统的 4P 理论进化为 4E 理论。

（1）产品（Product）→体验（Experience）。随着社会的进步，消费者的购买行为也发生了很大的变化。消费者往往凭借经验而不仅仅是产品特色来进行选择。新产品推出后，会有大批同类效仿产品涌入市场，新产品优势地位的维持时间会越来越短。所以，企业要将营销重点从单纯的产品服务转移到客户的产品体验，在客户的产品体验过程中提升客户对品牌的忠诚度。这一理念已经被大多数企业认可和推行，通过开设品牌体验店、提供免费试用或者体验机会等形式供客户体验。例如，2019 年，沃尔沃汽车品牌在成都开设了品牌体验中心，它不仅是品牌与消费者沟通的桥梁，也是传递企业文化和品牌精神的纽带。消费者既可以在"智造探秘之旅"中深入成都制造基地的四大车间，也可以在品牌体验区概览沃尔沃品牌九十余年的历史全景，还可以体验品牌对未来出行场景的畅想。相比传统的汽车 4S 店，品牌体验中心更注重让消费者体会"差异化服务"，品牌体验中心不像汽车 4S 店那样只有冷漠的程序化服务，而是让客户对产品相关的企业、文化、品牌深入了解并产生认同感，为客户提供更多的衍生服务，提升客户体验。

（2）分销（Place）→无所不在（Everyplace）。网络将世界变成了地球村，客户的购买行为可以从网络直达任何地方，网络打破了时空限制。比如，在网络尚未普及的时候，人们若想购买理财产品、股票、存款等金融产品，则需要亲自去特定的机构进行操作，但在网络普及之后，人们只需要动一动手指就可以在电脑或者手机上进行远程操作，方便快捷。

（3）价格（Price）→交换（Exchange）。现代社会信息日趋发达，消费者越来越有能力识别和判断产品的内在价值。购买行为越来越向价值的本质之一——交换靠拢，而价值是因人而异的，营销人员应重新认识和思考王尔德（Wilde）的名言："A cynic knows the price of everything but the value of nothing"（愤世嫉俗的人知道任何东西的价格，但却不知道它的价值）。价格只是一个标签，顾客关注的、能够打动顾客的是价值。例如，专注于帮助非洲艾滋病妇女和儿童患者的慈善组织 Orange Babies 在募捐时把募捐箱进行了特别的设计，当捐献者把钱投入募捐箱时，箱子上小孩的苦脸就变成了笑脸，这实际上是对捐献价值的一种即时提示，后来的统计显示，这种募捐箱取得了比普通募捐箱更好的效果，原因就在于它巧妙的设计赋予了产品更高的价值。

（4）促销（Promotion）→布道（Evangelism）。在互联网的推动下，人们的价值趋于多元化。促销已不仅仅是将产品推销出去，而是向客户输送一种新的理念。比如，出售可乐不是推销饮料，而是传播活力；购买江小白并不是因为它是一款白酒，而是因为它可以成为表达情怀的一种方式；苹果公司每次产品的更新换代，都会超乎大家的想象，"创新"成为苹果公司的代名词之一，由此产生了一批忠实的"苹果粉"。

表 1-1 是对传统的 4P 理论以及 4C 理论、4R 理论和 4E 理论要点的归纳总结。

表 1-1　营销理论的演变

	4P 理论	4C 理论	4R 理论	4E 理论
创立时间	1960 年	1990 年	2001 年	2008 年
创始人	美国杰罗姆·麦卡锡（Jerome McCarthy）	美国罗伯特·劳特朋（Robert F. Lauterborn）	美国唐·舒尔茨（Don E.Schultz）	美国布莱恩·费瑟斯通豪（Brian Fetherstonhaugh）
要素内容	产品（Product） 价格（Price） 分销（Place） 促销（Promotion）	客户价值（Customer Value） 客户成本（Customer Cost） 便利性（Convenience） 沟通（Communication）	关联（Relevancy） 反应（Reaction） 关系（Relationship） 报酬（Reward）	体验（Experience） 无所不在（Everyplace） 交换（Exchange） 布道（Evangelism）

资料来源：陈钦兰. 市场营销学 [M]. 第 2 版. 北京：清华大学出版社，2017.

5）营销理念的演变

营销理念是企业营销活动的指导思想，是有效实现市场营销功能的基本条件，是营销理论与时代相结合的产物。自 20 世纪 50 年代开始便有了市场营销的理念。到了 20 世纪 70 年代，营销策略开始百花齐放，先后出现了战略营销（Strategic Marketing）、宏观营销（Macro-marketing）、理智消费（Intelligent Consumption）、生态主宰观念（Ecological Imperative Concept）和服务营销（Services Marketing）。

（1）战略营销指的是以营销战略为主线和核心的营销活动。与以往只将营销作为一种手段不同，战略营销将营销提升到了战略高度，即要用全局的、长远的观点策划企业的营销活动。因为企业的营销活动决定了企业的盈利情况，而企业的盈利情况则决定了企业的生存情况，所以企业的一切营销活动必须有营销战略的指导，这也体现出营销在企业中的地位越来越重要。

（2）宏观营销则是把营销活动与社会活动联系起来，着重阐述市场营销与满足社会需求、提高社会经济福利的关系，营销时需要考虑宏观环境的影响。

（3）理智消费，即需要才买，不受价格或者其他促销的诱惑。

（4）生态主宰观念就是在营销时，考虑到生态环境的重要性，绿色信贷营销就是其中的一种体现。

（5）服务营销是企业在充分认识和满足消费者需求的前提下，为充分满足消费者需求而在营销过程中所采取的一系列活动。

各种营销理念的产生顺应了消费者收入提高、需求多样化的背景。

到了 20 世纪 80 年代，市场开始出现营销战（Marketing War）、内部营销（Internal Marketing）、全球营销（Global Marketing）、关系营销（Relationship Marketing）、大市场营销（Mega-marketing）和直销（Direct Marketing）。

（1）营销战，在工商企业的竞争中，体现为各商家的价格战，比如冰箱彩电的价格大战等，而在银行业则主要体现为拉存款，各家银行为了取得更多客户的存款，以各种营销手段上演着没有硝烟的战争。

（2）内部营销指服务公司必须有效地培训和激励直接与顾客接触的职员和所有辅助服务人员，使其通力合作，为顾客提供满意的服务。企业内部人员不仅仅是工作人员，同时也是需要营销的对象。

（3）全球营销就是把国内市场延伸到国外，扩大市场营销范围，打破了国界。

（4）关系营销，有一句话最能体现，它就是"冰冻三尺，非一日之寒"，可见构筑企业和客户之间的长期业务关系是十分重要的。

（5）大市场营销指的是企业为了成功地进入特定市场或者在特定的市场经营，应用相关的技能，以赢得若干参与者的合作与支持，从而达到预期的目的。

（6）直销指的是没有中间商环节，直接让客户和生产厂家联系。

20 世纪 90 年代出现定制营销和网络营销。

（1）定制营销指的是针对目标市场上的每一个客户设计一款具体营销组合的超市场细分化营销模式。一般是企业在大规模生产的基础上，将每一位顾客都视为一个单独的细分市场，根据个人的特定需求来进行市场营销组合，以满足每位顾客的特定需求。其主要针对的是 VIP（very important person，非常重要的人）客户，采用具体客户具体定制的营销方式。

（2）网络营销则是在网络时代出现的新型营销方式，即借助联机网络、计算机通信和数字交互式媒体来实现营销目标的一系列市场行为。

市场营销观念形成于 20 世纪初，到目前已经经历了五个演变时期，详见表 1-2，不同的市场营销理念是在不同的条件下产生并实施的，其关注点和内容随市场的变化而不同。

表 1-2　市场营销理念的演变

观　念	关注点	条　件
生产观念	生产的成本和运作	可降低成本和供不应求
产品观念	产品的质量、程序和特色	卖方市场
销售 / 推销观念	销售和推销的方法和技巧	卖方向买方市场过渡
市场营销观念	满足顾客的需要	供过于求
社会市场营销观念	保护环境、资源和社会责任	过度供求

资料来源：陈钦兰．市场营销学 [M]．第 2 版．北京：清华大学出版社，2017.

1.1.2　营销创造的价值

营销创造的价值包括客户满意、利润最大化、公司整体运作和社会责任四个方面。彼此之间是相辅相成的。

（1）客户满意。营销是一种创造性活动，通过不断的产品创新让客户满意。比如，相比于同期更热衷于生产计算机的企业而言，戴尔公司创造性地提出，按照客户需求定制计算机，并向客户直接发货，这种营销方式让戴尔公司能够更有效地针对客户需求，迅速做出反应。需求和效率提升了客户满意度。

（2）利润最大化。企业营销的使命在于整合资源，实现利润的最大化，获得资金支持以更好地提升其整体运作水平。

（3）公司整体运作。通过营销实现资源整合和有效配置，实现资源共享，避免资源浪费，从而提高公司整体运作水平。

（4）社会责任。例如，淘宝开设了爱心捐赠计划，卖家在带有爱心标志的宝贝成交之后，会捐赠一定数目的金额给指定的慈善基金会。

综上所述，营销的目的是提供给客户满意的产品。只有客户满意，企业才能增加销售收入，从而为利润最大化的目标而努力；赚取利润后才有可能提高企业的整体运作水平，企业自身运作良好了，才有能力承担更大的社会责任。

1.1.3　营销的新趋势

21 世纪，新的营销理念和形式层出不穷，出现了诸如知识营销、文化营销、共生营销、绿色营销、个性化营销、感觉营销、关系营销、大市场营销、品牌全球化、动态营销组织等多种新的营销形式。

（1）知识营销指的是通过科普宣传让消费者建立新的产品概念，进而使其萌发对新产品的需要，达到拓宽市场的目的。比尔·盖茨（Bill Gates）曾经有句话说，要想让人们买电脑，首先得教会人们用电脑。目前，很多银行都举办了解相关银行产品和业务的讲座；目的是让人们对银行发行的诸如理财产品、基金产品或者代理的保险产品有所了解，人们只有在了解后才会去购买，这就是知识营销的理念所在。

（2）文化营销是将历史文化底蕴隐藏在银行的企业文化中。比如，徽商银行，银行的名字本身就体现了徽商文化，看到徽商银行就会想起勤劳、朴实和诚恳的徽商，这也体现了一种文化的传承。

（3）共生营销是两家以上的银行来共享营销资源。

（4）绿色营销是银行在营销过程中要将低碳环保贯彻到底。比如，银行尽量把贷款贷给绿色环保企业、高科技企业、新材料企业、新能源企业等。

（5）个性化营销，就是根据客户的个人具体要求打造个性化产品的营销模式。

（6）感觉营销则瞬息万变，吸引客户购买产品的核心要点，就是客户购买时的感觉。就像到商场买衣服一样，可能当时试穿衣服的时候感觉特别好，所以跟着感觉走，直接拿下，但是回到家里拿出来一看，可能当时试穿的感觉不复存在，觉得衣服也就那样。

（7）动态营销组织说的是我们生活的社会瞬息万变，计划赶不上变化，为了适应并且使营销规划永远在线，赶超客户的需求，可以设立专门的动态营销组织，且由它们根据市场环境的变化，不断地调整现有的营销规划。

1.2 营销人员的职业道德

1.2.1 营销人员的基本素质

有没有想过，为什么有的营销人员三言两语就能让顾客决定购买？为什么有些营销人员能够轻易获得骄人的业绩？为什么有些营销人员能够轻易获得顾客的青睐？难道他们天生就有营销的天赋？其实不然，他们的成功在于具备良好的基本素质。

案例

如何将梳子卖给和尚？

一家公司面试考核销售经理，最后一关出了一道难题，就是以一个星期为限把梳子卖给和尚，甲、乙、丙三位应聘者勇敢地接受了挑战……一个星期的期限到了，三人回公司汇报各自的销售实践成果，甲先生仅卖出 1 把，乙先生卖出 10 把，丙先生居然卖出了1000 把。同样的条件，为什么结果会有这么大的差异呢？公司请他们谈谈各自的销售经过。甲先生说，他跑了三座寺院，受到了无数次和尚的臭骂和追打，但仍然不屈不挠，终于感动了一个小和尚，买了 1 把梳子；乙先生去了一座名山古寺，由于山高风大，把前来进香的善男信女的头发都吹乱了。乙先生找到住持说："蓬头垢面是对佛的不敬，应在每座香案前放把木梳，供善男信女梳头。"住持认为有理。那庙共有 10 座香案，于是买下10 把梳子；丙先生来到一座颇负盛名、香火极旺的深山宝刹，对方丈说："凡来进香者，多有一颗虔诚之心，宝刹应有回赠，保佑平安吉祥，鼓励多行善事。我有一批梳子，您的书法超群，可刻上'积善梳'三字，然后作为赠品赠予进香者。"方丈听罢大喜，立刻买下 1000 把梳子。

从案例中可以看出，三位应聘者代表着营销工作中三种类型的人员，各有特点。甲先生是一位执着型推销人员，有吃苦耐劳、锲而不舍、真诚感人的优点；乙先生具有善于观察事物和推理判断的能力，能够大胆设想、因势利导地实现销售；丙先生通过对目标人群的分析研究，大胆创意，有效策划，开发了一种新的市场需求。由于丙先生营销策略运用得当，公司决定聘请他为销售经理。

从上述的案例中可以总结出营销人员应具备的基本能力，即 ABC 效能。A 是Assertive 的简写，英文原意是有主见。A 的有主见不是井底之蛙的固执，而是意味着良好的个人素质，以及由此形成的自信心。B 是 Beautiful 的简写，英文原意是美丽。B 的美丽也不是那种虚有其表的漂亮，而是意味着训练有素的职业表现，能给出让客户喜欢的第一印象。C 是 Creative 的简写，英文原意是有创意。C 的创意则意味着随时可以从工作、生活中加入有意义的、有新意的元素，从而使工作变得更有意义和更丰富化。例如，中国建设银行股份有限公司（下称"中国建设银行"）郑州分行的客户经理了解到郑州市一些大型证券公司准备将业务拓展到地市范围，但当地没有银行可以为证券公司提供实时银行转账支持，所以郑州分行的客户经理立即协调会计、科技等方面的人员向证券公司推出异地银行转账业务，一周内发展异地客户2000多个，郑州分行的客户经理通过实时细心地了解和调查周边业态需求而获取了商机。

1.2.2　营销人员的专业素养

一般来说，营销人员的专业素养可以总结为3H1F，分别是由英文单词的首字母大写缩写合成而来。

（1）第一个H代表Head，这里指学者的头脑，一般学者的头脑都是比较理性的。比如，银行或者其他金融机构的客户经理，在为客户提供理财服务时，要理智地为客户提供两种以上的理财投资规划供客户选择。

（2）第二个H代表Heart，这里指艺术家的心，通常艺术家的心都是比较感性的，营销人员要想客户之所想，急客户之所急，英国有一句俗语"put yourself in others' shoes"，即把自己的脚放在别人的鞋子里，十分形象地描绘了提供服务营销需要学会换位思考。

（3）第三个H是Hand，这里指技术者的手，一般技术者的手象征着勤劳灵巧的手。比如，银行的客户中不乏老年客户，在其办理信用卡业务的时候，很多客户经理会亲自给这些老年客户填写申请书，最后让客户检查无误后，再签名，这样不仅省去了客户填写的麻烦，而且也让客户感觉到了贴心的服务。

（4）F是Foot，即指劳动者的脚，客户经理要随时和客户保持联系。比如，银行的贷款业务，并不是将款项贷出去就万事大吉，而是贷出去后，还要勤与客户联系，走访客户，实地考察，确保贷款用途合理。以上这些都是营销人员最基本的专业素养。

另外，作为营销人员，通常都是做事先做人。从宏观上来讲，营销人员要有理想，有目标，要自重，要尊重客户，要有一颗开放包容的心，要谦虚和艰苦奋斗；从微观上来讲，营销人员必备的知识体系包括熟知所在公司概况、企业文化、管理制度、组织结构和工作流程、业务基本知识、公司产品，了解营销的基本知识和拥有广博的知识等。如图1-1所示，以银行客户经理为例，必备的知识体系包括以下几点：

（1）所在公司概况。比如，中国工商银行股份有限公司（下称"中国工商银行"）的客户经理对银行在全国范围内有多少家分支机构，有多少员工，有多少业务种类，有多少组织构架，核心业务如何等都要做到心中有数。

（2）企业文化。这是银行的精神核心，也是支持全员的上层建筑，所以要熟知。

（3）管理制度。将银行的各项规章制度，特别是和业务规范操作相关的制度牢记于心，做事时，才会有据可循，不至于违规操作。

（4）组织结构和工作流程。一般银行的新员工入职，都会在各个部门实习一遍，熟知各部门的业务，以及部门之间的工作流程，在业务操作时不至于越级越权。

（5）业务基本知识。这是最基本的，客户经理只有了解银行的业务知识，才能在为客户提供金融服务时，对客户提出的问题对答如流，才能令客户满意。

（6）公司产品。产品是银行所提供的最基本服务，客户经理必须对银行产品耳熟能详，不能一问三不知。

（7）营销的基本知识。了解营销的基本知识有助于产品的销售，在银行产品趋同的情况下，如何运用营销知识吸引客户，维持客户的忠诚度，至关重要。

（8）拥有广博的知识。客户经理仅有专业的银行知识是不够的，还要有其他方面的知识储备，比如品红酒、古董鉴赏、古典音乐、茶文化、咖啡文化、打高尔夫球等，因为客户经理与客户之间的业务并不都是在银行的办公大楼成交的，实际上有很多业务都是在球场或者客户喜好的特定场所内达成的，投客户所好，不是为了单纯讨好，而是为了更好地开展业务。和客户建立诚信关系的第一步就是对客户有所了解，而要了解客户就必须知道客户的喜好，这样才有助于和第一次见面的陌生客户打开局面，开展后续业务。

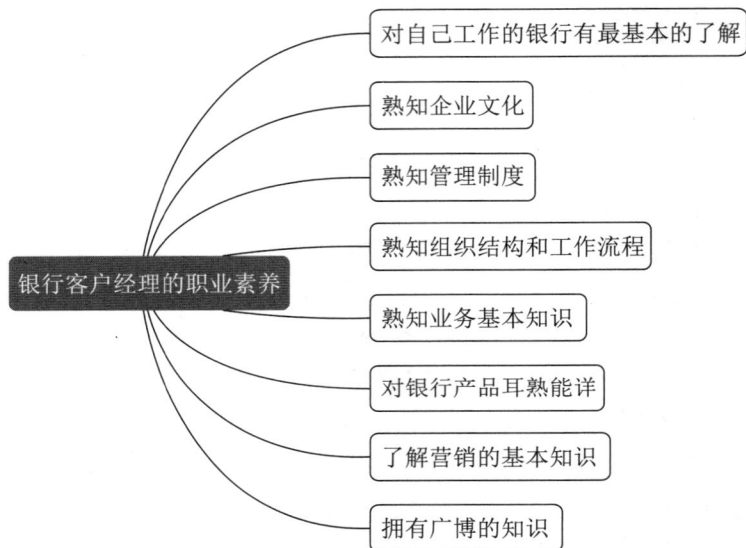

图 1-1　银行客户经理的职业素养

另外，对营销人员来讲，不仅要有上述硬件储备，还要内外兼修。首先，仪表要端庄、精神面貌良好，言谈举止有涵养，有素质，因为没有人愿意和精神萎靡不振、言谈举止粗俗的人打交道，这也是银行职员统一着装，连接待客户的动作和微笑都要职业化和标准化的原因。其次，还要注意一些细节上的素养，比如勤俭节约、廉洁奉公、节约开支、实事求是报销账款、合理运用公私资源和不盗取公司财产等。

1.3　金融服务营销概述

1.3.1　金融服务营销的重要性

营销对商业银行、证券公司、保险公司等金融机构十分重要。由于中国的金融体系是以商业银行为主导的间接融资体系，银行在整个金融机构中起着举足轻重的作用，业务规模稳稳占据整个金融体系的半壁江山，所以在探讨金融服务营销时，多以商业银行举例来探讨，其他非银行金融机构也如此类。下面就以商业银行为例探讨营销在经营中所处的地位。总体来讲，银行所关注的问题有四个，即风险、资本、营销和利润。

首先，风险是银行时刻关注的问题，远到2008年由美国次贷危机引发的全球金融危机，近到刚刚发生的包商银行风险事件，包商银行股份有限公司（下称"包商银行"）因违规操作被中国人民银行和银保监会接管，包商银行的业务由其他银行托管。从中可以看出，银行只要开门营业，风险就无处不在。

其次，资本是银行实力的体现，业界有一句关于资本的耳熟能详的话，即太大而不能倒（too big to fail），可见资本的重要性。如果一家银行的资金雄厚，规模很大，则说明这家银行实力强大。

再次，营销是银行竞争的利器，是银行获取利润最直接的工具。有了好的营销，再用创新思维洞察客户需求，通过满足客户需求获取高额利润。

最后，利润是银行的生存之本。银行也是企业，是经营货币的特殊企业，银行的最终目的也是股东利益最大化。

这四个方面相辅相成，逻辑联系就是银行运用营销这一利器赚取利润，然后运用利润获取的资金进行内源融资扩充资本，资本充足了，抵御风险的能力自然就增强了，由此可见，营销是银行等金融机构获取利润的最重要工具。

由此可见，营销是一个触点。营销主要是和价值管理相关的。无论是国家、企业，还是个人，将资金放到银行中，主要都是通过银行的资金管理，让钱生更多的钱。那么，营销是不是简单的广告促销呢？缺少计划性呢？其实不然，营销必须有一个基本的核心竞争力，核心竞争力分三个层面，如图1-2所示，第一个层面是必须拥有一个核心的业务，以银行为例，其核心业务就是存贷款；第二个层面是发展新业务，还是沿用银行的例子，即在存贷款的基础上发展出新的业务，如理财产品、基金和结构性存款等；第三个层面是开创未来的业务机会，比如，如何将金融科技运用到银行未来业务机会的开发中。因此，只有做好营销利润，才会有可持续发展的空间。

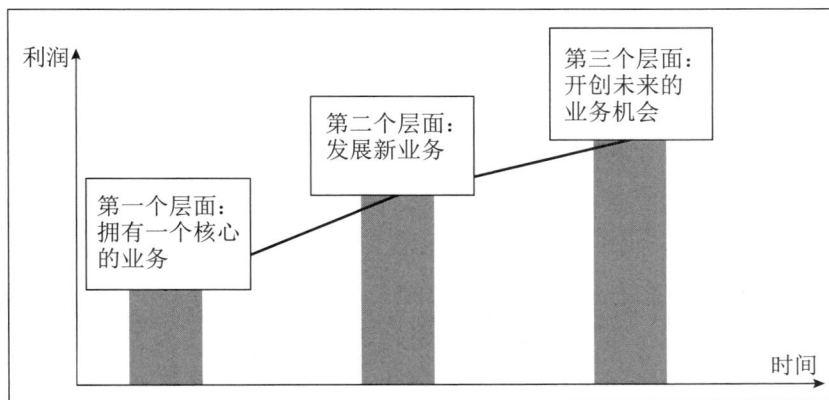

图1-2 核心竞争力

1.3.2　金融服务营销的含义和基本特征

金融服务营销是金融机构以金融市场为导向，运用整体营销手段向客户提供金融产品和服务，在满足客户需要和欲望的过程中实现金融机构利益目标的社会行为过程。其中，金融机构包括商业银行、证券公司、保险公司、基金公司、期货公司、小额贷款公司、信托公司等；金融产品和服务包括银行的存款、贷款、理财产品等；金融服务营销与营销的概念异曲同工，只是将营销运用在金融业这一特定领域内。

从概念中可以进一步知道金融服务营销的主要特征，将其罗列如下。

（1）金融服务营销的性质是产品即服务。有别于工商企业的产品和服务可以各自为政，金融业的服务和产品有着不可分离的关系，以商业银行的信用卡产品为例，信用卡的卡片本身不是产品，而是产品的载体，真正的产品是信用卡被赋予了先花钱后还钱的金融服务，所以，产品和服务是融为一体的。

（2）金融服务营销贯穿整个金融产品开发到销售的全过程。金融服务营销是在产品、价格、渠道、促销等方面实施整体营销，而非指某一个环节所采取的单一营销策略。

（3）金融服务营销的理念是注重关系营销。金融机构与客户打交道，不是一锤子买卖，而是长期合作的关系，因此，要十分注重与内部员工、外部监管机构、同行以及客户等社会各界关系的构建。

（4）金融服务营销的方式是采取直接渠道。一般而言，银行等金融机构直接接触客户，没有中间商，但是 2008 年全球金融危机以来，银行开始将一部分住房抵押贷款外包给其他财务公司进行管理，出现了中间商环节。

（5）金融服务营销的职能是实施双重营销。一般商品交易中，买卖双方扮演着固定的角色，买方购买产品，卖方销售产品。比如，客户购买矿泉水，厂家出售矿泉水，而金融服务营销则比较特殊，很多金融机构既是卖方也是买方。比如，当客户到银行存款时，银行相当于买方，即银行吸收客户资金，并支付利息给客户；而当客户到银行借款时，银行则相当于卖方，银行提供资金给客户，客户需要还本付息给银行。银行等金融机构的双重身份也意味着其需要同时进行双重营销。

1.3.3　金融服务营销的相关方法

在分析金融服务营销的整个过程中，通常会用到一些方法，主要包括 PEST 分析法、波特五力分析法、SWOT 分析法、SPACE 矩阵分析法。

1. PEST 分析法

一般而言，PEST 分析法主要用来分析企业所处的外部宏观环境，包括政治环境（Politics）、经济环境（Economics）、社会环境（Society）、技术环境（Technology）四个方面，是基于公司战略角度分析企业外部宏观环境的一种方法。PEST 分析法同样适用于分析银行等金融机构所处的宏观环境，并能全方位地分析宏观环境的变化趋势，有助于金融机构趋利避害，详见图 1-3。

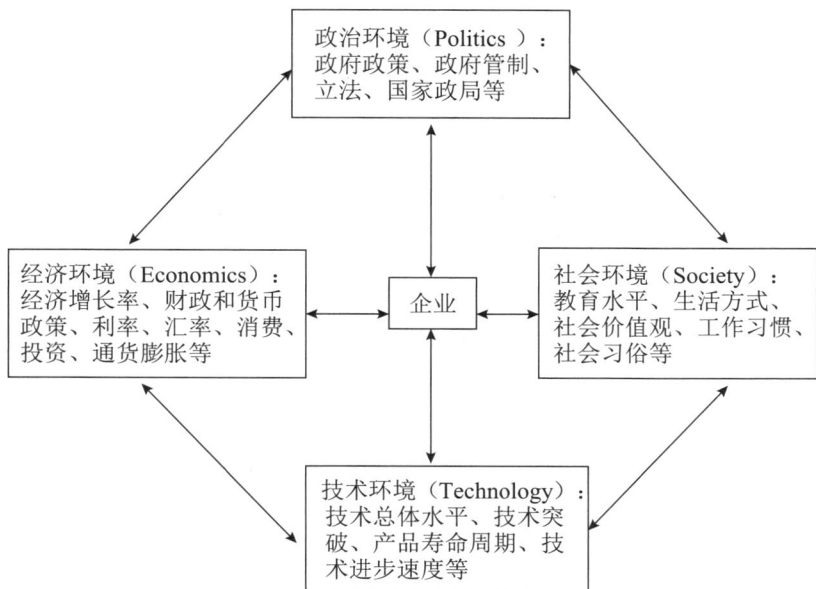

图 1-3 PEST 分析法图示

资料来源：秦远建.企业战略管理 [M]. 北京：清华大学出版社，2013.

PEST 分析法主要包括：

（1）政治环境，指一个国家或地区的政治制度、体制、方针政策、法律法规等。这是金融机构营销发展的指南针。例如，2018 年 3 月以来，美国违反世界贸易组织的多边主义规则施行单边主义及双边主义政策，在股票市场，由于中美贸易战带来的金融紧张氛围，使股票市场人心惶惶，股票呈现大幅度下降趋势，并将持续影响证券服务营销。

（2）经济环境，指金融机构在制定经营战略过程中需要将国内外经济发展水平、宏观经济政策等多种经济因素考虑在内。例如，2022 年 8 月，中国人民银行决定改革完善贷款市场报价利率（LPR）形成机制。在当前经济结构调整的环境下，有助于推动银行灵活制定贷款利率，使得价格营销策略更为精准，更具针对性。

（3）社会环境，主要指金融机构所在社会中成员的民族特征、文化传统、价值观念、宗教信仰、教育水平等因素。比如，在中国香港，50~60 岁的人很少购买人寿保险，因为他们存在一种传统观念，即认为在这一年龄段购买人寿保险是坏运气的前兆，这极大地妨碍了这一年龄段人寿保险产品的营销。因此，50~60 岁年龄段的个人客户对保险产品需求相对较少，保险公司实施营销相对较难。

（4）技术环境，指金融机构业务所涉及国家或地区的技术水平、新产品开发能力以及技术发展的动态等。随着中国人民银行不断拓展支付渠道、畅通汇路，先后建立了大小额支付系统、网上支付跨行清算系统、电子商业汇票系统、人民币跨境支付系统、网联清算平台等，将在途资金缩短至实时到账。快捷的支付服务，有效地提高了银行的服务营销效率。

借助 PEST 分析法，有助于明确营销策略实施环境的优劣，从而判断战略是否贴合现实且是否具有可操作性。

2. 波特五力分析法

20 世纪 80 年代初，美国哈佛商学院教授迈克尔·波特（Michael Porter）提出任何产业，无论是国内的还是国际的，无论生产产品还是提供服务，竞争规律都将体现为五种竞争的作用力，即供应商的议价能力、购买者的议价能力、潜在竞争者的威胁能力、替代品的替代能力、行业内竞争者现在的竞争能力。此理论被称为波特五力模型（Michael Porter's Five Forces Model），又称波特竞争力模型，如图 1-4 所示。

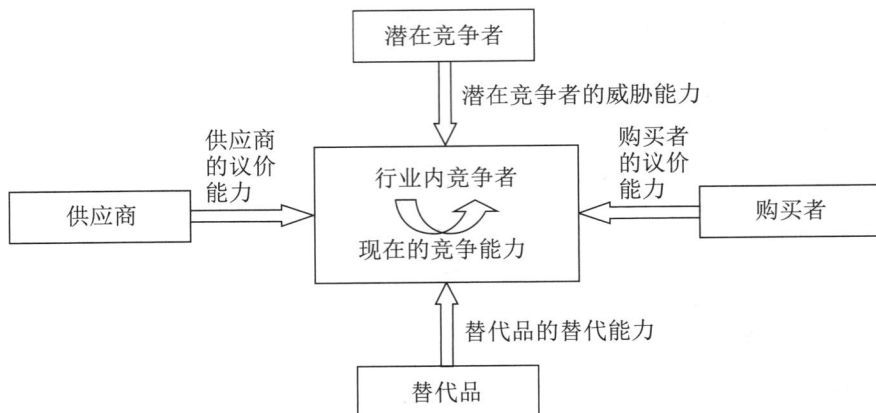

图 1-4　波特五力分析法图示

资料来源：王跃梅. 服务营销 [M]. 杭州：浙江大学出版社，2011.

1）供应商的议价能力（the power of suppliers）

供应商主要通过提高投入要素价格与降低单位价值质量，影响行业中现有企业的盈利能力与产品竞争力。供应商力量的强弱主要取决于他们所提供给买主的投入要素的价值大小。就金融机构而言，以银行为例，其供应商可以理解为资金的供给方即存款人，银行的大部分资金来源于社会公众的存款，2015 年中国银行业利率市场化改革之前，各期的存款利率都由中国人民银行统一制定，各家商业银行按照中国人民银行存款利率执行，无论是个人存款人还是企业存款人都不存在议价能力；但利率市场化改革之后，各期存款利率逐步放开，各家商业银行可以根据中国人民银行的基准存款利率上下浮动，虽然，每家银行对三个月、半年和一年期等的存款利率都有统一的浮动标准，但是出于和其他金融机构的存款竞争压力，也会在规定的范围内考虑提高利率。相对来说，一般的个人存款人议价能力较低，企业存款人议价能力较高，尤其是存款金额较大的企业，即商业银行可以在有限的范围内给予相对高的存款利率。

2）购买者的议价能力（the power of buyers）

购买者主要通过压价与要求提供较高的产品或服务质量的能力，影响行业中现有企业的盈利能力。一般来说，满足如下条件的购买者可能具有较强的议价能力：

（1）购买者的总数较少，但每个购买者的购买量较大，占卖方销售量的很大比例。

（2）卖方行业由大量相对来说规模较小的企业组成。

（3）购买者所购买的基本上是一种标准化产品，同时向多个卖主购买产品在经济上也完全可行。

（4）购买者有能力实现后向一体化，而卖主不可能实现前向一体化。简单来说，客大欺主。

从银行等金融机构角度来讲，银行的购买者可以理解为资金的需求方即借款人，银行基于不同企业借款人的信用评级，收取不同的贷款利率，反映了企业借款人不同的风险溢价，企业借款人也因其规模、经营状况以及信用情况等因素导致议价能力出现差异。例如，一般来说，经营相对稳定的国有大型企业借款人议价能力就比中小企业借款人的议价能力强。

3）潜在竞争者的威胁能力（the threat of entry）

新进入者在给金融机构带来新能力、新资源的同时，也希望在金融市场中赢得一席之地，这就有可能威胁到现有的金融机构。新金融机构进入威胁的大小，取决于进入者对潜在利益的估计、所需成本与所担风险三者之间的权衡。例如，银行、证券和保险等金融机构拥有极高的进入门槛，如高额实缴注册资本、政府和政策的准入等。但是随着金融政策的逐步放开，民营银行进入者逐渐增多。例如，2015年国家批准的深圳前海微众银行股份有限公司（下称"微众银行"）、浙江网商银行股份有限公司（下称"网商银行"）等，竞争也日趋激烈。

4）替代品的替代能力（the threat of substitutes）

两个处于同行业或不同行业中的企业，会由于所生产的产品互为替代品，而产生竞争行为，这种替代品的竞争会以各种形式影响行业中现有企业的竞争战略，这种影响主要体现在以下三个方面：第一，现有企业产品售价以及获利潜力的提高，将由于存在着能被用户方便接受的替代品而受到限制；第二，替代品生产者的侵入，使现有企业必须提高产品质量，或者通过降低成本来降低售价，或者使其产品具有特色，否则其销量与利润增长的目标就有可能受挫；第三，源自替代品生产者的竞争强度，受产品买主转换成本高低的影响。总之，替代品价格越低、质量越好、用户转换成本越低，其所产生的竞争压力就越强。例如，就支付业务而言，第三方支付平台支付宝和微信支付等的日益兴起，对原来只有商业银行才能办理的支付业务形成了较大的压力，因而，在这一业务方面，第三方支付平台就可被视为来自替代品的威胁。

5）行业内竞争者现在的竞争能力（competitive rivalry）

大部分行业中的企业相互之间的利益联系紧密，各企业竞争战略的目标在于使得自己的企业获得相对于竞争对手的优势，所以在实施中就必然会产生冲突与对抗现象，这些冲突与对抗就构成了现有企业之间的竞争。现有金融机构之间的竞争常常表现在产品、服务、技术、人才等方面，其竞争强度与许多因素有关。一般来说，行业进入障碍较低，势均力敌竞争对手较多，竞争参与者范围广泛将会加剧竞争，比如金融管制放松后，股份制商业银行、城市商业银行和外资银行有了较大的发展，银行业的竞争也越来越激烈。

根据波特五力分析法，金融机构努力从自身利益需要出发，采取措施来应对这五种竞争力量，以增强自己的市场地位与竞争实力。

3. SWOT 分析法

SWOT 分析法，即态势分析，是将分析对象的主要内部优势（Strengths）、劣势

（Weaknesses）、机会（Opportunities）、威胁（Threats），调查列举并进行矩阵排列，将各种因素进行匹配分析得出结论。此方法也常被用于金融机构的发展战略制定和竞争对手分析。

1）SWOT 分析步骤

进行 SWOT 分析时，主要遵循以下应用步骤，详见表 1-3。

表 1-3　SWOT 矩阵分析

		内部环境	
		优势（S）	劣势（W）
外部环境	机会（O）	SO 战略 利用外部机会、发挥内部优势	WO 战略 利用外部机会、弥补内部劣势
	威胁（T）	ST 战略 利用自身优势、减轻外部威胁	WT 战略 减少内部劣势、回避外部威胁

资料来源：许棣 . 金融服务营销实务 [M]. 北京：中国人民大学出版社，2018.

（1）环境因素分析。运用各种调研方法，分析金融机构所处的外部环境因素和内部环境因素。其中，机会和威胁属于外部环境因素，主要针对金融机构外部需求、市场壁垒、竞争对手、行业政策、宏观经济等；优势和劣势属于内部环境因素，其主要分析企业内部的成本优势、产品质量、技术力量、组织管理等。

（2）构造 SWOT 矩阵。按照轻重缓急或者影响程度等方式将调查得出的环境因素进行排序。在排序过程中，将与金融机构有直接的、重要的、大量的、迫切的、久远的影响因素进行优先排序，而将间接的、次要的、少许的、不急的、短暂的影响因素进行后续排序。

（3）制订行动计划。完成环境因素分析和构造 SWOT 矩阵后，制订相应的行动计划。基本思路是：发挥优势、避免劣势、利用机会和防范威胁。运用系统综合分析方法，将各种因素匹配组合，最终得出金融机构可选择的策略。

2）SWOT 分析战略选择

SWOT 分析通常得出四种不同的行动战略：SO（优势—机会）战略、WO（劣势—机会）战略、ST（优势—威胁）战略和 WT（劣势—威胁）战略。

（1）SO 战略是金融机构发挥内部优势与利用外部机会的战略组合，是一种理想的战略模式。当金融机构具有特定优势，且外部环境又为发挥这种优势提供有利条件时，采取此战略组合。例如，良好的产品市场前景和竞争对手有财务危机等外部条件，配以金融机构市场份额提高等内在优势可成为增加网点设置、扩大经营规模的有利条件。

（2）WO 战略是金融机构利用外部机会弥补内部劣势的战略组合。当外部环境机会与内部资源不匹配或者不相融时，金融机构的优势再大也得不到发挥。在这种情形下，金融机构着重考虑劣势和机会因素，努力改善劣势，充分利用机会。金融机构需要追加相关资源，促进劣势向优势转化，从而迎合或适应外部机会。

（3）ST 战略是指金融机构利用自身优势，回避或减轻外部威胁的战略组合。当外部环境对金融机构构成威胁时，优势得不到充分发挥，出现优势不优的局面。在这种情形下，金融机构必须克服威胁，发挥优势，目的是努力使优势最大化，威胁最小化。

（4）WT 战略是减少内部弱点、回避外部威胁的防御性战略组合。当金融机构存在内忧外患时，往往面临生存危机，降低成本成为改变劣势的主要措施。当金融机构成本状况恶化，新业务开发以及业务管理费用增加，如数字化网点软硬件设施改造投入增加、数字化研发人员投入增加等，使金融机构在降低成本方面难有大作为时，将迫使金融机构采取目标聚集战略或者差异化战略，以减少成本方面的劣势，并回避成本原因带来的威胁。

4. SPACE 矩阵分析法

SPACE 矩阵是一种较为复杂的匹配工具。在 SWOT 分析法的基础上，通过各项指标确定内外维度，能够更加准确地进行战略的选择和定位。SPACE 矩阵主要是分析金融机构外部环境和内部环境时采用的战略组合。SPACE 矩阵采用两个内部维度（财务优势和竞争优势）和两个外部维度（环境稳定性和产业优势）的战略组合分析方法。即财务优势（FS）和环境稳定性（ES）构成纵坐标，竞争优势（CA）和产业优势（IS）构成横坐标，将企业的战略地位分成进取、保守、防御和竞争四个象限，如图 1-5 所示。

1）SPACE 矩阵分析步骤

（1）选择构成财务优势、竞争优势、环境稳定性和产业优势的一组变量，见表 1-4。

（2）对构成财务优势和产业优势的各变量给予从 +1（最差）到 +6（最好）的评分值，而对构成环境稳定性和竞争优势的各变量给予从 –1（最好）到 –6（最差）的评分值。

（3）将各数轴所有变量的评分值相加，再分别除以各数轴变量总数，从而得出财务优势、竞争优势、产业优势和环境稳定性各自的平均分数。

（4）将财务优势、竞争优势、产业优势和环境稳定性各自的平均分数标在各自的数轴上。

（5）将 X 轴的两个分数相加，将结果标在 X 轴上。将 Y 轴的两个分数相加，将结果标在 Y 轴上。最后标出 X、Y 轴的交叉点。

（6）自 SPACE 矩阵原点到 X、Y 轴的交叉点画一条向量，这一条向量就表示企业可以采取的战略类型：进取、竞争、防御或保守。

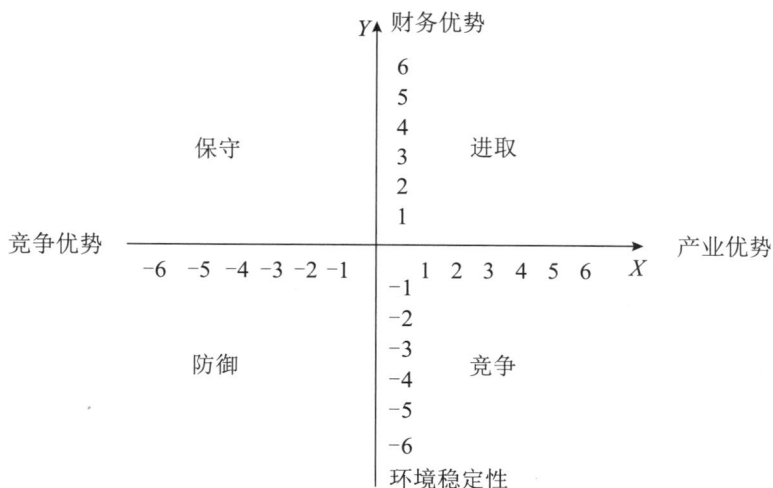

图 1-5　SPACE 矩阵

资料来源：徐大勇 . 企业战略管理 [M]. 北京：清华大学出版社，2019.

表 1-4　评价指标表

内 部 维 度	外 部 维 度
财务优势 投资效益、杠杆比率、偿债能力、流动资金、退出市场的方便性、业务风险等	环境稳定性 技术变化、通货膨胀、需求变化性、竞争产品的价格范围、市场进入壁垒、竞争压力、价格需求弹性等
竞争优势 市场份额、产品质量、产品生命周期、用户忠诚度、竞争能力利用率、专有技术知识、对供应商和经销商的控制	产业优势 增长潜力、盈利能力、财务稳定性、专有技术知识、资源利用、资本密集型、进入市场的便利性、生产效率和生产能力利用率等

资料来源：徐大勇.企业战略管理 [M].北京：清华大学出版社，2019.

2）SPACE 分析战略选择

（1）当向量出现在进取象限时，说明金融机构正处于一种绝佳的地位，即可以利用自己的内部优势和外部机会选择自己的战略模式，如市场渗透、市场开发、产品开发、后向一体化、前向一体化、横向一体化、混合式多元化经营等。

（2）当向量出现在保守象限时，意味着金融机构应该固守基本竞争优势而不要过分冒险，保守型战略包括市场渗透、市场开发和集中多元化经营等。

（3）当向量出现在防御象限时，意味着金融机构应该集中精力克服内部弱点并回避外部威胁，防御型战略包括紧缩、剥离、结业清算和集中多元化经营等。

（4）当向量出现在竞争象限时，意味着金融机构应该采取竞争性战略，包括后向一体化战略、前向一体化战略、市场渗透战略、产品开发战略等。

1.4　金融服务营销的实践

1.4.1　银行服务营销

1. 银行服务营销的概念

一般而言，银行服务营销是指银行以满足客户需求为导向，以服务为手段将金融产品销售给客户的各种经营活动。它是一个大的范畴，贯穿产品形成、营销、业务运行、内部组织和管理等多个方面。从这个概念可以看出，银行服务营销主要有三个层面的业务内容：

第一，核心服务营销既是银行提供给客户的核心利益，也是银行赖以生存的基础。如吸收存款、提供贷款等。

第二，便利性服务营销主要包括信用卡业务、ATM 自动取款业务、银行的网点设置、转账业务、异地取款业务、网上银行等。

第三，支持服务营销的目的是提高银行服务价值或者与其他竞争对手服务区分开来，它并不是用来方便核心服务的消费或使用。

　　银行服务营销工作的出发点和落脚点是提高银行客户的忠诚度和满意度。在日益激烈的市场竞争中，不断提升客户满意度从而最终获得客户忠诚度，才是银行在竞争中制胜的利器。客户的满意度是客户预想效果与感知结果之间的比值。在接受服务之前，客户往往对未来可以得到的服务有一个期望值，这个期望值是人的大脑对周围环境和历史的沿革进行判断之后所做出的一个预想。当接受服务后感知的结果超出期望值时，客户就会感到满意。反之，则不满意。银行不可能改变客户的期望值，所以要想提高客户的满意度，就必须提高其对服务的感知效果。客户忠诚度表现，由于银行对客户施以关系营销，使客户对银行的依赖不因外界因素干扰而变化。客户流失的原因有很多，银行内部的、外部的、客户自身的……但其根本原因还是客户满意度下降。银行要想留住客户，就要让客户保持对银行的忠诚度，最重要的是让客户满意。

　　如前所述，客户的满意度是客户忠诚度的前提条件，如果客户不满意，也不会保持忠诚度。下面，我们看一下忠诚者的分类。如图1-6所示，按照购买次数和接触频数，将忠诚者分为四类：

　　第一类，高频接触、高频购买，这类属于真正的忠诚者。以商业银行为例，如果客户经常与其客户经理联系，且经常购买该家银行的产品，则属于真正的忠诚者。

　　第二类，高频接触、低频购买，属于潜在的忠诚者。例如，客户与银行客户经理接触比较频繁，但是购买的产品却很少，说明客户还处于考察观望并逐渐建立信任的阶段。

　　第三类，低频接触、高频购买，这类属于虚假的忠诚者，可能的情形是家人或亲戚朋友在银行工作，出于人情而购买银行的产品，但实际上对银行的产品并不了解，也没有太多兴趣，与银行客户经理的接触也不多。

　　第四类，低频接触、低频购买，这一类属于不忠诚者，可能的情形是只要银行有促销活动，送礼品，为了礼品才去银行，之后就没什么后续业务往来了。

	高　　　续购率　　　低
高	A 真正的忠诚者　| B 潜在的忠诚者
相对态度	
低	C 虚假的忠诚者　| D 不忠诚者

图1-6　忠诚者的分类

2. 银行服务营销的特点与原则

银行服务营销的特点包括无形性、差异性、循环性、非储存性和体验性。

（1）无形性。银行的产品即服务，银行产品是看不见的，摸不着的。

（2）差异性。因为每家银行提供的服务不同而导致客户对同种产品感到差异性，商业银行的差异化发展已经成为一大趋势，尤其是中小银行在同质化的竞争环境下更需要提供差异性服务以树立具有独特性和差异化的市场形象。以盛京银行股份有限公司（下称"盛京银行"）为例，盛京银行围绕"做一家好银行"的战略愿景，积极响应辽宁省推进特色产业发展的工作部署，聚焦特色农业集群，创新推出用于种植、养殖、农业加工等用途的流动资金贷款、固定资产贷款、国内贸易融资的"盛产贷"金融服务。差异化的金融服务使盛京银行有别于其他同业竞争者，吸引了众多客户。

（3）循环性。银行服务营销不是一锤子买卖，从新客户开立账户、存取款，到和银行有更多的相关业务，都是周而复始，循环往复的。

（4）非存储性。银行提供的服务无法被存储，但是提供服务的经验却可以累积并传承。

（5）体验性。比如，2019年6月，广发银行整合"金融＋场景"首次向社会和媒体公开展示智慧城市服务，围绕"善政、惠企、利民"三个着力点，致力于提升城市管理者在政务、法院、党务、商事、制造、地产、连锁、医院、学校、民生、交通、旅游12个方面的综合管理能力，打造"城市管家"型综合金融服务形象。银行服务营销需要客户体验才能有更好的体悟，因此，客户体验很重要。

银行服务营销的原则主要包括差异化服务、亲情化服务、先进化服务和有形化服务。

（1）差异化服务。这并非指服务态度上的差异，即客户在银行的业务多，存的钱多态度就好；业务少，存的钱少态度就差，而是提供的服务层次不同。例如，银行的基本客户，是只在银行具有存取款业务的客户；银行的VIP客户，则会对其提供更多的服务，如存取款快速通道等；对私人银行客户，甚至可以免费提供机场休息、帮忙医院挂号等额外的服务。

（2）亲情化服务。对待客户要像对待家人一样温暖亲切，服务要自然，不阿谀奉承，不刻意，要"润物细无声"。

（3）先进化服务。银行提供服务尽量采取高新技术。比如，采用网络技术、AI技术等。

（4）有形化服务。银行服务本来是无形的，但是可以变无形为有形。比如，可以在送给客户的小礼品或者包装袋上宣传银行的理念和形象等。

3. 银行服务营销存在的问题

市场经济的发展，金融业对外开放，中国银行的市场竞争激烈，对银行业的市场营销提出了更高的要求。目前，对比发达国家银行，中国的银行服务营销还不成熟，存在着以下五个方面的问题。

（1）银行承诺与客户满意度之间的差异。银行客户经理为了在竞争中取胜，很多时候承诺客户太多，但往往银行的业务和服务无法满足当初给客户的承诺，招致客户不满。所以银行承诺和能力脱节，会造成银行承诺与客户满意度之间的差异。

（2）银行客户经理的知识水平与业务技能同服务要求之间的差异。现代银行服务营销，要求客户经理提供one stop服务（一站式服务），即一个客户经理基本上能够解答客户所有相关问题。但由于银行客户经理知识水平与业务技能还达不到一站式服务的要求，所以知识水平与服务要求之间存在差异。

（3）金融产品功能与客户理想之间的差异。客户到银行购买的是产品，因此产品的功能、品种的多样性、业务的创新性是银行吸引客户的关键，如果产品的功能不全，即使营销服务再热情,客户也会因为产品问题离开。所以银行应该在产品的创新上努力缩小差距。

（4）对外服务水平提高同内部机构之间的差异。即使处在最前线、直接与客户接触的营销人员能提供优质服务，但如果内部的组织结构臃肿，比如，贷款需要层层审批，各机构之间协调不畅，也很难取得客户的信任。因此，内部结构也需要根据营销服务做适当的调整和协调，提高效率。

（5）营销人员服务与认可之间的差异。服务好坏本身就依赖客户的心理感受，营销人员不仅要为客户提供用心的服务，还要真正理解客户的需求点。所以急客户所急，想客户所想是最重要的。

4. 银行服务营销的管理

关于西方银行业对营销管理的理解，美国著名的营销学专家菲力普·科特勒（Philip Kotler）将其划分为五个阶段，即广告、销售促进和公共宣传，微笑和友好的气氛，细分和创新，市场定位，营销分析、计划和控制。这一观点目前已经被理论界和银行界普遍接受。较为常用的银行服务营销管理服务标准就是 SMARTS，有了这个标准我们就便于对营销进行管理，此方法的每个首字母都代表一个英文单词。

（1）明确性（Specific），即营销服务标准的制定一定要明确。例如，当电话铃响第三声的时候必须接电话，接到客户投诉 20 分钟内必须赶到现场处理，等等。

（2）可衡量性（Measurable），这个和明确性一致，就是所制定的营销服务规则一定是可量化的，不要出现"大概、差不多、也许"等不确定的词。

（3）可实现性（Achievable），制定的营销原则一定是可实现的，要让客户经理有希望，而不能贪大贪全。例如，要求客户经理一个月办信用卡 100 张很难实现，但是一个月 10 张的量还是可以完成的。

（4）与客户需求一致性（Relevant to customers），客户和银行客户经理的出发点不同，所以客户经理在营销银行产品时，难免会只从银行效益的角度考虑，而不考虑客户的需求，最好的方法就是达到客户与银行效益的双赢。

（5）及时性（Timely），尊重客户、重视客户，处理客户的问题和为客户办理业务一定要及时，不要让客户久等。

（6）组织支持性（Supportable），客户经理不是一个人在战斗，而是需要其他部门人员的配合。例如，许多银行都会给职员配备电脑、验钞机等办公设施，从而降低了员工的工作量，并改善了工作的品质。

5. 银行服务营销的创新与发展趋势

银行服务营销的对象是客户，在"互联网+"时代的背景下，中国的客户主要表现出四个特点：

（1）银行客户的忠诚度低。时代的变迁，网络的便利性，使客户所能运用的手段和技术太多了，可供选择的金融业务类型也是多种多样，遍地开花，加之，金融机构之间的竞争十分激烈，为了吸引客户都竭尽所能。因此，当出现新业务或者出现能够吸引客户的创新产品时，客户会自然而然地掉转船头。

（2）数字化渠道成主流。目前很多客户都用手机 App 和更为数据化的操作模式。

（3）期待银行实时业务。如前所述，"互联网+"时代打破了时空界限，客户要求银行业务更为便捷有效率。

（4）产品创新获取客户。这是一个创新的时代，许多新兴事物层出不穷，要想在竞争中脱颖而出，创新意义重大。

创新是银行服务营销成功的基础之一。主要包括服务理念创新、服务手段创新、服务领域创新、客户需求延伸、服务内容延伸、服务场所延伸和服务种类创新。因此，首先要有理念的创新，其次还要借助先进的手段，不断扩展领域，逐渐增加种类。要积极拓展中间业务，推动零售，创新金融衍生服务，以满足顾客的个性化需要，提升顾客的忠诚度与满意度。

未来银行服务营销的发展趋势将逐渐趋向由人工监控到自动化监控的服务管理、标准化与人性化完美结合的服务管理、员工第一的服务理念、走出柜台进行服务、业务操作流程以客户为中心、网点成为网络、全天候服务、流动银行的出现，等等。即使有再多的人工智能嵌入银行业务，我们也不担心会被人工智能所取代，因为机器最大的特点就是冷漠，而人心却是有温度的。例如，当客户去银行办理业务时，如果是人工智能为我们提供服务，它只能机械地按部就班操作，缺少有温度的交流，而这部分有温度的交流恰恰是由人来做的。营销是创造这种有温度沟通交流的桥梁和纽带，可见学习营销很重要。

1.4.2　证券服务营销

1. 证券服务营销的定义

证券服务营销是指证券服务营销机构通过设计与提供多样化的产品和高质量的专业证券服务，通过设计、定价、促销及分销，实现客户与证券服务营销机构的目标交换，并使证券服务营销机构与客户实现双赢的过程。

近年来，从证券服务营销机构品牌的创立到证券产品的广告策划，从证券服务营销机构的内部营销到外部服务与客户关系管理，从经纪人制度的建立到佣金策略的选择，随处可见现代营销学理论与国内证券业实践紧密结合的努力。其最终目标都是为了生存与发展，以客户需求为核心，为投资者创造价值并实现共赢。

1）证券服务营销的主体：证券服务营销机构

证券服务营销机构，是指依法设立可经营证券业务的、具有法人资格的金融机构，包括证券专营机构及证券公司、证券兼营机构和信托投资公司的证券部。另外，也可按照其业务内容分为经营性中介机构和服务性中介机构。经营性中介机构是以证券承销、代理买卖、保管为主要业务的营利性机构，主要包括证券公司、投资银行、基金管理公司等；服务性中介机构主要是以股票发行和交易、企业并购等资本市场提供专业服务的营利性机构，如会计师事务所、审计师事务所、投资咨询机构、律师事务所和证券信用评级机构等。中国目前的证券服务营销一般由证券公司、基金管理公司、投资银行、投资咨询机构等承担，简称券商和基金公司。证券公司主要有经纪业务、自营业务和承销业务三块传统业务，近年来资金管理业务、投资银行业务、新型经纪业务等逐渐增多。

2）证券服务营销的客体：证券投资者

证券投资者是证券市场的资金供应者，既有国内投资者，也有国外投资者。正是众多的证券投资者的存在才保证了证券发行的完成，同时活跃了证券市场的交易。证券投资者的类型甚多，投资目的也各不相同。有的意在长期投资以获取高于银行利息的收益；有的意在参与公司的经营管理；有的则意在投机，通过买卖证券的价格和时机的选择，以赚取市场差价。

3）证券服务营销的对象

在本书中，我们主要以股票、债券和基金作为证券服务营销的对象。股票是股份有限公司发给股东，以证明其向公司投资并拥有所有者权益的有价证券。债券是政府、金融机构、工商企业等机构直接向社会借债筹措资金时，向投资者发行，并且承诺按一定利率支付利息并按约定条件偿还本金的债权债务凭证。债券的本质是债的证明书，具有法律效力。基金是一种利益共享、风险共担的集合证券投资方式，即通过发行基金单位，集中投资者的资金，由基金托管人托管，由基金管理人管理和运用资金、从事股票和债券等金融工具投资。

2. 证券服务营销的特点

证券服务营销除了具有与银行服务营销类似的无形性、差异性、循环性、非储存性和体验性，值得注意的是，它还同时具有专业性和收益与风险的平衡性。

1）专业性

证券公司的客户对服务的需求往往是多方面的，且专业性较强，要求证券公司营销人员具有广泛的专业知识，在证券业务服务中能够自如地处理各种问题，让客户满意，诸如回答客户的各种问题、消除客户的种种疑虑，甚至充当客户的投资顾问或参谋，帮着客户分析、计算、推测和谋划。为了提高服务质量、增强竞争能力，证券公司需要雇用各种专家型和研发型的人才。

2）收益与风险的平衡性

证券市场的风险无时无处不在，不管是对证券公司还是对客户，防范和化解风险、保持收益与风险的平衡性是证券市场的参与者独具的特色和重要的任务。证券公司是证券市场的主要参与者，承担着证券业务中的各种风险，因此，证券公司应加强风险控制，确保经营的安全性，对主要由客户承担风险的业务，证券公司也要加强服务，使客户所承担的风险与其所获得的收益相称，以保证客户的利益不受损害。

3. 证券服务营销存在的问题

1）同业竞争激烈，佣金率持续下降

一方面，证券公司市场份额主要通过营业网点优势来实现，经纪人之间竞争激烈。另一方面，经纪人佣金率持续下降。佣金率下降是同行竞争的结果，动摇了证券公司的服务定价体系。对经纪业务依赖度较高的证券公司来说，佣金下降对其收入和利润产生直接的负面影响。随着互联网金融等概念的兴起以及股市长期的低迷，A股开户数持续走低，佣金率不断下调，尤其部分证券公司已开通互联网开户业务，"零佣金""零佣通""零佣宝"等服务愈演愈热。

2）经纪人激励约束管理制度存在弊端

中国多数证券公司绩效考核处在"量化考核与目标考核阶段"，存在短期激励大于长期激励；缺乏团队激励与个人激励的结合；缺乏证券经纪人职业管理者；结果管理大于过程管理等问题。这些简单的考核方式仅能从短期内鼓励证券经纪人的积极性，不利于长期发展。例如，山西证券股份有限公司（下称"山西证券"）在经纪人约束方面由于实施客户经理负责制，在考核方面对经纪人的管控力度相对较弱，经纪人对公司的归属感不强，很容易被其他证券公司的优惠条件吸引，不利于山西证券的长期发展。

3）经纪人储备不足，培训工作有待提升

证券公司同与其合作的第三方存款银行如中国建设银行、中国工商银行等开展银行驻点证券经纪营销业务，银行网点众多，导致证券经纪人储备严重不足。此外，多数证券公司入职培训时间短，入职后继续培训的系统性有待加强。某些证券公司仅依靠每周两次会议来开展后续培训，无法满足广大客户的服务需求。中国证券业协会数据显示，截至2021年10月15日，129家证券公司中，以营销获客为主业的证券经纪人数量已经降至5.8万人，2017年，这一岗位全行业人数曾高达9万人。

4. 证券服务营销的管理

1）创新服务方式，提高市场占有率

创新服务建设可以从营业部服务、合作企业、媒体宣传等多方面入手。例如，在办理证券开户、资料变更、"亲情化"服务等业务时，提供投资咨询服务和交易软件专业培训学习；通过广播、广告牌、短信、电子邮件等，为客户提供每日市场分析、分享技巧、基金的建议、优惠及其他相关信息；建立专业的客户服务中心，为客户提供远程咨询服务等。

2）健全经纪人激励约束机制

将证券经纪营销绩效考核由个人激励转为团队激励，短期激励转为长期激励，业绩导向转向业绩与管理结合。在证券经纪人考核指标中加入团队合作业绩等，加强个人对团队的贡献考核，实现个人与团队的结合。比如，可以令：最终个人业绩考核分 = 个人业绩 × 80% + 团队业绩 ×20%，每月提取证券经纪人个人激励提成 20% 作为团队整体激励基金，在团队内二次分配，每月按照一定比例提留团队激励，作为团队学习经费或活动经费。

3）建立多元化营销人员培训体系

根据经纪人职业生涯的不同阶段，形成证券服务营销经纪人培训体系，具体包括：展业培训、业务流程、开户流程、行情软件应用、集合理财计划、大盘分析、营销技巧和营销话术培训、技术分析初级讲解等，也可以座谈会的形式，促进经纪人之间的沟通交流，提升经纪业务能力。

5. 证券服务营销的发展趋势

目前，证券服务营销的趋势发生了重大的转变，从一般的证券销售转为整体营销（包括信息营销、关系营销、网络营销等）。此举不仅是证券公司营销运作领域的事，它也逐步被提到证券公司长远发展的战略高度，其地位日益突出。我们应该视整体营销为一种新机遇，促进各领域的支柱企业强强联手。例如，同中国移动合作的证券手机短信服务，同电信合作的宽带上网，同银行合作的银证通等，都是有益的尝试，可以做到客户资源共享、利益共得、吸引投资者、打造自己的核心客户群体。

同时，在证券服务营销过程中，证券公司也应该有整体的转变，包括文化理念、营业部门、组织结构与设置等都要作出相应调整，这也有助于营销活动的开展，有利于提高证券公司形象，有利于吸引更多优秀人才。

1.4.3　保险服务营销

1. 保险服务营销的定义

保险服务营销就是在变化的市场环境中，以保险为商品，以市场交易为中心，以满足被保险人需要为目的，实现保险企业目标的一系列活动。这一基本概念包含了以下三方面的核心内容。

（1）保险商品的起点是投保人的需求。每个人一生下来就会有各种各样的需求，如生理需求和社会需求，对保险商品的投保人来说，他的需求是客观存在的。

（2）保险服务营销的核心是社会交换过程。保险服务营销要想顺利进行，其核心是提供满足这些需要和欲望的保险商品，并在公平合理的原则下进行交换与交易，从而使交易双方满意，使保险商品的营销活动最终得以完成。

（3）保险服务营销的手段是整体营销活动。现代营销学强调整体性的营销活动，也就是说，不要把营销仅仅当作推销或促销，或者只是当作一项有任务就去"完成"，有危险就去"急救"的临时性工作，而应把营销当作一项长期的、周密的、细致的、整体的工作来进行。因此，保险服务营销的手段应包括市场调研和预测、市场分析、产品设计与开发、产品定价、渠道的选择、促销组合的运用等。保险服务营销的手段也应强调整体的营销活动。

2. 保险服务营销的特点

保险作为一种商品，其营销既有一般商品营销的共性，也有自己的特点。相较于其他服务营销，保险服务营销更加注意主动性、人性化和关系的维系。离开了主动性，保险服务营销就会陷入停滞，趋向灭亡；不注重人性化，保险服务营销就会缺乏活力，缺乏吸引力；忽视与各方面维持良好的关系，就会使自己举步维艰，难以维系。

（1）主动性是指保险商品往往是消费者不了解、不知道或虽然知道却没有兴趣购买的商品。保险服务营销的主动性，决定了保险公司必须加强推销工作，使消费者对保险商品有所了解、产生兴趣，才能形成购买的行动力。

（2）人性化体现在保险服务不仅表现在消费者购买保险之前，即要根据投保人的需求设计保险方案，选择适当的保险公司或保险险种，还表现在消费者购买保险之后，即应根据投保人保险需求的变化和新险种的出现，帮助其调整保险方案，或在损失发生时，迅速合理地对其进行赔付。

（3）关系的维系主要从人寿保险体现出来。人寿保险合同是一种长期性的合同，保险合同期限的久远性，使消费者对保险商品的作用不能真正或充分了解，甚至误解保险，认为交了许多保险费，所得到的只是一张若干年后才能兑现的保险单。因此在这个过程中需要营销人员长期维护好与消费者的关系。

保险商品的上述特性，决定了保险服务营销的根本方向是全面提高保险服务质量，而保险服务质量的提高依赖于提供保险服务的人员。

3. 保险服务营销的创新与发展趋势

随着网络的普及、电子技术的迅速发展，网络营销已成为保险服务营销发展的必然趋势。网络营销使营销成本大大降低，保险公司在网络上销售、做广告等所支付的佣金与传统营销手段所支付的佣金相比，只能用低廉来表达。网络可以使营销深入更多的个人客户，使保险业务实现大量化和多样化，在理论上更符合大数法则的要求，分散风险，增加经营稳定性。同时，保险公司在网络中能得到更多的信息，推出更多符合市场需求的保险产品，提高保险服务质量。网络营销的这些优势决定了其在保险服务营销中有着巨大的发展潜力。

当然，网络营销在现阶段由于安全风险、法律风险以及道德风险等因素制约还不能成为主要保险服务营销手段，但网络营销的诸多优点，足以产生推动保险服务营销向网络营销发展的动力。可以预见，网络营销必将成为保险服务营销的重要手段。

案 例 分 析

案例 1-1　信海公司的服务

信海公司为医药行业药品销售流通企业，虽然该公司属于中小企业，但该公司具备以下三点优势。

第一，在历次地方政府组织的药品招标采购中，该公司药品中标量均属前列。良好的中标情况为公司的快速发展奠定了基础。主要供货商（上游客户）为全国知名的药品生产企业，其中全国独家代理品种 14 个，区域独家代理品种近 50 个。

第二，销售对象均为当地各级医疗单位（医院）。公司依托良好的品牌、信誉和优质的服务以及经营代理品种的优势，成为当地各大中型医疗机构最好的供应商。

第三，该公司具有完整的内部控制组织架构和规章制度，尤其是作为药品销售企业，从库房管理到医院供药都有财务结算，有一整套严格的管理办法以及完整的 ERP 系统管理。

银行客户经理在得知这一情况后，首先对信海公司的业务流程进行了了解，发现该公司的业务流程如下：

（1）生产厂家与配送公司签订委托经销合同。

（2）销售代理企业针对各个药品的品种进行投标竞价，招标机构公布中标结果，中标配送公司与招标公司签订采购合同。

（3）医院在中标目录中指定配送企业采购药品，一般为电话采购或网上采购，不再另外签订相关合同。

（4）配送企业给医院送货，医院药库人员清点签收。

（5）3~9 个月后，医院付款。

根据该公司的上述经营特点和业务流程模式，针对销售过程中产生的赊销情况，银行客户经理决定先谨慎介入。虽然保险理赔业务在当地市场不多见，企业使用也较少，但客户经理由于前期对这一业务进行了充分的了解和学习，遂推荐客户办理保险业务，希望通过该业务参与企业贸易链，给予客户信贷支持。再根据企业自身实力的增强和经营规模的扩大，逐步扩大银行授信规模，丰富授信品种。

经过长期的业务往来，客户经理对该公司的授信规模由最初的 3000 万元增加到 1.3 亿元，授信品种由最初单一的保理业务发展为以保理业务为核心的涵盖多种贸易金融产品的综合授信。公司也在此期间得到了较大规模的发展。

资料来源：宋炳方.商业银行客户营销 [M].北京：经济管理出版社，2011.

思考：

1. 分析以上案例中客户经理是如何针对客户经营特点提供相应服务的？
2. 通过上述案例，总结营销人员应该具备什么基本素质？
3. 营销人员的职业道德对金融机构的营销活动有什么影响？

本 章 小 结

（1）市场营销是为了创造可同时实现个人和企业目标的交易机会，而对想法、物品和服务的构思、定价、促销和分销进行策划和实施的过程，由此产生满足个人和组织目标的交换。市场营销与两组关键词密切相关，第一组关键词是需要、欲求和需求，第二组关键词是价值、成本和满意。

（2）4P 理论包括产品（Product）、价格（Price）、分销（Place）以及促销（Promotion）四个要素。营销过程转化为确定四个问题：首先，生产者需要确定所要生产的产品是什么？其次，可以通过竞争比较法、成本加成法、目标利润法等价格制定手段确定产品的价格是多少？再次，确定产品从生产方到消费者终端所经历的销售路径是什么？是直接销售模式还是中间销售模式？最后，就是确定通过怎样的方式进行促销和宣传？ 4C 理论以客户为导向，包括客户价值（Customer Value）、尽可能低的客户成本（Customer Cost）、购物的便利性（Convenience）以及与营销人员的沟通（Communication）；4R 理论着眼于企业与客户建立互动与双赢关系，包括关联（Relevancy）、反应（Reaction）、关系（Relationship）、报酬（Reward）；4E 理论包括体验（Experience）、无所不在（Everyplace）、交换（Exchange）、布道（Evangelism）。

（3）营销理念的演变。自 20 世纪 50 年代开始便有了市场营销的理念。到了 20 世纪 70 年代，营销策略开始百花齐放，先后出现了战略营销、宏观营销、理智消费、生态主宰观念和服务营销。到了 20 世纪 80 年代，市场开始出现营销战、内部营销、全球营销、关系营销、大市场营销和直销。20 世纪 90 年代又出现了定制营销和网络营销。

（4）营销创造的价值包括客户满意、利润最大化、公司整体运作和社会责任四个方面。彼此之间是相辅相成的。营销的目的是提供给客户满意的产品，从而通过产品的销售实现利润最大化，赚取利润后才有可能提高企业的整体运作水平，企业自身运作良好了，才有能力承担更大的社会责任。

（5）营销人员的基本素质，即营销人员应具备的基本能力包括有主见（Assertive）、美丽（Beautiful）、创意（Creative）。营销人员的专业素养可以总结为 3H1F，即 Head，学者的头脑；Heart，艺术家的心；Hand，技术者的手；Foot，劳动者的脚。

（6）金融服务营销是金融机构对特定金融产品的营销。金融机构通过交换、创造和出售他人所需要的金融产品和价值，建立、维持和发展与各方面的关系，以实现各方利益的一种社会和管理过程。其包括以下特征：①产品即服务；②实施整体营销；③注重关系营销；④采取直接渠道；⑤实施双重营销。

（7）金融服务营销在实践中会用到方法，包括 PEST 分析法、波特五力分析法、SWOT 分析法、SPACE 矩阵分析法。银行服务营销是指银行以满足客户需求为导向，以服务为手段将金融产品销售给客户的各种经营活动。证券服务营销是指证券服务营销机构通过设计与提供多样化的产品和高质量的专业证券服务，通过设计、定价、促销及分销，实现客户与证券服务营销机构的目标交换，并使证券服务营销机构与客户实现双赢的过程。保险服务营销就是在变化的市场环境中，以保险为商品，以市场交易为中心，以满足被保险人需要为目的，实现保险企业目标的一系列活动。

关键概念

市场营销　4P 理论　4C 理论　4R 理论　4E 理论　金融服务营销　PEST 分析法　波特五力分析法　SWOT 分析法　SPACE 矩阵分析法　银行服务营销　证券服务营销　保险服务营销

综 合 训 练

一、填空题

1. 4P 理论四要素是_____、_____、_____、_____。
2. 客户创造价值包括_____、_____、_____、_____。
3. 营销人员的 ABC 效能包括_____、_____、_____。
4. 价值链活动中的基础性活动包括_____、_____、_____、_____、_____。支持性活动包括_____、_____、_____、_____。
5. SWOT 分析后通常采取的行动策略有_____、_____、_____、_____。

二、选择题

1. 金融企业在报纸上发布重要商业新闻，这属于（　　）活动。
   A. 广告促销　　　B. 人员推销　　　C. 营业推广　　　D. 公共关系促销

三、问答题

1. 简述市场营销的核心概念。
2. 简述金融服务营销的基本特征。

第 2 章
金融服务营销的宏微观环境

通过本章的学习，了解分析金融服务营销环境的方法，掌握金融服务营销的宏观环境因素和微观环境因素。

冀西北的张家口坝上地区系内蒙古高原南缘，是新西伯利亚和蒙古国冷压南下的必经通道，以风大、风多著称。当地有一段形容坝上风的话："一年一场风，从春刮到冬。春天刮出山药籽，秋天刮出犁底层。"风大时，连人都站不稳，尤其是冬天的白毛风，刮得人东西南北都分不清。

风，可谓坝上的"劣势"环境，过去人们怨风、讨厌风。可是现在人们却把风这个"劣势"变成了"优势"。坝上安装了大量的风力发电机，成为当地一大景观。如今，坝上的风力发电机装机容量已达到一百多万千瓦，相当于一个大型发电站，成为中国最大的风力发电基地和北方的清洁能源基地。

环境对金融服务营销的影响亦是如此。身处于社会大环境中，金融机构并不能独善其身，独自"美丽"。环境变化既能为其带来乘风而上的机遇，也能带来措手不及的挑战。如何处变不惊，沉着应对风云变幻的环境？这就要深入了解本章所探讨的金融服务营销宏微观环境。

2.1 金融服务营销的宏观环境

金融服务营销的宏观环境因素与一般企业所面临的宏观环境因素类似，可以按照 PEST 分析法，主要从政治法律环境、经济环境、社会文化环境、科学技术环境四个方面进行分析。

2.1.1 政治法律环境

政治法律环境是影响金融机构营销的重要宏观环境因素。政治环境是金融机构营销的方向指引者，法律环境则是金融机构营销行为的监督约束者。政治环境和法律环境相互交织，共同作用于金融机构营销活动。

1. 政治环境分析

政治环境是金融机构营销活动的外部政治形势。金融机构由于其特殊的经营对象和经营内容，极其容易被政治环境的变化所影响。一个国家的政局是金融机构经营的基石，其稳定与否，会给金融机构营销活动带来重大影响。如果政局稳定，人民安居乐业，就会给金融机构带来良好的营销环境。反之，政局动荡不安，社会矛盾尖锐，秩序混乱，就会影响经济发展和市场稳定。例如，2019 年 8 月，拉丁美洲国家政局不稳致使其金融市场频繁震荡，彼时，因阿根廷总统初选结果出乎市场预期，阿根廷比索兑美元崩跌至 30% 低位，与此同时，该国发行的 2048 年到期美元证券价格暴跌 17%，部分阿根廷在美上市公司跌幅超 50%，市值惨遭腰斩，这种情况下，就更谈不到对阿根廷政府发行美元证券的营销问题了。由此可见，政治环境在很大程度上影响了一国的金融市场，当政治环境发生变化时，金融机构的营销战略也要随之做出及时调整。同时，随着经济全球化的趋势不断深化，越来越多的金融机构纷纷开拓海外市场，国际关系也不容忽视。

2. 法律和政策环境分析

法律是由国家制度认可并由国家强制力保证实施的行为规范的总和。政策是以权威形式规定的，在一定时期指导和规范人们活动的行为准则。相比较而言，法律具有长期性、稳定性和成熟性的特点，而政策具有阶段性、灵活性和及时性的特点。

一般来说，在较长时期内适用的规定和制度，多通过颁布法律法规来规范和制约金融机构活动，在中国与金融机构经营活动相关的法律法规有很多，如《中华人民共和国反洗钱法》《中华人民共和国商业银行法》《金融资产管理公司条例》《中华人民共和国证券法》等，这些法律法规共同规范着金融机构经营管理秩序。同时，银保监会、证监会担任银行、保险公司以及证券公司的监督者角色，监督金融机构的经营是否合乎国家法律条例，以维护客户利益，防范和化解金融风险。而短期内适用的规定和制度，则通常采取政策的形式，比如，2020 年 3 月，国务院提出了超 3 万亿中小企业融资支持计划，这项计划引导金融机构为中小型企业和基建提供资金支持。延展到金融服务营销领域，国家的法律和政策能够引导金融机构适时地调整金融服务营销策略，改善营销环境。

2.1.2　经济环境

金融机构作为社会经济的重要组成部分，受经济环境影响较大。经济环境是影响金融机构营销活动的主要环境因素，包括经济发展水平、经济结构、居民收入水平、金融消费支出模式等因素。

1. 经济发展水平

经济发展水平是金融机构在营销活动中应当考虑的重要因素之一。不同阶段，经济发展水平不同，居民收入不同，对未来的预期也就不同。经济发展水平越高，市场越繁荣，社会的购买力就会增强，银行的贷款和储蓄会增加，证券投资会增加，金融业务量就会扩大。反之，经济发展水平低、市场萧条，购买力就会下降，金融业务量也会因此收缩。

一般来说，在经济发展水平较高、经济增长较快的地区，金融服务营销体现为服务竞争，属于较高层次的营销活动；在经济水平较低、经济增长较慢的地区，金融服务营销主要体现为价格竞争，属于较低层次的营销活动。美国经济史学家罗斯托（Rostow，1960）的"经济成长阶段理论"，将世界各国的经济发展归纳为以下五个阶段：①传统经济社会；②经济起飞前的准备阶段；③经济起飞阶段；④迈向成熟阶段；⑤大量消费阶段。处于前三个阶段的国家称为发展中国家，处于后两个阶段的国家称为发达国家。各个国家的经济发展水平不同，其金融服务营销的策略也有所不同。因此，金融机构应当关注经济发展水平不同阶段的市场变化，把握时机，主动迎接挑战。

2. 经济结构

经济结构是指金融机构所在地区的生产力布局情况。不同的经济结构类型关系到金融机构财务活动的发展程度、范围、投资方向、资金来源和盈利水平等。通常，经济结构包括产业结构、分配结构、交换结构、消费结构等，其中最重要的是产业结构。自中华人民共和国成立以来，中国的产业结构在行业和地区上一直处于不平衡的状态。例如，与轻工业、机械业相比，农业、交通、能源等基础行业相对落后；与东部沿海相比，中西部地区经济发展相对落后。这种产业结构必然使金融机构的资金流向先进的产业和发达的地区，而金融服务营销也随之活跃。

3. 居民收入水平

根据 2020 年第七次社会人口普查数据，全国总人口数约 14 亿人。金融机构的个人业务占据相当大的比重，而这些个人金融业务的支出完全来自居民收入，但他们并不是把全部收入都用来购买金融产品或享受金融服务，金融支出只占居民收入的一部分。在此，首先要弄清楚跟居民收入有关的五种收入，具体如下。

（1）国民收入。是指一个国家物质生产部门的劳动者在一定时期内（通常为 1 年）新创造的价值总和。

（2）人均国民收入。用国民收入总量除以总人口得到。该指标基本反映了一个国家的经济发展水平。根据人均国民收入，可以推测出不同的人均国民收入会相应地消费哪类金融产品或服务，进而得出不同经济水平形成不同金融消费水平和结构的规律，有利于金融服务营销有针对性地展开。

（3）个人收入。个人收入是指工资、红利、租金等各种形式收入的总和。个人收入决定了消费者个人和家庭的购买力。

（4）个人可支配收入。个人可支配收入是指从个人收入中扣除税款和非税性负担后所得余额。它是个人收入中可以用于消费、储蓄、投资和购买金融保险产品的部分。

（5）个人可任意支配收入。个人可任意支配收入是指在个人可支配收入中减去用于维持个人与家庭生存不可缺少的费用（如房租、水电、食物、燃料和日用生活品等开支）后剩余的部分。这部分收入是消费需求变化中最活跃和最具潜力的因素，是金融机构开展营销活动时须重点考虑的对象。因为个人可支配收入中用于维持生存所必需的基本生活资料的部分变动较小，相对稳定，即需求弹性小；而满足人们生活需要之外的收入部分则需求弹性大，可用于购买保险、金融投资产品等，是影响金融产品销售的主要因素。

个人收入、个人可支配收入和个人可任意支配收入三者的关系如图 2-1。

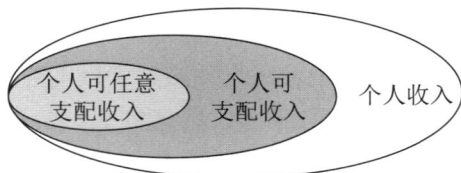

图 2-1　个人收入关系图

4. 金融消费支出模式

金融消费支出模式，也称金融消费结构，是指消费者用于各种金融消费支出的比例，它对金融服务营销有着至关重要的作用。随着消费者收入的变化，其支出模式也会发生变化，该问题涉及恩格尔定律。恩格尔定律是由德国统计学家恩斯特·恩格尔（Ernst Engel）于 1857 年提出的，主要内容可表述如下：

（1）随着家庭收入的增加，用于购买食品的支出占家庭收入的比重（恩格尔系数）下降。

（2）随着家庭收入的增加，用于住宅和家务经营的支出占家庭收入的比重大体不变。

（3）随着家庭收入的增加，用于其他方面（如服装、交通、娱乐、卫生保健、教育等）的支出和储蓄占家庭收入的比重上升。

我们可将恩格尔定律引入对金融消费支出模式的研究，收入的增加或减少会影响消费者金融消费的结构和层次。金融机构可以从居民的金融消费支出模式中总结规律，从而有针对性地进行营销活动。

随着中国经济体制改革的深入和市场经济的发展，中国传统的温饱型消费格局正在逐渐改变，居民收入水平也在拉开档次，形成了不同的消费层次和日趋合理的消费结构；而且，与娱乐、教育、旅游、金融等相关的商品和服务的需求量在绝对数和相对数两方面都有所提高，正在形成巨大的潜在市场。金融机构必须密切关注这一变化，适时调整营销策略，争取更大的市场份额，在竞争中占据优势地位。

2.1.3　社会文化环境

社会文化环境是指在一种社会形态下已经形成的价值观念、宗教信仰、风俗习惯、道德规范等的总和。任何企业都处于一定的社会文化环境中，企业营销活动必然受到所在社会文化环境的影响和制约。为此，金融机构应了解和分析社会文化环境，针对不同的社会文化环境制定不同的营销策略，组织不同的营销活动。

人口环境是社会环境的重要组成部分。金融机构的营销活动也不可避免地围绕人口因素展开。人口数量直接决定市场规模和潜在容量，人口的性别、年龄、民族、婚姻状况、职业、居住分布等也对市场格局产生着深刻影响，从而影响着金融机构的营销活动。

1. 人口数量

人口数量是决定市场规模的一个基本要素。一般来说，在收入水平不变的情况下，人口越多，对金融产品的需求量越多，市场也就越大。金融机构首先要关注所在国家或地区的人口数量及其变化并做出相应营销活动的调整。根据 2020 年第七次社会人口普查数据，全国总人口数约为 14 亿人，中国作为人口大国，金融市场蕴藏着巨大潜力，目前也有很多国家或地区的金融机构把目光放在了中国金融市场。花旗集团旗下花旗信托亚洲董事长斯图尔特·奥尔德克罗夫特（Stewart Aldcroft）表示："你看（中国）遍地都是钱，世界上还有别的地方有这样的机会，而且能获得如此多可管理的资金吗？坦率地说，其他任何地方都没有。"虽然用词有些夸张，但是也反映出中国人口红利对境外投资者具有强大的吸引力。

2. 人口结构

（1）年龄结构。不同年龄的消费者对金融产品和服务的需求是不同的，不同年龄结构形成了独具年龄特色的产品市场。金融机构只有了解不同年龄层所具有的需求特点，才能决定金融产品的投向，寻找目标市场。比如，针对年轻人较为容易接受新事物的消费观念，银行主要对其推销银行卡、网上银行、电话卡和手机银行等产品或服务；针对中年人有一定经济基础，理财观念较为稳重的消费观念，银行多向其推销国债、组合储蓄、理财类产品或服务；针对老年人较为保守的消费观念，银行主要向其推销基本储蓄、教育储蓄等产品或服务。

（2）性别结构。性别差异会给人们的消费需求带来显著的差别，反映到市场上就会出现男性用品市场和女性用品市场。金融机构可以针对不同性别的不同需求，生产适销对路的产品，制定有效的营销策略，开发更大的市场。例如，2012 年，中信银行股份有限公司（简称"中信银行"）提出了"面对女性客户，我们希望不仅是引导一种消费方式，也是引导一种更好的生活状态，引导都市女性从心理到身体，去迎接属于她们的时代"的营销理念，推出了女性主题借记卡"中信香卡"，该卡以女性客户及其家庭为核心，囊括金融服务和广泛非金融增值服务，同时覆盖家庭财富管理、美丽健康、亲子休闲等方面的女性客户增值服务体系，不断提升女性专属服务的品质。

（3）教育与职业结构。一般来说，人们自身教育程度或者职业的不同，常常会对产品或者服务的需求表现出不同的倾向。金融机构要了解各个教育水平和职业特性，为特定人群量身打造营销策略。例如，招商银行股份有限公司（简称"招商银行"）为大学生打造了专属信用卡 Young 卡，在卡面设计上采用朝气蓬勃的色彩象征大学生年轻的心，轻盈明快而又五彩斑斓；在功能设计上，具有最长 50 天的免息还款期、免息分期、取现优惠等服务。

（4）家庭结构。家庭是产品购买和消费的基本单位。一个国家或地区的家庭单位的多少以及家庭平均人员的多少，可以直接影响到某些产品的需求数量。据第七次人口普查数据显示，全国家庭户数约 49415 万户，其中广东家庭户数最多约为 4246 万户，西藏最少约为 101 万户，这会导致需求量的较大差异。同时，不同类型的家庭往往有不同的产品需求。例如，目前中国社会出现的晚婚晚育，甚至是丁克观念将会导致小家庭的人员结构发生改变，而这种家庭结构势必会影响家庭的消费观念，"一人食"餐厅推出后爆火现象便可佐证。

（5）民族结构。中国共有 56 个民族，民族不同，其文化传统、生活习性也不相同。具体表现在居住、服饰、礼仪等方面都有自己的风俗习惯。它对消费者的消费偏好、消费模式、消费行为等具有重要影响。金融机构在进行营销活动时要重视民族市场的特点，开发适合民族特性的产品，了解各民族客户的禁忌、习俗、避讳、信仰、伦理等，做到"入境随俗"，设计和推广适合特定客户需求的金融商品和服务，做好宣传工作，以获取最大的社会效益和经济效益。

2.1.4　科学技术环境

科学技术环境是指技术的变革、发展和应用的状况，是技术知识财富和社会进步相结合的产物。科学技术的不断发展也给金融行业带来了创新发展，从而形成了新的金融科技企业。支付宝的花呗与借呗功能、京东的白条功能，突破了传统银行的小额贷款模式，使小额贷款更加便捷。微信平台的转账、缴款、充值等功能的日渐成熟，突破了社交平台的传统模式，使付款方式更加便利，移动支付的发展也带动了电商行业的发展。科学技术的发展给人们带来新的消费观念，金融机构应借助其发展去发掘新的营销亮点。

案例

民生银行的"微码营销"

民生银行股份有限公司（下称"民生银行"）是一家民营股份制商业银行，由于监管机构实行 8% 资本充足率的要求，民生银行正积极通过加大对个人金融理财服务的投入力度来吸纳更多的优质存款，获取更多利润，以增加自有资本金数量。但是民生银行拥有的全国的高收入潜在客户资料有限，网点和渠道缺乏，为了实现个人银行业务的扩张，借助专业数据库营销公司的力量成为其以小博大的一种手段。最终，民生银行把覆盖大约 10 万个目标客户，并在一年时间内发展出 500 个以上的合格客户的任务落实到了中国本土领先的专业数据库营销公司——"微码营销"身上。

"微码营销"项目小组立即成立，并很快将民生银行目标锁定在目前国内年收入在 10 万元以上，平均年龄在 28 岁以上的高收入人群。最终，"微码营销"通过对其企业客户数据库的查询和分析以及市场搜寻建立了 10 万目标客户名单。

2.2　金融服务营销的微观环境

金融机构要想成功地开展营销活动，不仅要适应宏观环境的变化，也要适应微观环境的变化。金融服务营销的微观环境主要是指对营销活动产生直接影响的组织和力量，下面从金融机构同业竞争者、客户、监管者和其他利益者相关方四个层面进行分析。

2.2.1　金融机构同业竞争者层面

金融机构同业竞争者的状况是影响企业营销活动的重要因素。例如，竞争对手的营销策略及营销活动的变化会直接影响企业营销，最为明显的是竞争对手的产品价格、广告宣传、促销手段的变化，以及产品的开发、销售服务的加强将直接对金融机构造成威胁。为此，在制定营销策略前必须先弄清同业金融机构的经营状况，做到知己知彼，有效地开展营销活动。

对于中国金融企业的同业竞争者来说，随着中国金融改革的不断深入，政府先后组建了多个新型金融企业，国际大银行也纷纷在中国建立了分支机构。以银行为例，根据银保监会官方数据，截至 2022 年，全国一共有 4000 多家银行，其中政策性银行 3 家，国有大型商业银行 6 家，股份制商业银行 12 家，城市商业银行 135 家，民营银行 19 家，村镇银行 1630 家，外资法人银行 41 家。中国金融企业的机构和成分增多带来了两方面的影响。一是打破了国有金融企业一统天下的垄断局面，激发和增强了金融竞争，进而对国有金融企业的资金结构、服务对象、工作作风、服务水平、经营管理、领导观念等产生了广泛而深远的影响，使中国金融企业在储蓄营销、服务质量、增加存款档次和开发金融产品、经营管理等方面得到快速提高。二是外资银行的进入，给中国带来了世界一流的、最新的金融企业经营管理理论、方法、手段、技术等，对提高中国国有金融企业的经营管理水平具有非常重要的促进作用。因此，随着中国金融企业间同业竞争者的日益扩大，营销成了金融竞争的主要手段。

2.2.2　客户层面

客户是金融机构面对的最主要的微观环境因素之一，谁赢得了客户，谁就赢得了市场。任何企业都不可能超脱于客户而存在，客户的获取是金融机构一切营销活动的最终目的。水能载舟亦能覆舟，客户的获取是企业盈利的关键，如何获取忠实的客户是每个企业的必修课。根据业务范围和规模的不同，我们可以把金融机构的客户分成个人客户和企业客户。他们既是金融机构资金的主要供应者，也是资金需求者。金融机构需要根据不同的客户群体采取不同的服务营销策略。

1. 个人客户

对于个人客户来说，金融机构为其提供的业务多为存贷款、买卖股票、投保等较为简单的项目，所以金融机构的营销重点应该主要集中于分析个人客户的喜好和消费习惯，以提升金融服务质量；顾客具有不同的偏好，有的对利率较为敏感，有的比较关注风险，有的选择某种金融产品或服务时经常"货比三家"，经过深思熟虑和全面比较后再做决定。根据客户的偏好采取相应的营销手段，无疑会提高销售量，达到出奇制胜的效果。例如，为了满足客户的生活需要，推出分期付款购买住宅、耐用品的贷款项目；为了满足客户的财产安全需要，推出保管箱服务等业务。

2. 企业客户

企业客户与个人客户存在着较大的不同。首先，企业客户的业务量远远多于个人客户；

其次，与企业客户相关的业务种类和业务范围要比个人业务更丰富、广泛和复杂。因此，对于企业客户，金融机构不能仅限于提高服务质量，而应该根据不同的客户推出满足其需求的业务和服务，把重点放在提高产品的质量上。公司业务营销不同于消费品营销，大量的广告和诱人的促销未必能产生良好的效果。比如，我们可以从电视、报纸、广告上看到许多银行的信用卡广告，却几乎看不到针对企业客户的广告。

根据企业规模的大小，企业客户分为大型企业和中小型企业，金融机构根据不同类型的企业特点应该选择差异化的金融服务营销方案。

1）大型企业

更多的大型优质企业由于拥有较好的信用，倾向于通过股权、债权、资产证券化等低成本的直接融资方式来筹集资金。同时大型企业的财务公司功能较为完善，开始代替银行提供的财务顾问、融资安排等服务。因此金融机构在面对大企业客户这一传统的优质客户时，必须创新自身的客户关系管理手段，配合客户金融需求的升级。花旗银行作为一家具有悠久历史的银行，与大型企业中粮集团有着长期的业务合作，给予了中粮集团大量的信贷额度，中粮集团的成长和发展也受益于花旗银行长期的信贷支持，中粮集团将花旗银行列为一级合作银行。花旗银行为了在原有的良好合作基础上开展创新业务，决定将中粮集团作为核心企业，并选取了部分中粮集团的贸易型中小企业经销商开展供应链融资业务，同时中粮集团也可以为其经销商提供更多的融资渠道。

2）中小型企业

不同处境中的中小型企业的金融需求呈现多样化、分散化、复杂化的特点。银行业和非银金融机构在小微融资领域，客群定位和能力优势各异，各类金融市场主体协同丰富供给结构层次将是一种高效的营销策略。一方面，要充分发挥银行系资金成本低、业务种类广、覆盖地域广、产品类型多等特点，创新服务中小型企业；另一方面，非银金融机构也要充分发挥其灵活性强、效率高、客户差异化等特点，与传统银行机构形成差异化优势互补，形成层次丰富的供给机构，更有效广泛地在中小型企业中开展金融服务营销。例如，沧州农商银行针对中小型企业融资渠道单一、不畅通、结构不合理、融资成本高等特性，有的放矢，量身打造，推出特色产品，建立与客户经营实际、经营周期与资金回笼相匹配的灵活分期的还款方式，缓解集中还款压力，防范客户资金链断裂的风险。

2.2.3 监管者层面

监管可能会对一个行业有利，亦可能会使其在某一时期不盈利。在衡量行业风险时，尤其要关注正在构思中的监管是否会极大地改变行业的经济性。

作为金融监管部门，银保监会和证监会近年来频频出台新的监管措施，地方监管部门也开始进行现场检查。银保监会密集出台了一系列重要的监管文件，对商业银行公司治理、合规行为、套利行为，甚至创新、交易和考核等进行全面的监管治理。银保监会也连续下发监管文件，在保险公司治理、保险资金运用、偿付能力、产品管理等领域提出堵住制度漏洞的相关政策。证监会则对各类违规违法行为加强专项执法和行政处罚，对证券基金经营机构的资产管理业务和通道业务进行限制和规范。

人民银行、银保监会、证监会作为金融机构的监管者，为进一步规范金融服务营销宣传行为，支持打好防范化解重大金融风险攻坚战，切实保护广大金融消费者合法权益，联合制定了《关于进一步规范金融服务营销宣传行为的通知》（以下简称《通知》），自2020年1月25日起实施。《通知》要求主要有以下四点：第一，银行业、证券业、保险业等金融机构应当在国务院金融管理部门和地方金融监管部门许可的金融业务范围内开展金融服务营销宣传，不得超范围经营金融业务。第二，金融服务营销宣传行为需要建立健全金融服务营销宣传内控制度和管理机制。第三，针对当下普遍存在的银证、银保等销售合作，《通知》指出，金融产品或金融服务经营者应当依法审慎确定与合作第三方机构的合作形式，明确约定本机构与合作第三方机构在金融服务营销宣传中的责任，共同确保相关金融服务营销宣传行为合法合规。第四，利用互联网开展金融服务营销宣传，不得影响他人正常使用互联网和移动终端，不得提供或利用应用程序、硬件等限制他人合法经营的广告，干扰金融消费者自主选择；以弹出页面等形式发布金融服务营销宣传广告，应当显著标明关闭标志，确保一键关闭；不得由从业人员自行编发或转载未经相关金融产品或金融服务经营者审核的金融服务营销宣传信息。

金融机构开展金融服务营销宣传活动违反上述规定但情节轻微的，金融管理部门可对其进行约谈告诫、风险提示并责令限期改正；逾期未改正或其行为侵害金融消费者合法权益的，金融管理部门可责令其暂停开展金融服务营销宣传活动；对于明确违反相关法律法规的，由金融管理部门或相关监管部门依法采取相应措施。

2.2.4　其他利益相关方层面

1. 供应商

随着运营规模的不断扩大、管理结构的日益复杂，金融行业越来越离不开对信息技术的依赖，如信息管理系统、支付平台系统、智能柜面系统、大数据分析系统、客户关系管理系统（CRM）、银行智能监控系统等为现代智能化金融机构的运作提供了极大的便利和支持，并且这类系统多由外部供应商提供。由此，金融机构就需要为系统的升级换代和维护管理支付较为高昂的费用，这将提高金融机构的运营成本。所以，为了提升金融机构对系统购买的议价能力，金融机构不能过分依赖于某一家供应商的供应。同时，应与供应商建立良好的长期合作关系，避免频繁更换供应商所造成的更换成本上涨。

2. 营销中介

营销中介是指协助金融机构促销、销售和配销其产品给最终购买者的企业或个人，包括证券经纪人、证券承销商、保险经纪人、金融咨询公司、房地产中介商、财务公司等。营销中介是市场营销不可或缺的部分，大多数金融机构的营销活动，都必须通过他们的协助才能顺利进行。正是因为有了营销中介所提供的服务，企业的产品才能够顺利地到达目标顾客手中。因此，金融机构在市场营销过程中，必须重视中介组织对企业营销活动的影响，并要处理好同他们的合作关系。近年来，随着互联网金融的不断发展，传统的互联网公司也渐渐涉足金融中介领域。例如，腾讯推出的理财通专业财富管理平台，其严格挑选金融机构合作伙伴，筛选更优质的金融产品，目前已上线货币基金、保险类理财、债券基金、指数基金、混合型基金、境外型基金等多元化理财产品，以及工资理财、指数定投等多种便捷功能，为用户带来一站式、精品化、安全便捷的投资理财体验。

3. 公众

公众是指对金融机构实现其目标的能力有实际或潜在的兴趣或影响的任何团体。金融机构在争取目标市场时，不但要与对手竞争，而且它的营销活动也会影响到公众的利益，因而公众必然会关注、监督、影响和制约金融机构的营销环境。通常情况下，金融机构所面临的公众主要有媒介公众、政府公众、社区公众、一般公众和内部员工。

（1）媒介公众是指那些刊载和发布各类信息的机构，包括报纸、杂志、电台、电视台、微博等媒体机构，其主要通过社会舆论来影响公众对金融机构的态度。在信息高度传播的时代，媒体成为人们了解金融机构动态的主要中介。同时媒体也充当监督者的角色，对金融机构的合规经营进行监督。

（2）政府公众主要是指与金融机构营销活动有关的各级政府机构，主要有三类，即监管机构、辅助监管机构和自律性监管机构。这些政府机构对金融服务营销活动发挥强有力的监管作用，同时他们所制定的方针、政策，对企业营销活动既是限制，又是机遇。

（3）社区公众主要是指金融机构所在地附近的居民和社区团体。社区是企业的邻里，金融机构保持与社区的良好关系，为社区的发展作出一定的贡献，会受到社区居民的好评，他们的口碑能帮助金融机构在社会上树立良好形象，从而间接地实现对金融机构营销活动的监管约束。

（4）一般公众主要是指金融机构零售业务客户。金融机构要了解他们对金融产品和营销活动的态度，推出投其所好的金融产品。一般公众通过购买金融产品对金融机构进行监管。

（5）内部员工是指金融机构内部的管理人员及一般员工，金融机构的营销活动离不开内部员工的自我约束与监管。应该处理好与广大员工的关系，采取绩效等激励手段，调动他们开展市场营销活动的积极性和创造性，同时加强对他们职业道德的约束，从根源进行监管。

案 例 分 析

案例 2-1　中小银行构建金融科技生态，实现弯道超车

2010 年以来，金融科技在中国得到迅速发展，互联网技术创新运用于金融领域，以一种惊人的命中率击中用户需求。微众银行牵头发布的《银行用户体验大调研报告》指出，随着无现金支付和线上服务的普及，用户金融行为习惯发生剧变。数据显示，2017 年银行业平均离柜业务率超过 80%，传统银行服务模式面临空前挑战。

传统银行业"日子不好过"，对资源相对匮乏的地方性中小银行来说更是如此。在此情形下，互联网、大数据、人工智能技术等快速发展，日益催生着银行业自身的变革和重塑。报告显示，借助于金融科技，银行业正不断地寻求数字化和采用先进技术以改善产品和服务，并提高金融运作效率。"金融科技对城商行、民营银行来说，是发展的正能量，是我们提升核心竞争力的关键。"银监会副主席曹宇在 2017 年城商行年会上强调，要在战略上高度重视金融科技，将金融科技与经营管理紧密结合，以互联网思维革新管理手段、产品体系和服务模式。

"受制于经营区域、机构网点限制，中小银行更迫切需要借助金融科技的力量扩张服务的覆盖范围，拓宽获客渠道。"专家指出，中小银行体制机制相对灵活，决策链条相对较短，对金融科技的创新和应用往往相对较快。通过技术手段加速布局线上服务平台，推进互联网化转型，正成为地方性中小银行提升用户体验、减少"短板"并最终实现"蝶变"的重要路径。

地方性中小银行金融科技应用已初见成效。以城商行为例，截至 2017 年 9 月末，共有 47 家城商行电子渠道交易替代率达 80% 以上，有 55 家智能化网点覆盖率 80% 以上；有 63 家城商行开展了直销银行业务，其中规模最大的一家累计交易金额超过 2800 亿元。

但目前地方性中小银行借力金融科技发展也存在两个问题。一是中小银行抗风险能力较弱，需要提升对金融科技的风险识别和防范能力；二是中小银行在人才储备和培养方面能力较弱，需要引进和培养一批既懂金融又懂技术的复合型人才。专家建议，地方性中小银行既要重视金融科技的创新和应用，又要注意防范科技手段可能带来的各种风险，同时，注意培养金融科技相关人才。

资料来源：许棣 . 金融服务营销实务 [M]. 北京：中国人民大学出版社，2018.

思考：

1. 分析说明中小银行如何将金融科技与自身经营管理结合，改善营销环境。
2. 简述金融科技应用对中小银行的营销活动有哪些影响。
3. 结合本章内容，谈谈你对中小银行金融科技应用风险的认识

本 章 小 结

（1）金融服务营销的宏观环境因素主要分为以下四个方面：政治法律环境，包括政治环境分析、法律和政策环境分析；经济环境，包括经济发展水平、经济结构、居民收入水平和金融消费支出模式；社会文化环境是指在一种社会形态下已经形成价值观念、宗教信仰、风俗习惯、道德规范等的总和；科学技术环境是指技术的变革、发展和应用的状况，是技术知识财富和社会进步相结合的产物。

（2）金融服务营销的微观环境主要是指对营销活动发生直接影响的组织和力量，包

括金融机构同业竞争者、客户、监管者和其他利益者相关方。

关键概念

金融服务营销宏观环境　金融服务营销微观环境　政治法律环境　经济环境　社会文化环境　科学技术环境

综 合 训 练

一、填空题

1.金融服务营销的微观环境在企业客户层面主要有_____、_____、_____。

2.通常情况下,金融机构所面临的公众主要有_____、_____、_____、_____和_____。

二、选择题

1.金融市场营销环境包括(　　　)。

  A. 人口环境和经济环境   B. 自然环境和文化环境

  C. 直接环境和间接环境   D. 政治环境和法律环境

2.财务公司是营销中介企业中的(　　　)机构。

  A. 中间商   B. 物流   C. 营销服务   D. 金融

3.金融机构微观环境包括(　　　)。

  A. 人口   B. 经济   C. 科技   D. 竞争者

三、问答题

1.简述金融服务营销环境的分类。

2.简述人口环境对金融服务营销活动的影响。

3.恩格尔定律给营销活动带来的启示。

第 3 章
金融服务营销的客户行为

学习目标

通过本章的学习，了解金融服务营销的对象，熟悉个人客户的四种交易行为，掌握个人客户购买行为的特点以及影响个人客户购买行为的因素；了解金融机构客户的种类，掌握金融机构客户购买行为的特点以及影响金融机构客户购买行为的因素。

开篇导读

一天早上，你看到同事身上穿的衣服，刚好是你心仪已久的那一款，你会立即产生许多不同的念头，以下列示的几种想法，你属于哪种呢？

第一种想法：觉得衣服上身效果很好，很想下午就去购买这件衣服。

第二种想法：总感觉她在向自己炫耀，并对此心生厌恶。

第三种想法：因为不想和同事撞衫，决定不买这件衣服了。

第四种想法：有点自卑，因为自己还没有能力购买。

由此可见，人们即使接收到同样的信息，产生的想法往往也会因人而异，进而产生不同的需求。因此，金融服务营销要想抓住客户的"心"，就必须掌握客户的购买特点并了解影响客户购买决策的因素。金融服务营销是一般企业的市场营销在银行等金融机构的应用，了解金融机构的客户类型及其交易特点至关重要。

3.1　个人客户行为

在复杂的现代金融市场中，金融机构无法用单一的产品和销售模式满足所有客户的需求。在资源有限和需求差异的情况下，金融机构有必要对客户进行分类，有效配置资源，以达到自身利益的最大化。根据服务对象的不同，金融服务营销的对象可分为个人客户和机构客户。本节将介绍金融机构的个人客户行为，主要包括个人客户购买行为的特点、个人客户交易行为的种类以及个人客户购买行为的影响因素。

3.1.1 个人客户购买行为的特点

金融机构的个人客户是指为满足自身的投资需求、融资需求以及其他需求，而买卖金融产品或接受金融服务的个人。个人客户购买行为是在资产增值、避险需求等行为动机的基础上进行金融产品交易的行为。比如，商业银行可以为个人客户办理个人负债业务、个人资产业务和个人中间业务，证券公司可以为个人客户提供委托买卖服务和咨询服务，个人客户也可以根据自己的需求在不同的金融机构中选择金融服务。个人客户购买行为主要有以下三种特点：

1. 数量庞大

金融市场中金融产品和服务的购买者众多，他们为了自身生存发展对金融产品的消费必不可少。个人客户数量庞大，但居住分散，遍布城乡，流动频繁，经济规模小，实力相对较弱，更容易受到来自其他客户或金融机构本身的排挤甚至歧视。由《中国证券登记结算统计年鉴》可知，截至 2021 年，中国证券投资者数量共有 19740.85 万人，其中个人客户数量达到 19693.91 万人，约占总投资者数量的 99.8%。再如，中国工商银行的个人客户数量庞大且逐年增加，截至 2020 年 12 月，中国工商银行个人客户数量为 6.80 亿个，较 2019 年增加 0.3 亿个；2022 年 12 月，中国工商银行个人客户数量达到 7.12 亿个，较 2021 年增加 0.08 亿个，详见图 3-1。

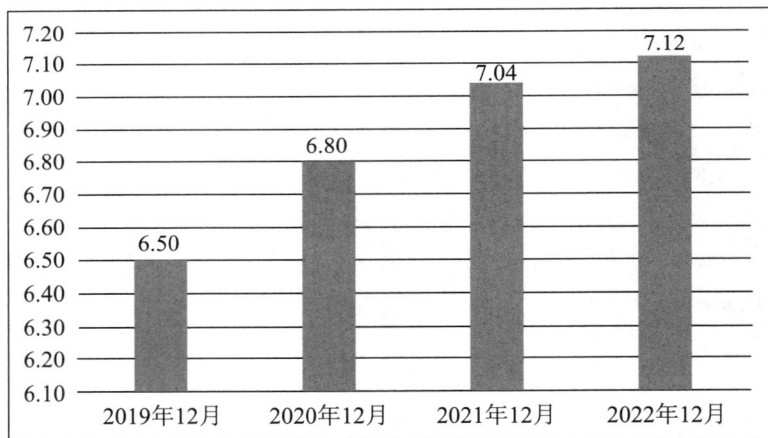

图 3-1　中国工商银行个人客户数量（亿个）

资料来源：中国工商银行官网。

2. 差异性

一方面，同一时期的不同个人客户的购买行为具有差异性。个人客户由于在年龄、性别、职业、收入、文化程度、民族、宗教及风险偏好程度等方面存在差异，因此投资行为呈现多样性的特点。此外，随着购买力的不断提高，购买差异性将呈现不断扩大的趋势。另一方面，同一个体在不同时期会有不同的投资行为。例如，20 世纪时，人们还是倾向于将钱存入银行进行投资，但是随着金融产品的不断创新，人们渐渐将投资目标转向理财、基金、股票甚至是期货等高级的金融产品。即在时代变迁、收入提高、学识提升等因素的影响下，个人客户购买金融产品的水平并不会一直停留在某一个水平，总会经历一些变化。

3. 非专业性

个人客户购买行为具有非专业性。金融机构的个人客户大多缺乏相应的产品知识和市场知识，其购买行为属于非专业性购买，常常受到广告诱惑、专家推荐等外在因素的影响。比如，在股票市场上，非专业性往往会使个人客户沦为"落入狼群中的小白羊"，"割韭菜"事件时有发生。因此，金融机构应做好广告宣传，明晰产品定位、产品特征，强化其在个人客户头脑中的形象，有效地引导个人客户购买行为。

3.1.2　个人客户交易行为的种类

由于个人客户性格各异，往往会做出不同的交易行为。根据客户参与程度和品牌差异程度，个人客户交易行为可分为复杂的交易行为、减少失调感的交易行为、寻求多样性的交易行为、习惯性的交易行为四种类型。

1. 复杂的交易行为

复杂的交易行为是指客户参与程度高、品牌差异大的交易行为。即对不熟悉的产品愿意花费大量的时间和精力去学习相关知识，了解现有各种金融产品之间的显著差异，认真比较并慎重地做出选择。比如，各大银行的购房按揭贷款利率不同，且同一家银行的买房按揭贷款又分为等额本息还款法和等额本金还款法两种基本形式，加之买房贷款金额较大，个人客户需要搜集大量信息、学习相关知识，认真比较后慎重地做出选择。对于复杂的交易行为，金融机构应制定相应的策略帮助客户掌握产品知识，运用各种手段宣传营销产品或服务的优点，影响客户的最终购买决定，简化购买决策过程。

2. 减少失调感的交易行为

减少失调感的交易行为是指客户参与程度高、品牌差异小的交易行为。在该类交易行为中，客户并不会广泛收集产品信息，也不精细挑选金融机构，购买决策过程迅速且简单，但是在购买以后会认为自己所买产品具有某些缺陷或其他同类产品有更多的优点，进而产生失调感，怀疑原先购买决策的正确性。对于这类交易行为，金融机构要提供完善的售后服务，通过各种途径提供有利于产品的信息，使客户相信自己的购买决定是正确的。比如，新华人寿保险股份有限公司（下称"新华保险"）首创的跟踪理赔服务就起到了缓解客户失调感的作用。新华保险对全国满足 6 个月观察期的客户展开回访活动，保单服务人员主动上门服务，通过专属产品理赔绿色通道为出险客户办理理赔。此外，公司还邀请客户参与健康测评、健康讲座、赠送健康管理手册等一系列健康关爱活动，这些售后服务可以提高客户对产品的满意度，减少客户的失调感。

3. 寻求多样性的交易行为

寻求多样性的交易行为是指客户参与程度低、品牌差异大的交易行为，主要指的是客户在交易一些价格低廉但品牌差异度大的产品时，有很大的随意性，会经常更换品牌。由于该类金融产品价格不高，客户在购买前不会收集相关信息，对产品无充分评价，在购买后才会对其进行评价，若感到不满意，则会转换为其他品牌，或者由于厌倦该类产品想尝试新的产品转而购买其他产品。

对于寻求多样性的交易行为，金融机构应根据其市场地位运用不同的营销策略。若金融机构在市场中处于领导地位，可以通过占据有利地域避免脱销和提醒购买的广告鼓励客户形成习惯性购买行为。若金融机构在市场中处于挑战者地位，则可以通过价格优势和强调试用新机构的广告鼓励客户改变原来的习惯性购买行为。

4. 习惯性的交易行为

习惯性的交易行为是指客户参与程度低、品牌差异小的交易行为。这种购买行为主要是指客户购买一些价格低廉、品牌差异小的金融产品。客户不会花费较多的时间和精力去收集相关信息，对其没有品牌和忠诚度概念，购买某一产品仅仅是因为熟悉，并且购买后也不会对产品进行评价。比如，家里一直用云南白药牙膏，用完后直接去超市购买这个牌子的牙膏。

针对这种交易行为，金融机构应在学习其他金融机构成熟品牌营销模式的基础上，打造自身的优势品牌。由于这种交易行为是一种被动的学习过程，可在营销过程中以价格作为营销突破口，并通过电视等相关媒体进行宣传。表 3-1 为个人客户交易行为对比。

表 3-1　个人客户交易行为对比

	客户参与程度高	客户参与程度低
品牌差异大	复杂的交易行为	寻求多样性的交易行为
品牌差异小	减少失调感的交易行为	习惯性的交易行为

资料来源：安贺新、张宏彦. 金融服务营销 [M]. 北京：清华大学出版社，2012.

3.1.3　个人客户购买行为的影响因素

影响个人客户购买行为的因素分为内在影响因素和外在影响因素两种。前者包括心理因素和非心理因素，其中心理因素包括内心需求、个性和认知，非心理因素包括年龄及家庭生命周期、职业与收入；后者包括社会阶层、参照群体和文化。

1. 个人客户购买行为的内在影响因素

1）心理因素

（1）内心需求

内心需求是指人发动和维持其行动的一种内部状态，是一种升华到一定强度的需求，它能够及时引导人们去探求满足需求的目标。个人客户对金融产品的购买行为多数是基于某种需求。马斯洛（Maslow）提出了需求层次理论，将人们的需求分为五个层次：生理需求、安全需求、归属需求、尊重需求、自我实现的需求。不同的需求具有不同的动机，不同的动机引发不同的行为。金融机构只有深入了解不同客户的行为动机，才能设计出成功的营销方案。比如，瑞士再保险研究院对个人客户购买人身险意愿的采访结果显示，自 2020 年新冠肺炎疫情暴发以来，人们更加注重自己的身体健康，增加了对人身险的需求，如图 3-2 所示。2020 年，在受采访的人群中，58% 计划购买人身险，18% 不确定，24% 不计划购买人身险；2021 年，计划购买人身险的人数有所增加，69% 计划购买人身险，18% 不确定，13% 不计划购买人身险，这就体现了客户不同的需求产生不同的动机。

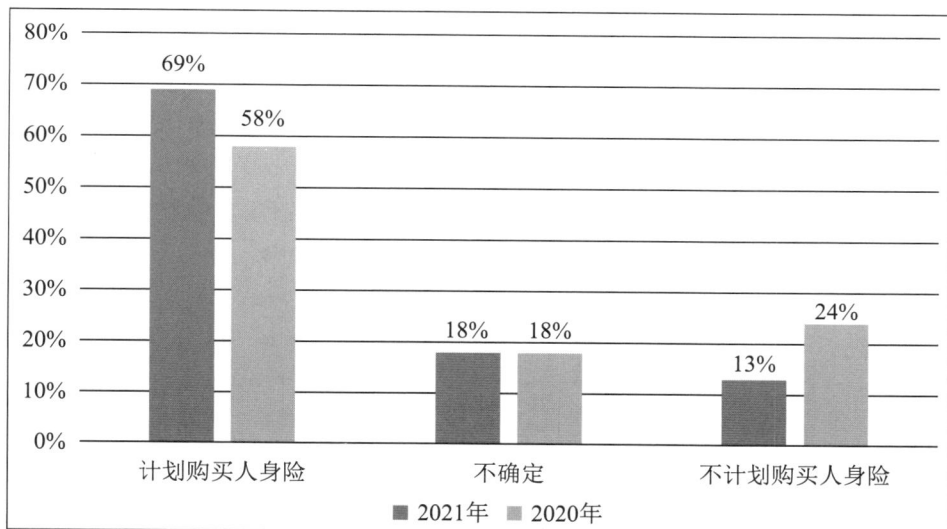

图 3-2　个人客户购买人身险意愿

资料来源：瑞士再保险研究院。

（2）个性

个性是人的心理特征和品质的总和，这些特征和品质决定着人的行为方式。当一个人的个性趋向定型时，在类似的客观条件下，其对某种刺激往往会做出类似的反应；而对于某种刺激，个性相近的人也往往会做出同种类型的反应。比如，开拓型的人，一般更有自信、更愿意承担责任，为获得更大的收益，他们敢于冒险，往往偏好创新型金融产品；而保守型的人，他们在选择金融产品时总是偏好稳定、安全、可靠的金融产品，不偏好高风险的金融产品。

（3）认知

简单来说，认知是被理解了的感觉，具有一定的主观意识性和选择性。主观意识性指的是客户对产品的认知会受到世界观、受教育程度、生活条件等因素制约。受教育程度不同，个人客户投资者的占比不同，2020 年本科个人投资者所占比例最大，达到 47.6%，专科个人投资者和硕士个人投资者，占比分别为 19.8% 和 13.5%，详见图 3-3。选择性包括选择性注意、选择性曲解以及选择性记忆。选择性注意是指客户在众多事物或信息中会更多地关注到自己最迫切需要的事物及信息。比如，不想使用消费信贷的客户是不会注意消费信贷信息的。选择性曲解是指当客户对感觉到的刺激物进行理解时，通常会按照自己的想象去解释，具体如何解释取决于个人的经历、知识水平、爱好与当时的情绪。比如，某家银行服务十次，只要有一次不够好，该客户可能会十分重视这次不好的服务，从而得出该银行服务不好的结论。选择性记忆是指客户会忘记大多数事物或信息，但是会记住与自身态度、经验一致的事物或信息。比如，在众多的同类服务广告中仅记住了自己所喜爱的某个服务广告。

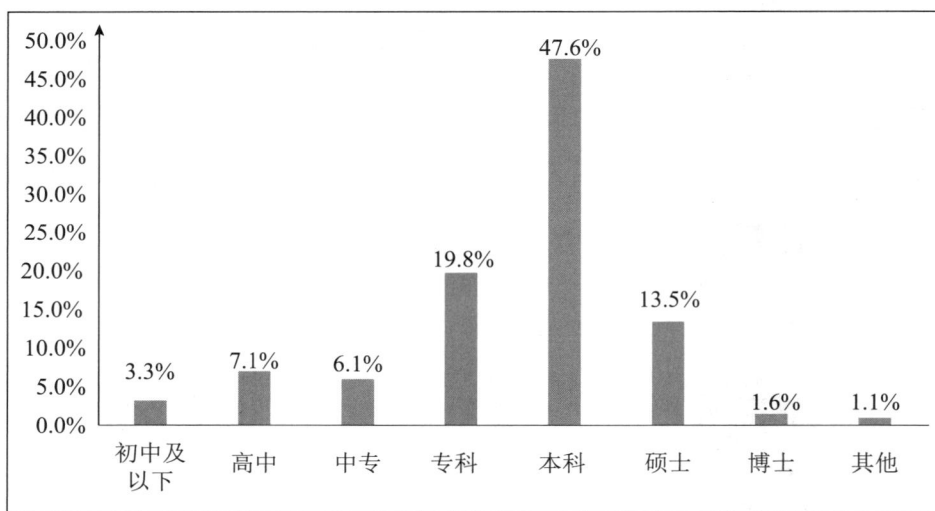

图 3-3　2020 年个人投资者受教育程度分布图

资料来源：中国证券投资基金业协会官网。

2）非心理因素

（1）年龄及家庭生命周期

个人客户的年龄会对其行为产生明显的影响。不同年龄层对金融产品的认识、投资的需求、财富的积累以及对风险的承受能力都会有所不同，进而对金融产品的选择也不尽相同。与年龄息息相关的就是家庭生命周期，家庭生命周期是指客户作为家庭成员所经历家庭各个阶段形态的变化，一般可以分为六个阶段，即单身阶段、新婚阶段、满巢阶段、空巢阶段、退休阶段和鳏寡阶段。在不同阶段，客户对金融产品的需求不同。比如，少年时期几乎没有财富上的积累和对金融知识的学习，难以购买金融产品；青年时期，青年慢慢有了投资的本钱，开始涉足基金、股票等金融产品。

以投资基金为例，不同年龄段的客户对基金有不同的需求。中国证券投资基金业协会发布的《全国公募基金市场投资者状况调查报告（2020）》显示，在基金个人投资者群体中，30~45 岁的投资者占比将近四成，达到 38.8%，成为个人投资者中的主力军；30 岁以下和45~60 岁的人群占比均在四分之一以上，分别为 27.7% 和 25.8%；60 岁以下各年龄段之间的投资者分布基本均匀；60 岁以上的个人投资者占比仅为 7.7%，详见图 3-4。

（2）职业与收入

不同职业的客户，由于其工作性质、收入水平等方面的不同，对金融产品的需求也会有较大差异。良好的经济状况是人们进行金融产品投资的基础。一般来说，需求与经济状况呈正相关关系，当经济状况较差、收入较少时，人们会减少对金融产品的购买，当经济状况较好时，人们对金融产品的需求就会增加。2018 年的调查研究发现，就职于国有企事业单位、民营企业的理财人群占据半壁江山，两者之和高达 56.83%。国有企事业单位及公务员群体投资者的理财需求呈现持续增长态势，离退休人员在投资理财方面的积极性有所降低。从事各类职业的理财人群中，国有企事业单位理财人群占比最大，达到33.01%。自由投资者理财人群占比为13.29%，个体工商户理财人群占比为6.42%，学生投资理财人群占比仅为2.59%。不同职业投资差异的原因之一在于收入的不同，就职于国有企事业单位的客户工资相对稳定，会有较高的金融产品需求。

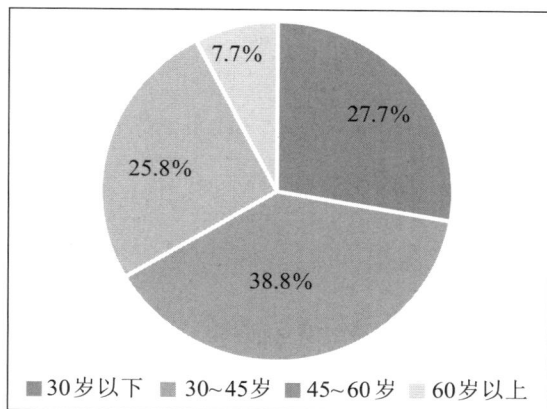

图 3-4　不同年龄投资者占比

资料来源：中国证券投资基金业协会《全国公募基金市场投资者状况调查报告（2020）》。

2. 个人客户购买行为的外在影响因素

1）社会阶层

社会阶层也称社会分层，是指根据财富、权力、知识、职业或声望等标准将社会成员区分为高低不同的等级序列。它最早是由德国社会学家"组织理论之父"马克思·韦伯（Max Weber）提出的，他认为不同社会阶层的人往往具有不同的价值观、生活方式、思维方式和审美观，从而影响个人客户行为。

不同的阶层对金融服务的需求不同。比如，较低社会阶层的人趋向于借入资金满足个人需求，而社会阶层高的人则趋向于除消费外的其他目的借入资金，比如提高家庭生活质量的贷款等。不同的阶层对信用的使用持不同态度。社会阶层越高的人越倾向于将信用卡作为方便的支付工具，而社会阶层越低的人越倾向于用信用卡作为消费信贷。较高阶层的人储蓄能力一般较强，一个人所属的社会阶层越高，其储蓄倾向越大。低社会阶层的人即使有储蓄行为，其储蓄目的本质上也是属于非投资性的，主要动机是出于安全保证，且通常选择有形资产的形式，这对金融机构服务市场的划分产生重要影响。

2）参照群体

一般来说，参照群体指的是能直接或间接影响人们的态度、行为和价值观的群体，如朋友、邻居、同学、同事、社团等，是影响个人客户行为的最重要因素之一。参照群体具有标杆作用，使其他人以此为学习目标。比如，你对彼得·林奇（Peter lynch）所创造出的投资成就非常钦佩，甚至是崇拜，就会拜读他的《彼得·林奇的成功投资》等系列著作，在学习过程中，投资理念就会渐渐被同化，最后可能形成相似的投资行为。以商业银行为例，在银行产品的购买行为中，对缺乏消费经验与购买能力的客户来说，他们常常不能确定哪家银行更可信赖、服务更周到、产品更合适，在选择银行时，他们会将舆论导向或其他专家的行为作为选择指南。在这种情况下，客户对参照群体的依赖性超过了对其他方面的依赖性。

3）文化

文化是指某个国家、某个社会在一定的物质基础上，通过实践建立起来的价值观、道德理想和信仰习俗的综合体。它从不同方面影响着客户对事物的认识和判断，进而对客户的行为产生影响。通常来说，在同一文化圈内生活的人们常常会有相同倾向的购买行为。比如，中国人受到勤俭持家、未雨绸缪等传统文化观念的影响，倾向于将收入中的一部分钱用于储蓄。国家统计局 2018 年的统计数据显示，中国金融机构中的存款已经达到 177.5 万亿元，这些存款若均摊到中国 14 亿人身上，相当于人均存款达到 12.6 万元。反之，欧美国家"花明天的钱享受今天的生活"的超前消费观使欧美国家的人们的存钱意识较为淡薄。

3.2　机构客户行为

企业、政府部门、事业单位等机构客户一直是商业银行等金融机构的主要服务对象，因此了解机构客户的种类、机构客户购买行为的特点，以及机构客户购买行为的影响因素有助于金融机构针对性地进行市场营销。

3.2.1　机构客户的种类

金融机构的机构客户按照是否营利可以分为营利机构和非营利机构两类。

1. 营利机构

营利机构主要是指企业客户。按照规模大小，企业客户可划分为大型企业、中型企业、小型企业和微型企业，即大中型企业和小微企业。

1）大中型企业

大中型企业的资产规模较大、生产能力较强、市场占有份额也较大，按经营形式可以分为多样化经营企业和单一经营企业两种类型。多样化经营企业抵御经济波动的能力较强，但在每一经营领域都缺乏足够的竞争力；单一经营企业抵御经济波动的能力较差，但在其经营领域中有较强的竞争力。这两类企业对金融机构产品的需求都很大，融资渠道也很多，金融机构可以采取差异化的特色服务来吸引这类客户。

2）小微企业

小微企业的资产规模较小、经营产品单一、市场份额有限、经营风险较大，但经营灵活，能在市场缝隙中求得生存和发展。这类企业的融资渠道有限，资信条件不好，偿债能力较差，金融机构应当选择发展前景较好的企业开展顾问服务，帮助小微企业做好市场定位，选准发展战略。

中国小微企业长期面临"融资难、融资贵、融资慢"的困境。2018 年，中国中小微企业潜在融资需求达 4.4 万亿美元，但融资供给仅 2.5 万亿美元，潜在融资缺口高达 1.9 万亿美元，缺口比重高达 43.18%。根本原因在于金融机构在小微企业金融服务中面临"投入高、风险大、收益低、不可持续"等问题。第二十届中央委员会候补委员刘桂平在 2021 中国普惠金融发展国际论坛上指出，中国要努力以普惠金融的高质量发展助力全体人民共同富裕，金融机构应该积极响应国家号召，努力为小微企业提供普惠金融服务。比如，中国农业银行股份有限公司（下称"中国农业银行"）推出了"农银 e 贷"和"小微 e 贷"产品，中国银行推出了"中银企 E 贷 - 信用贷""中银利业通宝""中国税贷通"等产品以扶持小微企业的成长。

2. 非营利机构

非营利机构主要是指政府部门、事业单位等。政府部门主要在商业银行办理负债业务和中间业务。一方面，政府存款在商业银行存款中的占比较大，且其存款较稳定，周期长，成本低，属于优良的负债业务。此外，政府存款占银行存款的比例逐年上升，2020 年比例达到 17%，详见图 3-5。另一方面，政府部门经常以发行国库券和各种中长期政府公债的方式从金融市场筹措资金，这是银行中间业务的重要组成部分。事业单位主要包括学校、医院、科研机构以及各种具有活动经费的协会、基金会等。事业单位通常是社会资金的盈余部门，大量的闲置资金成为金融机构重要的低成本资金渠道来源。一般来说，机构客户在金融机构办理业务时都会有专门的办理窗口。例如，商业银行开设了对公业务窗口，为机构客户办理包括企业电子银行、单位存款业务、信贷业务、机构业务、国际业务、委托性住房金融、资金清算、中间业务、资产推介、基金托管等在内的业务。

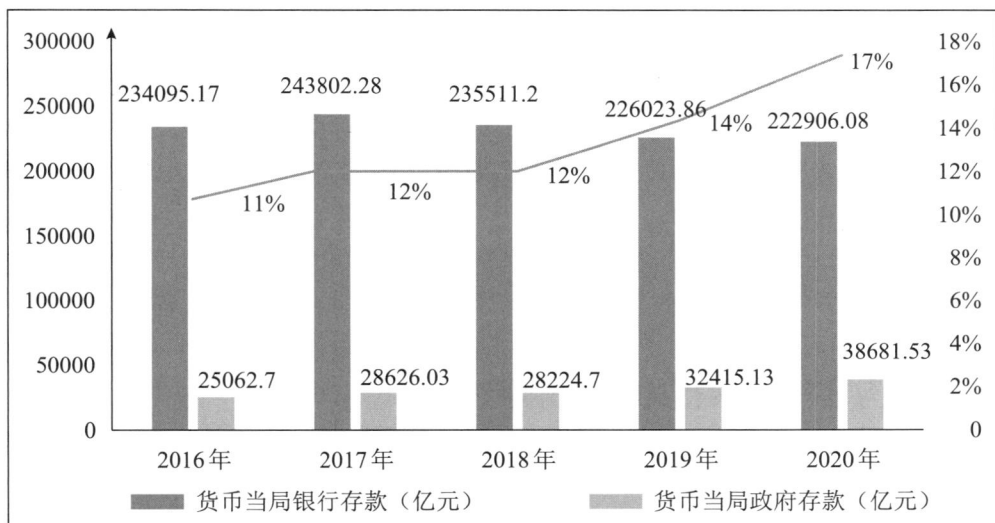

图 3-5　政府存款占银行存款比例

资料来源：国家统计局。

3.2.2 机构客户购买行为的特点

机构客户是金融机构开展营销活动的主要客户群体。它与个人客户最大的区别在于，机构客户参与金融活动的目的是为其生产经营活动提供金融服务支持。机构客户既可能是资金的供应者，也可能是资金的需求者。当机构客户有剩余或闲置资金时，为了充分发挥资金效益，可以存入银行或购买有价证券；当机构客户因周转需要而缺乏资金时，可以向银行等金融机构融资。机构客户购买行为主要具有以下特点：

1. 需求为衍生需求

在金融市场中，机构客户并非最终的消费者，机构客户需要将购买的金融服务运用到企业的生产经营中，进而生产出产品并销售给最终的消费者。机构客户的购买需求是从消费者对商品的需求中派生出来的。比如，某公司产品在市场上供不应求，需要抓住机会扩大再生产，这时就需更多资金以购买机器设备与厂房，因而产生银行贷款需求，即机构客户的贷款需求源自消费者的需要。金融市场的衍生需求特点要求金融机构不仅要了解机构客户的购买需求和特点，也要了解产业市场下游消费者的需求及特点。

2. 交易规模大

尽管机构客户数量比个人客户数量少得多，但与个人客户相比，机构客户的资金需求量更大，涉及的服务项目也更多。通常，机构客户的购买规模取决于该机构本身的规模大小。由于机构客户的数量较少，那些大宗客户就具有举足轻重的地位，因此金融机构要特别注意保持与机构客户间业务关系的稳定性。

3. 金融需求有特定周期

机构客户通常都有特定的生命周期，分为初创阶段、成长阶段、成熟阶段和衰退阶段，这就产生了特定周期下的金融需求。机构客户金融需求的特定周期表现为：企业初创阶段需要低利率的贷款，如政府担保的小企业贷款和银行启动的贷款；企业成长阶段需要扩大基础设施建设，需要信用卡零售商服务和厂房设备租赁服务，如企业商铺租赁购置专项贷款；企业成熟阶段，机构客户具备一定的能力进行规模扩张，其收购、兼并其他企业时，需要财务顾问服务和股本融资等；企业衰退阶段，机构客户面临较高的财务风险，对资本的需求主要是通过债务资本来满足的，金融机构可以为其提供债务融资服务。为更好地满足机构客户的需要，提升服务质量，金融机构应该经常了解机构客户的情况，并评估其财务状况、风险情况和市场运营状况，对处于不同阶段的机构客户，制定有针对性的一揽子服务方案。

3.2.3 机构客户购买行为的影响因素

机构客户购买行为受到很多因素的影响，主要分为组织因素、人际因素和环境因素。

1. 组织因素

组织因素是指机构客户自身的职能部门设置、经营目标、金融交易政策、程序和权限等具体因素。每一个交易金融产品或服务的机构客户都有其经营目标、购买政策、组织结构、管理制度和工作程序，组织因素的不同会导致机构客户行为的不同。比如，大型工商企业贷款有着严密的政策、权限和程序，其用途、数量、方式是由相关部门负责人经过多次会议研讨决定的，而一些中小企业，尤其是处在创业阶段的家族式企业，内部缺乏科学合理的职能部门设置，也缺乏严格的金融交易制度与程序，通常由"家长"决定金融交易行为。这两种组织形式的差异将导致不同的金融交易行为。因此，营销人员在向公司客户营销时，要清楚地了解该企业的资金配置目标、组织结构、购买决策的最终决定人、金融产品购买的政策要求以及购买流程等。

2. 人际因素

人际因素是指机构客户中有权参与金融交易行为的各个参与者之间的关系、融洽程度以及他们对交易行为的影响力。金融产品或服务的购买决策一般是由不同职位、不同身份的人参与其中讨论分析所做出的。这些参与者由于地位、职权、个人志趣和说服力的不同，会对购买决策产生不同影响。以公司客户贷款购买某项先进设备为例，首先，需要生产部门提出购买先进设备代替老设备的需求。其次，设备采购部门进行考察，初步测算设备款并提交至财务部门；财务部门根据财务状况提出购买和贷款建议，并上报给企业负责此项工作的管理者审批；管理者同意后，将贷款方案提交董事会最终审核。最后，银行审核该企业资信后同意贷款。在中国特殊的商务环境下，中国的特殊文化影响形成了中国特殊的人际关系形成机制。因此，营销人员要识别对购买决策产生影响的重要人物，用心经营人际关系。

3. 环境因素

环境因素是机构客户的不可控因素。现行的或预期的环境因素主要分为政治法律因素、经济因素、社会因素和技术因素。其中，对机构客户购买行为影响较大的是经济因素。政治法律因素包括政治因素和法律因素，前者指对机构客户的经营活动具有现存或潜在作用的政治力量，后者指对机构客户经营活动加以限制和要求的法律法规。经济因素包括经济增长速度、发展周期、市场现状和潜力、物价水平、投资和消费趋向、进出口贸易以及政府的各项经济政策等。以机构客户中的工商企业为例，当经济处在衰退时期，工商企业会减少对厂房或设备的投资，并想方设法减少存货，进而减少银行贷款。在这种环境下，金融机构营销人员通过刺激总需求来扩大贷款的收效不大。社会因素包括社会文化、社会习俗、社会道德观念、社会公众的价值观念、职工的工作态度以及人口统计特征等。技术因素包括金融机构业务所涉及国家或地区的技术水平、新产品开发能力以及技术发展的动态等。技术的进步使商业银行、保险公司和证券公司等金融机构开发新产品的周期大大缩短，产品更新换代加快，为机构客户提供了更多的选择。

案 例 分 析

案例 3-1　恒丰银行——客户行为实时分析系统

在客户管理及服务方面，银行以往根据"二八原则"，主要服务那些给银行带来

80% 收益的 20% 的客户，但随着利率市场化下银行间竞争的加剧，"长尾"客户也将成为竞争对象，此外单一粗暴的划分原则也忽略了许多客户更深层次的个性化需求。受人力极限和技术所限，传统的统计分析方法不仅缺少对客户购买产品前的行为分析，也无法做到实时分析。如何在保持对高价值客户服务质量的前提下，进一步提升个性化的服务体验，如何进一步挖掘"长尾"客户的价值，如何实现精准营销，如何提升客户黏性，如何优化缩短产品购买路径，如何防范欺诈交易等问题，都是大数据时代银行迫切期待能够解决的问题。

基于上述背景，恒丰银行股份有限公司（下称"恒丰银行"）开始了基于大数据实时流处理技术的客户行为实时分析系统的建设。客户行为实时分析系统的目标是通过对客户基本信息和行为数据的监测追踪、收集整合、评估分析，为业务人员决策业务策略提供更全面、更准确、更有价值的信息。从不同的角度出发，客户行为实时分析系统需要达到不同的目标。

从业务角度出发，客户行为实时分析系统需要达到或支持以下三个角度的业务要求。首先，从营销角度，客户行为实时分析系统可以深度了解和分析客户在持有、购买、放弃产品及应用的前、中、后期行为特征，从而为客户偏好、360度画像、数据挖掘提供更加精准的数据依据，最终实现精准营销。其次，从风控角度，客户行为实时分析系统可以深度了解和分析客户的活动范围、生活轨迹、交易支付习惯等，从而为信贷风控提供有力证据。最后，从客户体验角度，一方面客户行为实时分析系统可以深度了解和分析银行应用的运行状况、银行应用中各个功能模块的使用频率、客户访问路径长度等情况，从而为银行应用设计和优化提供数据支持，让银行应用产品更符合客户群体期望和个体期待；另一方面客户行为实时分析系统为客服系统、CRM、移动柜员等前端应用提供更加精准的客户信息，方便一线业务人员为客户带来更加个性化、定制化的服务体验，提升银行客户黏性。

资料来源：恒丰银行——客户行为实时分析系统 [EB/OL]. 数据猿. [2023-06-09].

思考：
1. 恒丰银行构建客户行为实时分析系统有什么意义？
2. 恒丰银行客户行为实时分析系统如何影响客户行为？
3. 你对恒丰银行更好地服务客户有哪些建议？

本 章 小 结

（1）金融机构的个人客户是指为满足自身的投资需求、融资需求以及其他需求，而买卖金融产品或接受金融服务的个人。个人客户购买行为是在资产增值、避险需求等行为动机的基础上进行金融产品交易的行为。

（2）个人客户购买行为具有数量庞大、差异性和非专业性的特点。根据客户参与程度和品牌差异程度，个人客户交易行为可分为复杂的交易行为、减少失调感的交易行为、寻求多样性的交易行为、习惯性的交易行为四种类型。影响个人客户购买行为的内在影响因素包括心理因素和非心理因素；影响个人客户购买行为的外在影响因素包括社会阶层、参照群体和文化。

（3）机构客户购买行为主要具有需求为衍生需求、交易规模大、金融需求有特定周期的特点。影响机构客户购买行为的因素主要包括组织因素、人际因素以及环境因素。

关键概念

个人客户　复杂的交易行为　减少失调感的交易行为　寻求多样性的交易行为　习惯性的交易行为　内心需求　个性　认知　参照群体　机构客户　衍生需求　组织因素　人际因素　环境因素

综 合 训 练

一、填空题

1. 个人客户购买行为的特点包括_____、_____、_____。
2. 机构客户购买行为的特点包括_____、_____、_____。

二、选择题

1. 影响个人客户购买行为的内在因素包括（　　　）。

    A. 社会阶层　　　　B. 参照群体　　　　C. 文化　　　　　　D. 认知

2. 影响个人客户购买行为的外在因素包括（　　　）。

    A. 环境因素　　　　B. 盈利因素　　　　C. 低成本因素　　　D. 文化

3. 环境因素包括（　　　）。

    A. 政治法律因素　　　　　　　　B. 经济因素

    C. 社会因素　　　　　　　　　　D. 技术因素

三、问答题

1. 影响个人客户购买行为主要有哪些因素？请分类列举并举例。
2. 影响机构客户购买行为主要有哪些因素？请分类列举并举例。

第4章
金融服务营销的 STP 战略

学习目标

通过本章的学习，了解金融机构 STP 战略的步骤与意义；掌握金融市场细分的原则和标准，以及市场细分的工具，并理解金融市场的细分策略；理解目标市场的概念，掌握目标市场确立的原则；理解市场定位的概念，掌握市场定位的战略。

开篇导读

2013 年 4 月，网易公司正式发布一款专注于发现与分享的网易云音乐产品。网易云音乐仅仅用四年半时间就获取了 4 亿用户，截至 2019 年年末，用户人数更是高达 8 亿。网易云音乐的快速突破，使其迅速成为互联网行业内用户增速最快、口碑最好的应用之一。其主要进行了以下三步操作：

首先，网易云音乐对市场进行了细分。网易云作为音乐 App 将市场按用户的生命周期分为四种类型：游客、新用户、成熟用户和流失用户。

其次，网易云音乐对目标人群进行分析，选择目标市场。酷狗音乐、QQ 音乐的覆盖人群较广，人群年龄偏低，音乐喜好程度也较低。而虾米和豆瓣音乐的目标人群大多是资深乐迷，年龄较大。通过分析，网易云音乐发现对于年龄偏低、音乐喜欢程度较高的这部分人群还有很大的市场空间，容易培养用户使用的忠诚度。

最后，网易云音乐对目标市场进行市场定位。网易云音乐把"音乐社交"作为切入点，以歌单、主播电台、社交为核心，成为音乐搜索、评论、点赞、分享的在线音乐平台。

网易云音乐取得的成就得益于市场细分、选择目标市场、对目标市场进行定位的 STP 营销策略，金融机构亦是如此。

中国有句古话"工欲善其事，必先利其器"。STP 战略就是金融服务营销的有力武器。在品类众多且复杂的金融市场中，一家金融机构很难将业务范围覆盖整个市场。所以，金融机构要找到自己最了解、最有优势的市场部分作为营销目标。这就是 STP 战略的现实基础。

STP 是三个英文单词的首字母缩写：S 代表 Segmenting，市场细分；T 代表 Targeting，选择目标市场；P 代表 Positioning，市场定位。这是金融服务营销中比较著名的 STP 战略。三者是接续的关系。首先，将纷繁复杂的大市场细分为若干个子市场；其次，选择其中某个或某些子市场作为目标市场；最后，在目标市场中进行定位。

实施 STP 战略的意义主要包括以下四点：竞争的需要、形象的需要、利益的需要、向客户提供优质服务的需要。

（1）竞争的需要。金融机构的竞争已经脱离了微笑服务、提供礼品等低层次服务的时代，需要在更高的战略层面展开竞争。就像打仗一样，必须先制订作战计划，再按照计划具体实施，因此，为了在竞争中取胜，银行等金融机构已经将营销融入了银行战略决策。

（2）形象的需要。银行等金融机构不能像一般的企业销售，走街串巷，到处发传单，而是更注重形象，这也亟须将营销放在战略的高度，与其高大上的形象相匹配。

（3）利益的需要。金融机构也是企业，也会以利润最大化为目标，营销不是目的，而是盈利的工具，所以需要将营销放在战略高度，争取事半功倍，赚取更多的利润。

（4）向客户提供优质服务的需要。战略指导战术，市场细分、选择目标市场和市场定位，这三部曲有助于金融机构更好地为目标客户提供精准服务，提高效率并最后获得客户满意度和忠诚度。

4.1　市场细分

4.1.1　市场细分的原则与标准

55

金融机构的市场细分是指金融企业按照客户的需求、爱好及对金融产品的购买动机、购买行为、购买能力等方面的差异性和相似性，运用系统方法把整个金融市场划分为若干个子市场。从概念中可以发现，市场细分有两个约束条件：第一，客户需求的差异性。因为客户的需求之间存在差异性，所以才能将整个市场按照这些差异性分为若干个子市场；第二，客户需求的相似性。在同一个子市场内，客户的需求应该具有相似性，这样才会将这些客户归入一个子市场中。市场细分的目的是从中找到适合自己的目标顾客群，然后针对其特点，制定最佳营销策略，以求获得最佳的收益。科学的市场细分对企业在新产品开发、产品定位、价格制定、广告策略、包装设计、营销组合策略的制定等方面均有着重要的指导意义。

1.市场细分的原则

市场细分的原则主要有四个，即可入性、可量性、经济性和差异性。

1）可入性

可入性是指有能力向某一细分市场提供其所需的金融产品和服务，即细分市场的开发易于操作、便于实施。有些细分市场的开发，尽管在理论上可行，但在实践中却难以操作，商业银行无法为其提供差别性服务，因而这种市场细分就没有什么实际意义。划分的每个子市场不能太小，否则金融机构无法进入市场。该市场中需有一定的客户才能使金融机构盈利。比如，若划分的子市场里面只有一个客户，那么金融机构就没有必要进入这个市场。除此之外，政策限入业务也会对可入性产生影响，如证券公司为客户理财，提供的金融产品不能包括储蓄业务和借贷业务。在储蓄倾向比较强的地区，证券公司可能会排斥一大批客户，使得市场规模难以扩大。

2）可量性

可量性是指所细分的市场可以通过具体的量化指标以反映其市场规模、购买潜力等，即各个细分市场的金融产品、需求大小和交易规模可以通过测量而被掌握。测量这些市场特征要素的具体数据则要通过市场调查、专业咨询等途径获取。即划分的子市场是可以衡量的或者可以量化的，比如按照地理区划分、按照年龄划分、按照收入划分，这些都可以查到客户的确切数据，如果按照个人喜好划分则很难有准确的数据。在此以中国工商银行为例按照地理区域划分来统计客户存款，不同地区具有不同的规模，其中长江三角洲和环渤海地区客户存款规模较大，东北地区客户存款规模较小，金融机构可以根据不同地理区域的规模特点细分市场，采取不同的营销策略，详见表 4-1。

表 4-1　2018—2021 年中国工商银行不同地理区域客户存款情况表　　　单位：百万元

地区	2018 年	2019 年	2020 年	2021 年
总行	56304	45507	42611	38290
长江三角洲	4032866	4474455	5057963	5436282
珠江三角洲	2726705	2988476	3335179	3495325
环渤海地区	5922781	6212525	6733969	6885411
中部地区	3064753	3324189	3608490	3900441
西部地区	3591835	3801033	4072459	4320355
东北地区	1105344	1184289	1308155	1410376
境外及其他	908346	947181	975900	955294
合计	21408934	22977655	25134726	26441774

资料来源：中国工商银行年报。

3）经济性

经济性是指细分市场应具有一定的规模，其规模至少要让商业银行在开发和提供差别性服务后，除去新开发金融产品或服务项目的成本及营销费用，还能有一定的盈利。因此，市场细分后，必须有足够的交易业务量，以保证银行基本的盈利水平。和前面两个原则殊途同归，即划分子市场的目的是更好地盈利。

4）差异性

差异性是指每个细分市场有明显的区分界限，让商业银行明确自己正在为谁服务、将要为谁服务以及重点服务对象是谁等问题。根据不同细分市场的需求差异，向细分市场提供个性化产品和服务，确保金融产品开发和价格策略具有针对性。比如，中国银行股份有限公司（下称"中国银行"）根据服务对象不同提供了多种借记卡卡种。长城冰雪借记卡为冰雪运动爱好者量身定制；长城旅游借记卡是为了推动旅游业无障碍刷卡而推出的；长城留学借记卡为留学人员量身定制，具有人民币、美元、澳门元、欧元等多种货币账户；长城镜面情侣借记卡主要面向年轻情侣客户群体，两张卡片可组合出心形线条将两个卡通人物联系在一起，展示出情侣的特色主题。再如，建设银行深圳市分行认识到，客户的需求是存在差别的，要推出更加个性化、差别化的理财服务，目前已经推出了"女子银行""科技银行""汽车银行""住房银行"等一系列特色银行。

2. 市场细分的标准

市场细分的标准有很多，按照客户的规模划分，可以分为个人客户市场细分标准和机构客户市场细分标准。

1）个人客户市场细分标准

个人客户市场细分标准可以按照人口标准划分，即依据人口统计项目来细分市场。比如按照年龄和性别，一般银行发行信用卡的客户群的定位，可以按照性别，发行女性信用卡，如玫瑰卡；也有男性信用卡，如翱翔卡等。另外，不同年龄段的人有不同的理财观念和风险偏好，青年人储蓄较少且更注重高消费，对财产增值要求高于保值要求，有较高风险偏好；中年人有较大生活压力，他们希望财产增值和保值，风险偏好居中；老年人较厌恶风险，多进行稳健性投资，一般对政府债券、养老和医疗保险等低风险产品感兴趣。

可以按照地理标准划分，即金融机构根据客户所处的地理位置来细分市场。比如按照南方和北方划分，按照华东、华北等区域划分；也可以按照行政地区划分，如国有银行和股份制银行的业务范围辐射全国，而城市商业银行和农村商业银行的业务范围只分布在部分区域。

还可以按照利益标准进行划分，客户购买某种商品或服务是为了追求某种利益，满足某种需求。利益追求不同，就会导致他们对同一件商品或服务做出不同的评价和购买决策，因而利益追求是影响需求差异的一个重要因素。比如，金融产品具有的利率、期限、风险等要素，不同阶层的人会按其利益标准对这些要素进行排序，金融机构可以据此设计并推出差异性的产品和服务。

2）机构客户市场细分标准

机构客户市场细分标准，主要包括：按照是否营利划分，可分为营利机构和非营利机构；按照机构客户规模划分，如大中小企业；按照机构客户性质划分，如国有企业、民营企业、个体；按照机构客户产业类别划分，如制造业、农业、服务业等；按照机构经营范围划分，包括是否多种经营，还是只生产一种核心产品；按照机构信用等级标准划分，如将企业作为授信对象划分为AAA级、AA级、A级、BBB级等；按照机构所处生命周期阶段划分，可分为初创期、成长期、稳定期和衰退期，比如商业银行借贷资本注重收益稳定性，多投资在处于成长期和稳定期的机构客户市场，而追逐高收益的风险资本多投资在处于初创期的机构客户市场。

4.1.2 市场细分的工具

在此，主要跟大家介绍一下十分实用的SWOT分析法。SWOT由四个英文单词的首字母组合而成。S是Strengths，优势；W是Weaknesse，劣势；O是Opportunities，机会；T是Threats，威胁。SWOT不仅是进行市场细分时所运用的一个工具，也是管理学中十分实用的方法，甚至我们分析自己的某一个决策，也可以使用此种方法。进行SWOT分析的主要步骤为：首先分析内外部环境因素，其次构造SWOT矩阵，最后制订行动计划。

SWOT 分析通常有四种不同的行动战略，即优势—机会战略、劣势—机会战略、优势—威胁战略和劣势—威胁战略。通过对 SWOT 工具的运用，可以得出结论，充分利用自身优势，规避劣势，抓住机遇，应对威胁。下面以中国工商银行国际化转型为例进行 SWOT 分析。

1）优势方面

（1）中国工商银行资本金规模雄厚，品牌价值高。中国工商银行 2019 年一级资本 2230 亿美元，而且以 2931.29 亿元在中国价值企业品牌中排名第一，连续四年排名榜首。

（2）中国工商银行的境外机构布局较为合理。截至 2021 年，中国工商银行共设立 426 家境外机构，是 2012 年的 1.1 倍，分布于 49 个国家和地区，拥有 1436 家境外代理行，覆盖 143 个国家和地区，服务全球 6.8 亿个人客户与 800 万公司客户，逐步建立了比较完善的全球服务网络。

（3）中国工商银行跨境人民币业务优势明显。中国工商银行已经在亚欧美三大时区内设立境外人民币清算行，领先其他四家国有银行，有完善的人民币清算网络和体系。跨境人民币业务量增长速度快，2018 年的增速为 18%，是 2017 年增速的 90 倍。

（4）中国工商银行技术手段优势明显。中国工商银行通过举办各种比赛来挖掘人才和培育员工技能，如金融设计大赛和各种专业服务技能比赛等；有强大的业务创新平台，每年平均研发 400 多个业务产品；还拥有强大的信息管理平台，多种应用管理系统已投入使用。

2）劣势方面

（1）靠单一业务拉动经济增长。中国工商银行将跨境人民币结算业务作为未来的发展方向，但是仅靠单一业务无法支撑机构的长远发展，而且在没有境内外机构业务对接、没有一个完整的金融生态的情况下进行国际扩张，会造成资源的浪费。

（2）境内外机构没有业务对接，无法有效地整合资源。中国工商银行总部与境外机构之间没有形成有效的业务管理机制和信息共享机制，这就造成整体效率和盈利能力低下。

（3）境外业务发展缓慢，创新能力低。中国工商银行在境外机构的业务主要依赖于存、贷、结算等传统业务，没有吸引国外顾客的产品和金融服务，尤其在金融市场比较发达的美欧等发达国家和地区，境外机构没有绝对优势，再加上对其国情和国民需求认识不清，竞争劣势体现得更为明显。

（4）金融风险控制能力低。虽然中国工商银行建立了一套自己的风险管理体系，能够应对国内的风险，如信用风险、流动性风险等，但是一旦进入国际市场，原先的那套风险控制体系则无法适应。

3）机会方面

（1）人民币国际化进程加快。由 SWIFT 报告可知，2019 年 8 月人民币国际支付份额为 2.22%，再创历史新高。

（2）外汇市场放开。2019 年国家外汇管理局取消了对 QFII 和 RQFII 的投资额度限制，提高了中国资本市场的对外开放程度，给外资带来多重利好，对中国工商银行的发展也有积极意义。

（3）互联网金融快速发展。云计算、大数据等技术，降低了信息不对称程度和交易成本，提高了资源配置效率，促使商业银行优化安全架构和经营模式，为中国工商银行的业务研发等提供了新的途径，有利于提高它的国际竞争力。

（4）"一带一路"倡议。"一带一路"倡议扩大了中国工商银行的业务范围，扩大了客户基础。截至 2018 年，中国工商银行在沿线国家和地区建立了 131 家境外分支机构，承贷业务项目 83 个，金额高达 191 亿美元。

4）挑战方面

（1）业务风险增加。在国际化转型中，中国工商银行面对的金融环境更加开放、自由化程度更高，国外的国家政策、经济环境、文化习惯差异等都会导致风险增加，风险处理难度上升。不论是系统内风险还是系统外风险，都制约着中国工商银行的长远发展。

（2）相关行业竞争激烈。中国工商银行不仅要面对来自另外四家国有银行的竞争，还要面对众多互联网公司的竞争；竞争也不再是简单的价格竞争，而是技术竞争，成本更高，竞争也会更加激烈。

通过以上分析可以得到，中国工商银行应该利用好环境，发挥品牌优势，明确战略定位，建立完整金融生态，寻找和培育专业化人才，优化境内外机构风险控制体系，有效整合资源，提升国际竞争力。

4.1.3　金融市场的细分策略

金融市场的细分策略主要分为三种，即无差异市场营销策略、差异市场营销策略和集中市场营销策略。由于金融机构面临着变化较快的市场环境和客户需求，所以定期反复进行市场细分，及时调整营销战略对于金融机构来说尤为重要。接下来对三种金融市场的细分策略进行详细介绍。

1. 无差异市场营销策略

无差异市场营销策略是把整个金融市场作为一个大目标，针对个人客户和企业客户的共同需要，制订统一的营销计划，以实现开拓金融市场、扩大金融产品销售的目的。

采取这种营销策略时，只需推出单一的产品和标准化的服务，设计一种营销组合策略即可。这种营销策略的优势在于，大量同质的销售使金融产品平均营销成本降低，并且不需要进行市场分割，可节约大量的调研、开发、广告等费用。

但是这种营销策略在实施的同时也忽略了同一客户群不同层次的需求差异，提供的产品与营销手段过于单一，不能适应复杂多变的市场需求。现实中，需求完全相同的市场几乎是不存在的，消费者需求也在日趋个性化和差异化，无差异市场营销策略只是适合了细分市场上的某一最大需要而已。如果同时有数家公司选择同样的营销策略，就将提高市场内的竞争程度。市场上另外一些较小客户群体的需求仍未能得到满足。同时，这种策略缺乏弹性，难以适应市场的频繁变化。随着金融机构之间的竞争日益激烈，这种营销策略对大多数金融产品已然不适用了，一旦竞争对手将市场细化，进入各个细分市场，那就会严重威胁组织的市场地位。

2. 差异市场营销策略

差异市场营销策略是根据消费者不同类型、不同层次的需求特点，把整体市场划分为若干区隔市场，并针对不同的目标市场制定和实施不同的营销组合策略，多方位开展针对性营销活动，满足不同客户需要，不断扩大金融产品的销售。比如，金融业借鉴制造业的经验（如通用汽车公司"为每一个钱包、目的和人格，分别生产一种汽车"），针对客户投资理财的不同需求，设计了名目繁多的金融产品和服务。又如，花旗银行对其细分市场中的重点客户，采取不同的措施。针对欧美和亚洲客户的不同特点，花旗银行信用卡的功能也有所不同。有效创新的营销策略支撑的零售业务成为花旗银行最具优势的业务之一。再如，证券公司对客户实行差异市场营销策略，按客户收入高低、风险偏好、交易总量和频率等，将客户分为 VIP、中档、普通等不同等级，分别享受不同的交易渠道、不同的设备、不同的信息内容和咨询建议。少数高级客户甚至可以享受研究专家的特别服务。

这种营销策略的优势在于品种多、针对性强，能满足不同客户的需求和偏好，力图在每个细分市场占据举足轻重的地位，扩大销售，提高竞争能力，加强客户的认同感，而且可以有效抵制个别子市场竞争状况的突变对服务组织构成的威胁。但是，由于金融产品、销售渠道、销售方式和广告宣传的多样性，需要投入较多的研发费用、调研费用和广告宣传费用，营销成本会大大增加。因此，实施这种营销策略的金融机构应加强对收益成本比的分析研究，一旦发现得不偿失，就应减少经营品种，集中资源于优势市场。另外，还要求服务组织具有较强的综合管理能力，所以资金技术实力较弱的中小型服务组织一般不适合采用此种营销战略。

3. 集中市场营销策略

集中市场营销策略是金融机构集中力量进入一个或几个区隔市场，在较少的子市场上实现较大的市场占有率。如果金融机构想要采用这种营销策略，就要对市场进行深入的分析和预测；对那些需求量大、潜力大的细分市场实施专业化经营，不是把力量分散在广大的市场上，而是集中力量进入一个或几个区隔市场，提供高度专业化的金融服务。例如，美国花旗银行确定的细分市场营销策略，是成为世界上最大的债券和商业票据交易商，另一些银行把信贷资金集中在使用短期贷款的商贸企业市场。

但是，集中市场营销策略的风险也相对较大，因为选择的产品和市场较为集中，一旦该市场发生不利变化，市场需求出现剧烈波动，金融机构将会出现火烧连船的局面且遭受很大的损失。一般来说，这种营销策略比较适合资源有限的中小型金融机构，由于其营销对象比较集中，可以集中优势力量，为充分满足这部分客户的需要而努力。

4.2 选择目标市场

4.2.1 目标市场的概念

市场细分为金融机构找出了所面临的各种机会，接下来，金融机构需要确定目标市场。目标市场是指金融机构为满足现实或潜在的客户需求而确定的将要进入并重点开展营销活动的若干细分市场。金融机构可根据产品的特性，以及自身的生产、技术、资金等在众多的细分市场中，选择一个或几个有利于发挥自身优势、最具吸引力，又能达到最佳经济效益的细分市场作为目标市场。

比如，永辉超市股份有限公司（下称"永辉超市"）就准确地选择了目标市场。永辉超市定位于"平民超市，百姓永辉"，把"天天实惠，始终如一"作为企业的经营宗旨。它坚持以人为本的理念，大力倡导"家"文化，视同事为家人、待顾客如家人，以"感恩的心"回馈社会、回馈百姓，充分体现人文关怀。永辉超市坚持"大众化"路线，把家庭作为目标顾客；坚持薄利多销，做大流量；努力营造良好的购物环境，树立平价超市的社会形象。为顾客提供物美价廉的商品和便捷的购物服务，提供和销售与百姓日常生活息息相关的商品。由于价格低，永辉超市受到了人们的青睐。

4.2.2 确立目标市场的原则

确立目标市场主要有三个原则，即金融产品和服务的对称性、有较大的购买潜力和有较大的竞争优势。

首先，金融产品和服务的对称性。金融机构在提供产品的同时，服务也要跟得上，而不是产品和服务不配套；比如，银行发行的理财产品，除了基本的服务，还要有相应的配套服务。

其次，有较大的购买潜力。选择目标市场时应该注意细分市场的潜量，即在一定时期内，各个细分市场的客户对某种金融机构产品的最大需求量。选择的目标市场中一定要有很多客户群，并且要有购买意愿和购买力。如果细分市场的潜量太小，金融机构没有足够的发掘潜力，其进入该细分市场后前景黯淡。比如，德国一些银行意识到今天的孩子就是明天的客户，将目光盯在本国1000万名6~17岁的少年儿童身上，为其开通儿童账户，这就锁定了一部分有购买潜力的客户，等孩子长大具备购买力后便可以产生对金融服务的需求。

最后，有较大的竞争优势。金融机构所选择的目标市场与其他同行金融机构的同类目标市场相比，一定要具有竞争优势，打造出较强的竞争力。金融机构还需要考虑竞争对手的实力，对手实力越雄厚，进入的成本和风险也就越大。从这方面看，竞争少、竞争者实力较弱的细分市场就更具有吸引力。

4.3 市场定位

STP战略的最后一步为市场定位。所谓市场定位就是根据所选定的目标市场竞争状况和金融企业的内部条件，确定自身在目标市场中的竞争地位，从而确定自己的产品如何接近客户的营销活动。通过为自己的产品创立鲜明的特色和个性，从而塑造出独特的市场形象。

61

4.3.1　市场定位的原则

市场定位的原则主要有三个，即目标驱动、突出特色和定位有形化。

（1）目标驱动。金融机构首先要设立自己的目标，根据此目标进行市场定位。在设立目标时，目标一定要高于自己目前的水平且具有可行性，这样才能更好地激励金融机构提升自我。例如，香港上海汇丰银行有限公司（下称"汇丰银行"）的目标是成为世界领先及最受推崇的国际银行。它的宗旨是把握市场增长机遇，努力建立联系以帮助客户开拓商机。为此，它积极把握与日俱增的国际贸易与资金流业务，使业务网络覆盖全球，为客户提供多元化的服务，协助客户由小型企业发展为大型跨国企业。

（2）突出特色。即充分利用银行的所有优势。例如，建设银行深圳分行根据深圳华强北的商场特色，分别针对女人世界商场和男人世界商场开设了专门性的银行支行，而且针对深圳和香港的特殊地理位置，开设了专门为两地往来客户服务的口岸银行。例如，泰国储蓄银行根据本地特色开设了水上分行。泰国有东方威尼斯之称，很多居民直接以船为家，住在船上，工作也是在船上，于是泰国的储蓄银行为方便水上居民，专门为此类水上目标客户提供特色的定位服务，既便捷又有创意。

（3）定位有形化。即将银行无形的定位口号书写在银行印刷的宣传小册子上、纸袋上，或者礼品杯子上等，使客户更加清楚地了解银行的定位。

4.3.2　市场定位的战略

市场定位的战略主要包括市场领导者战略、市场挑战者战略、市场追随者战略和市场补缺者战略四种。

1. 市场领导者战略

处于市场领导者地位的金融机构在金融市场上占有最大的市场份额，一般被公认为市场领袖，可以影响甚至控制其他金融机构的行为，在战略上有较大的选择空间。它们具有资产规模最大、金融产品最先创新、多样化经营、具有成本优势、提供优良服务等特点，这些都是中小银行无法比拟的。中国的四大商业银行，即工、农、建、中等龙头银行在市场定位中所采取的战略便是市场领导者战略。处于市场领导者地位的商业金融机构几乎都是多样化经营。例如，中国工商银行开展了负债业务（包括人民币储蓄、外币储蓄、外汇拆入、发行金融债券等）、资产业务（包括固定资产贷款、票据贴现、政策性金融债券认购等）、中间业务（包括国际结算、兑付、托管等）和外汇中间业务（包括进口开证、来证通知、结汇、融资类和履约类担保等）。

市场领导者可以通过以下三个方面来巩固自己的地位。

（1）扩大总市场规模。市场领导者通常是总市场规模扩大的最大受益者，可以依靠金融产品和服务的创新在现有市场中挖掘和发展潜在客户，积极开拓海外市场。

（2）保持现有的市场份额。处于领导者地位的金融机构必须防备竞争对手的进攻和挑战，保护金融机构现有的市场阵地。最佳的战略方案是不断创新，以壮大自己的实力，继续发挥本身的优势加大市场进入的难度，同时还应减少竞争对手进攻的诱因，抓住竞争对手的弱点主动出击。

（3）扩大市场份额。处于市场领导者地位的金融机构可通过金融产品不断创新、成本优势继续领先、增加分支机构网点设置等策略扩大市场份额，但在此过程中需要注意的是，这样做会不会引发反垄断行为、经营成本会不会提高、采取的营销策略是不是准确。

2. 市场挑战者战略

市场挑战者指的是在行业中仅次于市场领导者，位居第二及以后位次，试图超越竞争对手甚至取代市场领导者地位的金融机构。大多数市场挑战者的目标是增加自己的市场份额和利润，减少对手的市场份额。市场挑战者往往是不满足于自身的竞争地位，为达到提高市场份额的目标而对其他企业发起攻击的竞争者。市场挑战者进攻的企业既包括市场领导者以及与其同等实力的企业，也包括一些小企业，如市场补缺者。

市场挑战者战略一般都是全国股份制银行，诸如招商银行、浦发银行、民生银行、平安银行等，可以选择直接进攻，比如在零售业务领域，招商银行就是主动研发新产品，打开局面；也可以选择迂回战略，不直接和大银行竞争，而是绕过自己的劣势，尽量发挥自己的优势；还可以选择合并战略，就是同其他国内外银行进行战略联盟，比如平安银行就是由深圳发展银行和国内外其他银行合并而构建的。

3. 市场追随者战略

位居市场追随者的金融机构，在规模、实力等方面均次于市场领导者和市场挑战者。这类金融机构的营销策略主要是模仿市场领导者行为，并尽可能形成自己的特色。例如，市场领导者引进自动存取款机（ATM），方便了客户，延长了营业时间，市场追随者则必须迅速在自己的细分市场上提供自动存取款机或改善服务以方便客户，否则市场追随者已有的客户就有可能转而选择市场领导者。市场追随者实行的营销策略和行动不能直接扰乱市场领导者的市场，以免招致市场领导者的报复。市场追随者战略主要是中小银行所采用的，追随包括完全的追随和保持距离的追随。完全的追随指的是当大银行对某项业务的实施已经平稳或者经过充分了解后，中小银行开始实施；保持距离的追随指的是不追随所有大银行的业务，而是具体问题具体分析，有选择地追随。比如，宁波银行股份有限公司（下称"宁波银行"）就采用了有选择地追随战略，在追随大中型银行的同时利用地缘优势和自身特点走差异化发展道路，开创了独具特色的经营模式。宁波银行在积极践行普惠金融的同时，主动把优质的综合金融服务送到第一线，在金融服务上，深化金融科技应用，优化服务流程，助推"最多跑一次"改革。在专业经营上，发挥国际业务、金融市场业务、债券主承销、资产托管等专业优势，为客户创造价值。成立财富管理部、私人银行部，为客户量身定制金融服务方案；在客群服务上，持续推动实施"211"工程和"123"客户覆盖计划，扩大金融服务的覆盖面。

4. 市场补缺者战略

市场补缺者是避开竞争者而选择空缺市场进行营销的金融机构。市场补缺者竞争战略适用于资产规模小、竞争实力较弱的小金融机构，主要是服务三农的村镇银行、农商行等。这类金融机构由于自身条件较差，需要避免与市场领导者和市场挑战者产生冲突，充分利用大金融机构忽视和放弃的市场来开发新的金融产品或服务。作为市场补缺者的金融机构在选择市场时，要求这些市场必须有足够的市场潜力和购买力，利润有增长的潜力，对主要竞争者不具有吸引力；同时，自身还要具有占有此市场的能力。这类市场的规模不大，通常是大金融机构不愿意从事的业务领域，但对于村镇银行这种小金融机构来说，这些市场不仅能带来稳定的利润，而且风险较小。一方面，村镇银行具有良好的地缘优势，因此可以因地制宜，根据当地农村市场需求来设计产品和服务。同时，村镇银行员工的本土化，信息不对称程度相对大银行而言较小，风险识别能力较强，使其在针对农村经济为主体的金融活动中获得比大银行更大的安全盈利空间。另一方面，村镇银行具有较强的潜在盈利能力。村镇银行不承担国家政策性业务，无历史包袱，很少受政府干预，因此资产质量较好，盈利潜力较大。其主要服务于三农，注重针对农户的中小规模贷款质量，弥补了其他农村金融机构的业务空缺，而且这类贷款期限短、利率低，回收也较快。

案 例 分 析

案例 4-1　中国工商银行贵州兴义分行基于 STP 战略提升个人客户市场竞争力

客户是银行业务发展和壮大的基础，随着中国工商银行贵州兴义分行（下称"兴义分行"）的不断发展，其对黔西南布依族苗族自治州（下称"黔西南州"）的市场占有率不断提高，与此同时，其拓展新客户的成本和难度也持续增大。进一步挖掘市场潜力，寻找新的客户增长点，成为摆在兴义分行面前的一个亟待解决的问题。

要解决这一问题，兴义分行需要先根据不同标准对市场进行划分。根据地理因素，可将个人客户目标市场划分为城区市场、县域市场、乡镇农村市场。城区市场：兴义分行客户拓展的主场，也是进驻黔西南州的金融机构首选的网点布局区域，是各家金融机构着重经营的重要区域，市场竞争激烈。县域市场：兴义分行在兴义市以外的七个市（县）分别设立一级支行，各级支行分别下辖一个营业网点。除兴义市外，七个市（县）2020 年GDP 合计对黔西南州贡献占比达到 64%，超过城区市场，可见县域市场同样不能忽视。乡镇农村市场：黔西南州内只有农村商业银行和邮政储蓄银行在乡镇、农村设立网点，但2020 年，黔西南州内乡村居住人口达 162.42 万人，现有金融服务已无法充分满足农村客户的金融需求。乡镇农村市场潜力巨大。

根据客户群体的收入类型，可将个人客户目标市场分为无收入客户市场、稳定收入客户市场和其他收入客户市场。无收入客户市场指暂无收入的客户群体，在此市场主要考虑以学生群体为主的潜在客户。绝大多数学生暂未步入社会，对金融服务的需求有限，且日常生活开支不大。因此虽然多数金融机构都将学校作为优质的对公客户大力营销维护，但是往往忽略学生群体。稳定收入客户市场以公职人员、企事业单位职工等客户群体为代表，这类客户普遍具有良好而稳定的收入水平和较高的受教育水平，其对存贷款、代发工资、理财等业务均有较大的需求且风险可控，为各类银行重点营销的客户群体。其他收入客户市场包含了低收入客户和高净值客户，不同群体的金融需求不同，银行所需采取的营销策略也不同。

在对市场进行划分后，需要分析自己在各个市场的发展空间，从而找到合适的市场。在新客户拓展方面，可尝试向涉足较少的空白领域进行拓展。一是乡镇农村市场。2020年黔西南州乡村居住人口为162.42万人，占全州常住人口的53.87%。2020年，无论是各项存款还是储蓄存款，农村商业银行的存款规模均远超其他金融机构，排名第一，原因在于农村商业银行的网点布局广泛，深入乡镇农村，获取了其他金融机构难以接触的业务资源。二是无收入客户市场中的学生市场。2020年，黔西南州内高等学校和中等职业学校在校生共计52773人，普通高中在校生91086人，这部分学生将在未来五年内陆续进入社会，并会大概率成长为优质客户。银行如果能够在客户的学生阶段通过良好的产品和服务体验获得客户的认可，那么，客户走出校园后也将对该银行的产品和服务具有较强的黏性。因此，银行应加强对学生市场的重视和研究，应将学生市场作为个人客户的新增长点。

资料来源：刘雅获，贺江波.基于STP战略视角的全量个人客户市场竞争力研究——以中国工商银行贵州兴义分行为例[J].现代金融导刊，2021（9）：74-77.

思考：

1. 案例中体现了STP战略的哪几个步骤？
2. 案例中，中国工商银行贵州兴义分行在选择目标市场时考虑了哪些因素？
3. 根据以上分析，你对中国工商银行贵州兴义分行的目标市场定位有哪些建议？

本 章 小 结

（1）STP战略分析有三步，即市场细分、选择目标市场、市场定位。实施STP战略的意义主要包括四点，即竞争的需要、形象的需要、利益的需要、向客户提供优质服务的需要。

（2）金融机构的市场细分是指金融企业按照客户的需求、爱好及对金融产品的购买动机、购买行为、购买能力等方面的差异性和相似性，运用系统方法把整个金融市场划分为若干个子市场。市场细分有两个约束条件：第一，客户需求的差异性；第二，客户需求的相似性。

（3）市场细分的原则主要有四个，即可入性、可量性、经济性和差异性。

（4）金融市场的细分策略主要分为三种，即无差异市场营销策略、差异市场营销策略和集中市场营销策略。

（5）目标市场是指金融机构为满足现实或潜在的客户需求而确定的将要进入并重点开展营销活动的若干细分市场。确立目标市场主要有三个原则，即金融产品和服务的对称性、有较大的购买潜力和有较大的竞争优势。

（6）市场定位就是根据所选定的目标市场竞争状况和金融企业的内部条件，确定自身在目标市场中的竞争地位，从而确定自己的产品如何接近客户的营销活动。通过为自己的产品创立鲜明的特色和个性，从而塑造出独特的市场形象。

（7）市场定位的战略主要包括市场领导者战略、市场挑战者战略、市场追随者战略和市场补缺者战略四种。

▶ 关键概念

市场细分　目标市场　无差异市场营销策略　差异市场营销策略　集中市场营销策略　市场定位　市场领导者战略　市场挑战者战略　市场追随者战略　市场补缺者战略

综 合 训 练

一、填空题

1. STP 战略分析由三个步骤组成＿＿＿＿、＿＿＿＿、＿＿＿＿。

2. 市场细分的原则有＿＿＿＿、＿＿＿＿、＿＿＿＿、＿＿＿＿。

3. 市场定位的战略包括＿＿＿＿、＿＿＿＿、＿＿＿＿、＿＿＿＿。

二、选择题

1. 市场细分是根据（　　）差异对市场进行的划分。

　　A. 买方　　　　　　　　　　　　B. 卖方

　　C. 产品　　　　　　　　　　　　D. 中间商

2. 划分城镇市场和农村市场，其划分标准是（　　）。

　　A. 人口因素　　　　　　　　　　B. 地理因素

　　C. 心理因素　　　　　　　　　　D. 行为因素

3. 下面（　　）营销策略的最大优点是成本的经济性。

　　A. 差异市场　　　　　　　　　　B. 无差异市场

　　C. 集中市场　　　　　　　　　　D. 分散市场

4. 最适合实力不强的小金融机构采用的目标市场策略（　　）。

　　A. 无差异市场营销策略　　　　　B. 差异市场营销策略

　　C. 集中市场营销策略　　　　　　D. 大量市场营销策略

5. 集中市场营销策略是（　　）。

　　A. 对整体市场设计并生产销售一种产品

　　B. 对某一个或少数几个细分市场进行针对性生产与销售

　　C. 对不同细分市场全面进入

　　D. 整体市场中的大多部分市场采取分割营销

6. 市场定位是把企业产品在（　　　）确定一个恰当的地位。

    A. 市场的地理位置   B. 产品质量上

    C. 顾客心中   D. 产品价格上

三、问答题

1. 简述目标市场和定位策略的内容和步骤。

2. 举例说明常用的市场细分分类。

3. 简述三种目标市场策略。

第 5 章
金融机构的客户经理制

▰ 学习目标

通过本章的学习，掌握客户经理制的概念和了解客户经理的职责；了解金融机构实行客户经理制的意义；掌握商业银行客户经理制、证券公司客户经理制、保险公司客户经理制的概念、职责及意义。

▰ 开篇导读

疫情无情人有情。2022 年 11 月，当内蒙古自治区遭遇严峻疫情时，中国邮政储蓄银行股份有限公司（下称"中国邮政储蓄银行"）内蒙古分行小微企业部的客户经理第一时间对接企业，坚决贯彻落实"疫情防控金融服务不断档"的要求，面对企业潜在资金需求，迅速提出"一企一策"方案，前中后台建立"快审、快批、快办"绿色审批通道，解决无法提供资料、面签等难题，仅用 5 天成功办理延期还本业务 500 万元，及时为企业注入金融"暖流"，力保市民疫情时期"菜篮子""米袋子"有效供给，全力帮助小微企业纾困解难。在此期间，客户经理为小微企业提供特事特办、急事急办的绿色通道，已办理及预办理延期还本贷款金额累计近亿元。

由此可见，在关键时刻，银行的客户经理起到了关键作用，这都归功于客户经理制的建立与发展。本章将全面介绍银行等金融机构的客户经理制。

5.1　客户经理制的基本知识

5.1.1　客户经理制的概念

客户经理制是金融机构通过选聘客户经理，对客户关系进行管理和维护的经营管理模式。客户经理需要与客户建立全面、明确、稳定的服务对应关系，销售金融产品，并为客户提供优质、高效的金融一体化服务，从而实现客户资源配置优良化、推进金融服务商品化、增强金融企业竞争实力。

客户经理制是金融机构服务理念和业务经营管理机制的创新，是稳定和扩大优质客户群体的有效手段。实施客户经理制的实质和根本目的是一切从客户和市场的有效需求出发，建立"以市场为导向、以客户为中心、以增强营销能力为动力"的市场营销服务机制，且通过培植一个庞大、稳定的优质客户群体，实现金融机构效益最大化。

以中国商业银行客户经理制为例，随着中国与国际金融市场逐渐接轨以及商业银行对客户关系管理的全面展开，1995年，中国农业银行广东顺德支行首次实行客户经理制，其产生的影响和现实意义非同凡响。随后，中国建设银行厦门分行于1997年推出了客户经理制，紧接着国内各个商业银行亦纷纷实行了客户经理制。中国银行于1998年成立了从事客户开发的公司银行部、金融机构部和私人银行部。1999年，中国农业银行、中国建设银行、中国银行等国有商业银行和中国光大银行股份有限公司（下称"光大银行"）、华夏银行股份有限公司（下称"华夏银行"）等股份制商业银行相继制定了《客户经理管理办法》，全面推行客户经理制。此后，客户经理这一岗位名称在中国的金融机构流行起来。

5.1.2　客户经理的职责

一般来说，金融机构的客户经理，是指在金融机构营销过程中，利用其资源和营销手段，满足特定客户的需求、给客户提供多层次、全方位业务的服务者，是金融业务的拓展者和金融产品的营销者。客户经理的职责包括寻找与接触客户、收集和传递信息、分析研究市场、建立与客户的关系、对客户进行售后服务和动态监控。归纳起来就是"六员一体"，即联络员、服务员、理财员、情报员、推销员和监督员，详见图5-1。

图 5-1　客户经理的职责

（1）联络员。客户经理是客户与金融机构之间信息互通有无的桥梁和纽带。客户经理需要主动寻找客户，通过各种渠道与客户建立业务联系，向客户营销、推介金融机构的所有产品和服务；同时还需要收集客户的各类需求信息，把握客户需求变化趋势，并及时反馈给金融机构，以帮助金融机构进一步改进产品与服务。

（2）服务员。客户经理是金融机构对外服务的"窗口"，而客户则像一面"镜子"，直接反映出金融机构服务工作的优劣。客户在金融机构办理的每一笔业务，都需要金融机构所有相关部门通力协作，客户经理有责任协调内外部关系，协助并引导客户，使每一笔业务可以快捷、顺畅地办理，最大限度地使客户满意，减少客户投诉。

（3）理财员。客户经理要全面研究客户的现实情况和未来发展，主动发现客户对金融业务的潜在需求。一方面，根据客户现实需求，推荐业务并与客户探讨业务合作方案，把客户的需求与金融机构的产品有机地结合起来，提供至少两个方案供客户选择；另一方面，合理分析未来发展情况，根据客户现有业务量、未来发展、可能带来的综合业务收益，定期对客户价值做出判断和评价，对客户进行综合评价并提出业务建议。

（4）情报员。客户经理要随时收集目标客户的各种信息，包括财务信息、生产信息、销售信息、管理资源信息、行业和产品市场信息等。对收集到的资料进行整理，及时录入客户信息管理系统，以此为基础建立和不断补充客户信息档案，保证客户信息档案的真实性、完整性和连续性，为金融机构营销决策提供可靠依据。

（5）推销员。客户经理要善于发现客户的金融需求，有针对性地向客户推荐其所需的金融产品和服务，争取客户的订单，建立、维持与客户长期且稳定的密切关系。客户经理营销金融产品可采取适时宣传、公关关系、金融产品博览会等方式，宣传金融产品，激发客户的潜在需求和购买欲望。对客户新的金融需求，要及时向有关部门报告，研究探索为其开发专用金融产品的可能性和现实性，做好金融产品研发部门的参谋。

（6）监督员。客户经理在做好金融产品售前、售中和售后服务工作的同时，还要反馈客户的动态信息，密切监测客户风险，发现问题，及时提出解决建议和方案并报告相关部门，防范金融风险。一方面，客户经理会监督金融机构是否有欺骗客户的条款和条例；另一方面，客户经理需对客户提交的各种信息和材料负责，监督客户是否存在违规操作金融产品或者对金融产品使用不当的行为等。

5.1.3 金融机构实行客户经理制的意义

金融机构实行客户经理制是金融机构服务方式和营销理念的重大变革，客户经理制已经成为金融机构进行市场营销和客户拓展的主要模式，对于金融机构的经营和发展有着重要意义。

1. 加速向客户中心论转变

金融机构推行客户经理制是对传统金融机构文化、价值导向以及经营理念的革新。这种变革，既体现了客户是金融机构业务活动的核心，又体现了金融机构在营销活动中提倡以人为本的团队精神。

以中国城市商业银行（下称"城商行"）为例，中国银行业协会（China Banking Association）发布的《城市商业银行发展报告2022》一文指出，2021年，城商行坚决贯彻落实党中央、国务院疫情常态化防控要求，落实省、市疫情防控工作决策部署，响应监管部门相关工作指导意见，积极应对复杂的疫情防控形势，全力保障各项金融服务畅通有效，为抗击疫情贡献了金融力量。持续强化对特定弱势群体的普惠金融服务力度。城商行进一步针对城镇下岗职工、大中专创业人员、贫困农户以及老年客户等特殊群体提供相应周到的服务，满足弱势群体的金融服务需求。始终坚持"以客户为中心"的服务理念，持续提升客户体验。

2. 更好、更全面地为客户提供金融服务

实行客户经理制，有利于金融机构充分、合理地运用并开拓客户资源，优化客户资源

的配置。可以有效、及时地将市场信息和金融机构信息传达给客户，并作为专业人员针对客户状况给予专业的指导，进而扩大金融机构的经营范围；金融机构可以根据市场和客户需求的变化及时调整经营行为，把握市场服务对象信息，从而更好地满足客户多样化需求。客户经理制使金融机构为客户提供的服务更加全面和专业，充分发挥客户经理的桥梁作用，把客户和金融机构二者紧密联系起来。例如，中国人民保险集团股份有限公司（下称"中国人保"）与某网约车龙头企业共同开展司机专属商业养老保险计划；中邮人寿保险股份有限公司（下称"中邮人寿"）则结合自身特色，推出快递员专属意外保险产品，为快递员等新市民群体提供全方位保险解决方案；众安在线财产保险股份有限公司（下称"众安保险"）推出为餐饮服务、教育培训、IT互联网等多种行业的灵活就业人群设计的专属保险产品，支持用户按天投保等。

3. 有利于金融产品推陈出新

一方面，在市场竞争加剧、金融产品同质化的今天，金融机构面临的主要竞争对象是同一客户群体，而随着中国监管体系的不断健全和放宽，外资银行开始逐步进入中国市场。因此，金融机构要想适应当前的发展形势，适应市场发展的需要，就必须在各个领域进行创新。

另一方面，采用客户经理制，可以改变当前金融机构柜台交易决策中单一的信息传递方式。随着金融行业的发展和变革，金融机构客户的金融需求和满足需求的方式也日益多样化，这就需要金融机构客户经理积极搜集客户资料，及时发现客户需求。金融机构可以针对客户需求，不断开发新产品，有利于金融机构调整业务结构，研发并推出个性化金融产品。

4. 有利于金融机构培养营销人才

由于客户经理工作的特殊性，道德素质、业务能力、沟通能力和心理素质都是其必须具备的。一位出色的客户经理必须具备全面的财务知识，对各种金融机构传统业务、新兴业务了如指掌，同时具备较强的团队协作能力。实行客户经理制，有利于金融机构培养一支具备现代市场营销理念、善于运用市场细分、目标客户管理等营销手段和技巧进行客户管理和金融产品营销的客户经理队伍。金融产品趋于同质化，金融机构之间的竞争就主要体现在客户经理的素质和能力上。例如，光大银行持续深耕线下业务，充分发挥银行线下网点的传统渠道优势，推动"厅堂融合"，重塑网点运营模式；同时，推进理财经理队伍建设，提升各层级客户经理的专业能力，通过线下网点为客户提供更专业、更具个性化的服务体验，满足客户多层次财富管理需求。通过深耕线下业务，光大银行财富管理专业能力与渠道代销能力得到有效提升。

5.2 客户经理制的实践

近年来，中国金融机构为适应客户需求多样化和个性化趋势，顺应新常态下市场供求关系，纷纷建立了以客户经理制为中心的营销体系。接下来，将以商业银行、证券公司、保险公司为例，具体介绍客户经理制的制度框架。

5.2.1 商业银行客户经理制

1. 商业银行客户经理制的概念

商业银行客户经理制是商业银行在以客户为中心的经营理念指导下，为规范和完善商业银行市场营销和客户服务行为、适应市场需要而推行的运作机制。客户经理作为商业银行对外的业务代表，负责开拓市场，全面了解客户需求，并向其营销金融产品，争揽业务，同时协调、组织全行各有关专业部门为客户提供全方位金融服务，在主动防范金融风险的前提下，建立、保持与客户的长期密切联系。

2. 商业银行客户经理的分类

根据业务对象和能力的差异，可对商业银行客户经理进行不同的分类。

1）按照业务对象划分

按照业务对象划分，商业银行客户经理可分为零售客户经理、对公客户经理、理财经理、信贷客户经理、大堂经理和产品经理。

（1）零售客户经理是指在商业银行从事个人客户开发、客户管理和维护、产品销售、市场拓展等工作的人员。

（2）对公客户经理是指具备相应任职资格和能力，从事商业银行对公客户关系管理、营销方案策划与实施，为行政企事业单位提供存款、支付结算、代收代付等金融服务的营销人员。

（3）理财经理是指具备相应任职资格和能力，从事商业银行个人客户关系管理、营销方案策划与实施，为个人客户提供各种财务分析、规划或投资建议以及销售理财计划及投资性产品的营销人员。

（4）信贷客户经理是指在商业银行从事信贷客户开发、客户管理和维护、产品销售、市场拓展等工作的人员。

（5）大堂经理是指在商业银行网点识别并引导客户、挖掘优质客户资源、推介、销售金融产品、提供业务咨询和服务的营销人员。

（6）产品经理是指负责组织商业银行某一金融产品或产品线的创新设计、生产营销、管理服务和实施工作的营销人员。

2）按照能力的差异划分

按照能力的差异划分，商业银行客户经理可分为资源型客户经理、专家型客户经理和复合型客户经理。

（1）资源型客户经理有深厚的人脉关系和优质的客户资源，善于处理与客户的关系，但业务知识和产品操作技能有待提高，往往需要和专家型客户经理合作来开拓客户。

（2）专家型客户经理精通商业银行产品，尤其熟悉授信产品，对各类银行产品创新使用能力较强，精通各类商业银行产品的交叉使用，但需要积极培养管理和开拓客户的能力。

（3）复合型客户经理既能很好地处理客户关系，也能掌握商业银行产品的操作方法，业务知识较全面，精通资本市场、法律、会计和互联网等领域的知识。有大量的客户资源，是全能型人才。

3. 商业银行客户经理的职责

商业银行客户经理的任务是拓宽银行客户范围、提高客户质量，是商业银行与其客户进行联系的纽带，其战略性作用是确保商业银行业务和客户需求之间实现最佳的结合，以提高客户的忠诚度，并增加银行利润。客户经理的具体职责在不同的银行有所不同，这取决于每家银行的客户管理战略。商业银行客户经理的职责包括：负担客户的职责和负担商业银行的职责，具体如表 5-1 所示。

表 5-1　商业银行客户经理的职责

负担客户的职责	负担商业银行的职责
根据客户需求，与客户探讨业务合作方案，有效地组织客户与银行产品部门之间进行业务交流，把客户的需求与银行的产品有机结合起来	调查客户需求，分析市场形势，主持或参与金融产品和服务的创新活动
主动寻找客户，通过各种渠道与客户建立业务联系	收集客户相关信息，包括技术信息、生产信息、销售信息、管理资源信息、行业和产品市场信息等；对收集到的信息进行整理，以此为基础建立并管理客户档案
向客户营销、推介银行的产品和业务	撰写关于客户或行业的综合评价报告及营销分析报告，供业务决策及营销控制部门参考
负责做好产品售后服务工作，及时发现双方合作中出现的问题，及时掌握客户的动态信息，对客户的经营状况进行动态监控并及时提出建议报告	根据银行与客户合作方案写出业务建议报告和营销风险控制报告；对银行风险控制部门、相关产品作业部门和综合管理部门提出的问题或要求，及时作出回答
银行与客户发生业务关系，客户经理负责客户的日常管理，积极协助产品作业部门为客户提供服务	负责贷款及其他授信业务的前期调查和后期管理，采取必要措施防范、控制和化解业务风险
研究客户的现实情况和未来发展，发掘客户对银行产品的潜在需求，并根据客户的需求与客户探讨业务合作方案	拥有客户调查权和业务建议权，需对提交的各种信息、客户材料、业务建议和工作报告的真实性、有效性负责
定期拜访客户，维系与客户的良好关系。根据客户现有业务量、未来发展和可能带来的综合业务收益，定期进行价值判断	承担并完成规定指标以上的存款、结算、贷款、客户开发、贷款质量和贷款收息等各项任务；处理或协助相关部门处理与客户有关的业务纠纷

资料来源：范云峰，张长建. 银行营销 [M]. 北京：中华工商联合出版社，2012.

4. 商业银行实行客户经理制的意义

客户经理制的建立是现代商业银行在金融管理制度上的创新和经营理念的提升，也是现代商业银行演绎过程中对客户提供金融产品和金融服务方式的重大变革。客户经理制为商业银行业务经营注入了新的活力，它必将对商业银行经营管理水平的提高产生巨大的推动作用，成为商业银行赢得市场竞争的重要"法宝"。商业银行客户经理以其具有的综合性、服务性、专业性特质，为不同客户提供个性化、精细化的贴身服务，在业务拓展中发挥着极其重要的作用。其作用主要表现在以下四个方面：

（1）有利于商业银行提高信贷资产质量。客户经理与信贷员的职责差异之一在于，客户经理作为贷款第一责任人，其责任更重要。这就要求客户经理必须保证搜集的信息尽可能地全面、真实反映客户情况，同时在决定贷款之后，负责贷后的跟踪，及时反馈和解决异常情况，从这个角度来看，贷款质量就有了保证。商业银行客户经理的首要职责是精选优秀客户群或优秀项目，只有了解和熟知客户需求，才能为客户理财、当参谋，这是保证商业银行资产质量进行"超前干预"的重要举措。

（2）有利于满足客户需求。为推销商业银行各种金融产品和服务，客户经理身兼二职，充当金融产品的营销者，具有"双面效应"。对商业银行来说，客户经理凭借丰富的金融知识和敏锐的市场洞察力，经过反复的市场调研，熟悉客户的要求和想法，快速传递市场信息，及时向研究部门和管理部门反馈信息，不断设计适销对路的新产品和业务，以更贴合的方式来开拓和占领市场。对客户来说，商业银行设计新产品的最终目的，是满足客户需求。所以，客户经理向客户积极主动地推销银行研发的产品，使其得到全方位的服务。于此，客户经理又发挥着商业银行与客户之间的传播媒介的作用。通过客户经理的工作，增强资源使用的方向性，建立一个相对稳定且素质较高的客户群体，加快银行产品的创新及进入市场的节奏，最终为银行创造更大的、更加可以把握的效益。

（3）有利于商业银行提高竞争能力，扩大市场份额。客户导向是指商业银行为客户提供高质、高效、便利、快捷的服务，将客户的主体地位完全体现出来，使客户满意。商业银行为了增加利润，必须推行整体营销活动，把握市场服务对象的信息，捕捉优秀客户群，壮大资金营运实力。客户经理是商业银行营销活动的主力，因此，客户经理制的实行，对商业银行市场营销的推进产生重要的影响。

（4）有利于商业银行提升创新意识，推动业务创新。在传统银行业务营销阶段，商业银行之间的金融产品与提供的服务没有非常明显的差别，但在推行客户经理制的情况下，银行可以第一时间了解到客户的需求，这是开展经营业务、推出新型金融商品的巨大良机。在银行同质化的情况下，银行面临着同业与非同业机构所带来的竞争压力，实行客户经理制，使银行有强大的动力来提高金融产品和服务的创新意识与能力，促使商业银行开发收益高、风险低的金融产品来吸引客户，推动经营业务的多元化、全面性发展；使商业银行不仅将目光关注于存贷款规模与成交量的扩大，也注重推广优质服务与产品。发展客户经理制，利用客户经理丰富的业务经验，进行有利于商业银行自身和客户需求的双边发展，是客户经理制度发展的必然趋势和现实所需。

5.2.2 证券公司客户经理制

1. 证券公司客户经理制的概念

证券公司客户经理制是指以市场为导向，以客户为中心，以客户经理为主体，为客户提供多功能、全方位、综合性证券服务的一种市场营销组织管理体系，也是联系前后台的重要枢纽，涉及证券公司业务、管理和支持等多个方面。

1993 年，在证券商分布相对集中、证券公司发展比较充分的深圳特区，由于经纪业务的竞争日趋激烈，许多证券营业部的营销理念开始由"坐商"向"行商"转变，客户开发、管理与服务越来越受到重视。在这种背景下，一些证券营业部开始试行集客户开发与服务于一体的客户经理制。客户经理制虽然在各证券营业部之间有所差异，但基本包含以下两点内容：一是以客户经理为中心，实施客户开发与日常交易管理；二是以客户经理为基本考核单位。随着资本市场的发展，以及证券市场相关法律制度的健全，证券公司之间的竞争越来越激烈，营销工作在证券公司经营活动中的作用也越来越重要。

2. 证券公司客户经理的管理模式

证券公司营业部将客户经理的管理模式分为两种，一种是依托公司研发团队的客户经理管理模式；另一种是单一的客户经理管理模式。具体内容如下：

1）依托公司研发团队的客户经理管理模式

依托公司研发团队的客户经理管理模式虽然没有将客户经理和研发人员整合为团队，但是要求研发人员面向一线，充分配合客户经理的市场开发工作，提供专门的报告或者业务支持。营销团队每人每月都有新开发客户数量和新开发客户资金量的任务要求。由团队整体进行维护，团队中每个客户经理都可以对团队所拥有的客户进行交易指导，研发人员主要是公司总部的二线人员。他们负责向营销团队提供过去的市场总结分析报告，以及当天的市场行情研判、个股投资分析报告，对未来市场和个股预期的分析报告。保证报告传达到每个客户经理，使他们能够尽快掌握最新的资讯，在开发或维护客户时能够尽力解答客户提出的问题，树立在客户心目中的形象和口碑。

2）单一的客户经理管理模式

单一的客户经理管理模式只依靠一线客户经理团队或个人来完成开发客户和维护客户的任务，公司研发部门不提供专门报告。客户经理日常也需与潜在客户和老客户联系，动员客户到公司开户，指导客户交易，还需要一定时间研读公司研发部门发布的分析报告，做出对客户最有利的判断。客户经理团队中每一个成员每月都有新开发客户数量和资金量的任务指标，而且每个客户经理需要对自己开发的客户进行维护，向客户提出投资建议。这种单一的客户经理管理模式在证券公司营销中发挥了一定的作用，但是对于客户经理本身而言，工作量繁多，压力较大。

3. 证券公司客户经理的职责

证券公司客户经理在证券交易中从事的是中介业务，他们的职责总的来说是代理客户买卖证券，具体职责详见表 5-2。

表 5-2　证券公司客户经理的职责

职　责	内 容 描 述
定期与客户进行沟通和联络，维护客户与公司之间的业务信息与需求信息	1. 时刻关注客户的需求动态，做好售后服务工作和维护客户关系，定期拜访客户； 2. 根据客户投资收益情况，定期对客户价值做出判断，注重与客户进行沟通和协调，彼此形成互相信任的关系，增加客户对证券公司的满意度和忠诚度
不断地向客户推销公司所有的产品和服务	1. 根据客户需求的变化，寻找客户需求与证券产品和服务的结合点，开发客户的潜在需求； 2. 运用各种营销手段与技巧，让客户从使用证券公司单一业务向使用综合业务发展，提升客户关系的价值

职　　责	内 容 描 述
负责收集客户的各种信息	收集客户需求信息、财务信息等，并对收集到的信息进行分类整理，将其归入客户资料档案；将客户财务等方面的信息传递到证券公司相关部门，以便公司全面整合客户资源
主动寻找目标客户，负责开发新客户	学会并善于运用各种营销技巧扩大客户群体
负责客户前期调查	1. 初步评价产品设计方案，提出业务建议，提交关于客户的各种信息资料、综合服务方案和价值评估报告等方面的文字材料； 2. 与其他部门积极主动进行关系协调； 3. 在与客户沟通中发挥促销功能，积极宣传证券公司文化与理念，为公司树立良好的社会形象

资料来源：张存萍．证券投资客户经理（经纪人）岗位实训 [M]．北京：电子工业出版社，2008.

4. 证券公司实行客户经理制的意义

客户资源是证券公司生存和发展的生命线，证券公司客户经理是证券公司最接近市场和客户的人员，是有效营销证券公司产品的人员，是为证券公司获得市场、赢得客户的重要力量。证券公司实行客户经理制的意义如下：

1）有利于证券公司运作

首先，可以扩大证券公司的规模，让证券公司客户经理成为一个令人向往、值得终生奋斗的职业；其次，对广大投资者来说，在证券市场日益复杂化、专业化的情况下，利用证券公司客户经理可以有效地增强投资者投资、理财的意识和能力；最后，对证券公司来说，完善客户经理制度，回到市场营销的原点，有利于全面的财务转型，提高市场竞争力。

2）有利于适应证券市场的竞争发展

随着产品创新和制度创新的不断涌现，证券市场的竞争越来越激烈。为了适应迅速发展的证券市场，证券公司必须依托一流的研究成果、高水准的咨询服务、出色的证券客户经理服务，逐步形成一个高层次、高实力、高服务的竞争格局。培养高素质、有能力、专业的复合型证券客户经理队伍，是券商在激烈的市场竞争中不断发展的必然趋势。

3）推动证券行业良好发展

近年来，中国证券市场顺利地进行了一批重大的改革，如股权分置改革、证券公司综合治理、资本市场法治建设等。中国证券市场的股票、债券、期货、衍生工具等方面都有很大的发展空间，证券公司客户经理可以进行多种形式的营销和交易，使中国股票市场成为一个具有国际竞争力、高效率、多层次的开放型市场。此外，具有丰富的客户群和优秀的客户资源、具备专业素质的客户经理将会成为促进证券公司发展的一支重要力量。

5.2.3　保险公司客户经理制

1. 保险公司客户经理制的概念

保险公司客户经理制，是指保险公司指定专人对其联系的客户提供全方位、综合性保险服务的一种全程式服务形式。简而言之，保险公司的客户经理要直接面对客户，全面负责协调处理客户与保险公司之间所有的业务关系，直接往来于客户与保险公司之间。这期间既不需要第二者参与，也不需要客户与保险公司之间的任何其他环节。该客户经理既是保险公司的对外代表，又是客户需求的代言人和客户业务的代理人。通过全程式跟踪服务，充分发挥出这种机制在保险公司与客户之间的直接作用，从而达到保险公司与客户之间相互配合、优势互补，实现双方利益共存的目的。

2. 保险公司客户经理的职责

保险公司客户经理的职责包括根据客户的要求为客户提供专业的保险知识咨询和服务；推荐保险种类及相关理财产品并制定保险方案；定期接受专业保险业务辅导和讲座；参保客户的后续服务工作等，具体职责如下：

（1）负责保险产品的销售，协助保险公司进行保险损失的鉴定和索赔工作；

（2）宣传保险知识、讲解条款、评价商品、分析个人理财需求；

（3）为客户设计和制订保险计划，帮助客户选择适合自己的保险产品；

（4）协助客户完成有关的保险事宜；

（5）为客户提供良好的售后服务，以满足客户的需求；

（6）定期对老客户进行回访，保持潜在客户的稳定；

（7）在投保人出险后，帮助投保人向保险公司索赔。

3. 保险公司实行客户经理制的意义

随着中国保险市场的日趋完善和发展，保险公司逐步建立起专业化、市场化、科学化管理的运行机制，特别是保险经营方式由传统的服务模式向更新的服务机制转变。这是适应当前保险市场激烈竞争的自然发展趋势。因此，创新保险服务机制、实行客户经理制、建立起崭新的保险业服务模式是必然的。

1）提升保险业的服务质量

保险公司通过客户经理模式的运作，积极保持和发展与特定客户的关系，广泛推销保险产品和服务，随时随地发现和满足客户要求和需要。对客户的信息进行全面的收集，并及时地进行客观准确的传达、反馈，使公司内部有关部门、有关人员能够准确地了解客户情况，做出积极主动的反应，并提供出有针对性和可行性的保险服务。保险业务和产品必须经过市场的考验，得到广大消费者的认同，才能在保险市场上成功销售，从而使保险公司的业务得以持续发展，获得持续利润。要达到上述目的，保险公司和客户经理就必须从多角度、全方位提升自身的保险服务，争取在同业、同类产品中提供更好的服务，提高保险公司的经济效益。

2）增强保险的供给能力

保险公司客户经理拓展了保险公司在保险市场上的业务空间，弥补了保险公司营业网点少、展业人员不足的缺点，通过"多渠道、广代理"的方式，扩大了保险承保范围，满足了社会的保险需求，在客观上提高了保险公司的供给能力，方便了客户购买保险，满足了客户需求，让客户的每一项业务都能迅速、准确、通畅地完成，促进了保险业务的发展。

3）提高保险公司的经营管理水平

随着社会经济的日益发展，各种新的、更为复杂的保险需求不断涌现，保险公司客户经理在营销过程中接触的客户多、信息灵通，有助于保险公司全面、迅速地了解整个保险市场的发展趋势，使保险公司在激烈的市场竞争中站稳脚跟。保险公司通过客户经理对市场信息进行分析，不断完善各种保单、保险条款及经营策略，以适应市场变化，最终提高保险公司的服务水平和自身的经营管理能力。

4）增强潜在客户的消费意愿

现实中大多数家庭在面临未知风险时会选择将保险作为避险的金融工具，因此每个家庭的成员都是保险的潜在客户，然而这些潜在客户意识不到自己对保险的需求。保险公司客户经理是最接近潜在客户的市场营销人员，一方面在销售过程中可以接触到更多的潜在客户，能够更好地掌握客户的需求，针对客户的需求设计不同的产品，促进保险新业务和新产品的研发；另一方面也可以通过其专业知识以及营销能力来吸引更多的消费者，扩大基础客户的基数。

案 例 分 析

案例 5-1　同舟共济扬帆起　客户经理护航行

平安银行股份有限公司（下称"平安银行"）服务小微型外贸企业的发展之路一直走在行业前列，早在 2016 年，就运用某数据公司的外贸数据，根据出口退税的平均余额为客户提供免退税款质押的信用贷款，额度高达 500 万元，企业级纯线上的极速支用体验为提升小微贷款规模夯实了业务基础。同时，平安银行充分利用平安其他子公司在全金融牌照下的大数据获取与运用能力，以及集团下平安商贸、平安科技、平安财产险等的协同能力，共同为小微型外贸企业提供运营支持与金融服务。除此之外，作为离岸牌照的持牌金融机构，平安银行在上海自贸区设立了自贸区支行，在香港设置了香港分行，具备全天候、全路径、全区域为小微企业提供所有支付结算需求的能力，为服务小微企业创造了优越的条件。

2022 年 6 月，平安银行杭州分行客户经理在摸排中发掘到浙江某进出口有限公司有融资需求，该企业是国内知名工艺品出口民营企业，其生产的塑料及玻璃材质的工艺品在欧美各大商超均有销售。客户以其产品质量、产品设计获得了外商的高度认可，单一产品国际占有率达 70%。因公司 2019 年至 2022 年期间均保持销售收入营业利润的高速增长，公司需要在 2022 年下半年增加销售旺季的流动资金储备，以应对大量订单产生的原材料采购需求。客户经理与公司财务初步测算后，企业预计申贷金额 3000 万元。为解客户燃眉之急，帮助客户在疫情期间平稳快速地渡过难关，客户经理充分发挥抵押 E 贷产品审批快、额度高、融资成本低的优势，为小微外贸企业提供定制化融资服务方案，最终给予客户 3080 万元循环类贷款。该笔贷款从上报到审批全流程完成仅耗时 2 日，在内部流程端用短时效跑赢了同业竞争，且客户仅在抵押面签时来一次，高效快捷的流程在客户端亦得到了专业的服务认可。

与此同时，平安银行杭州分行充分发挥综合金融的优势，为企业上门服务开立对公户，为其员工提供平安薪专属代发工资权益，同时叠加汇率避险产品，帮助企业主规避汇率波动带来的贸易风险，多项金融产品齐助阵，带给客户丰富便捷的用户体验。

资料来源：中国银行业协会官网。

思考：

1. 通过平安银行案例，简述商业银行客户经理制的概念。

2. 结合平安银行客户经理，简述商业银行客户经理的职责。

3. 结合以上案例，简述金融机构实行客户经理制的意义。

本 章 小 结

（1）客户经理制是金融机构通过选聘客户经理，对客户关系进行管理和维护的经营管理模式。客户经理需要与客户建立全面、明确、稳定的服务对应关系，销售金融产品，并为客户提供优质、高效的金融一体化服务，从而实现客户资源配置优良化、推进金融服务商品化、增强金融企业竞争实力。

（2）客户经理的职责包括寻找与接触客户、收集和传递信息、分析研究市场、建立与客户的关系、对客户进行售后服务和动态监控。归纳起来就是六员一体，即联络员、服务员、理财员、情报员、推销员和监督员。

（3）金融机构实行客户经理制的意义：加速向客户中心论转变；更好、更全面地为客户提供金融服务；有利于金融产品推陈出新；有利于金融机构培养营销人才。

关键概念

客户经理制　商业银行客户经理制　证券公司客户经理制　保险公司客户经理制

综 合 训 练

一、填空题

1. 金融机构客户经理职责"六员一体"包括_____、_____、_____、_____、_____、_____。

2. 商业银行客户经理制是商业银行在以客户为中心的经营理念指导下，为规范和完善商业银行和_____、_____而推行的运作机制。

3. 商业银行客户经理按照能力的差异可划分为_____、_____和_____。

二、选择题

1. 客户经理制是以（　　　）为中心的营销方式。

　　A. 客户　　　　　　B. 金融机构　　　　C. 监管机构　　　　D. 金融产品

2. 实行客户经理制的意义是（　　　）。

　　A. 加速向客户中心论转变　　　　　　B. 更好、更全面地为客户提供金融服务

　　C. 有利于金融产品推陈出新　　　　　D. 有利于金融机构培养营销人才

3. 证券公司客户经理的职责有（　　　）。

　　A. 定期与客户进行沟通和联络　　　　B. 不断地向客户营销和推介

　　C. 推销公司所有的产品和服务　　　　D. 负责收集客户各种信息

　　E. 主动寻找目标客户　　　　　　　　F. 负责客户前期调查

4. 保险公司实行客户经理制的意义是（　　　）。

　　A. 提升保险业的服务质量　　　　　　B. 增强保险的供给能力

　　C. 提高保险公司的经营管理水平　　　D. 增强潜在客户的消费意愿

三、问答题

1. 简述金融机构客户经理制的概念。

2. 简述金融机构客户经理的职责。

3. 简述金融机构实行客户经理制的意义。

第6章
金融服务营销技巧

学习目标

通过本章的学习，掌握初见客户的营销技巧和维护客户的营销技巧，了解其他营销技巧。

开篇导读

每当客户进入金融机构的大厅，都会有大堂人员来询问需要办理什么业务。当客户说出自己的需求时，他们会首先要求客户填写个人信息，除此之外，在必要时还会对客户进行背景调查。每逢过节，客户还会收到金融机构物质和精神层面的关心。金融机构之所以这样做，最终是想要在激烈的竞争中脱颖而出，因为金融服务营销的确能够帮助客户实现这一切，但在这样一个纷繁复杂、瞬息万变的环境下，如何能够尽可能地提高金融服务营销的效率呢？这正是金融服务营销技巧所要探讨和研究的。

6.1　初见客户的营销技巧

在金融服务过程中，成功实现营销是我们的最终目标。需要注意的是，营销人员拜见客户和维护客户等过程对于营销成功十分重要。本章主要介绍了初见客户的营销技巧、维护客户的营销技及其他营销技巧。

6.1.1　发现客户的技巧

"众里寻他千百度，蓦然回首，那人却在灯火阑珊处。"也就是说，无论是新的营销人员首次开发新客户，还是有经验的营销人员挖掘新客户，都不要舍近求远，而是要从人的社会关系层面入手，详见表6-1。从身边的亲戚朋友和熟人出发，包括开会或者聚会遇到的人，都可以成为自己的潜在客户。而且老客户还可以帮忙找到其他新客户，当然，老客户也可以从中获益。

表 6-1 人的社会关系

血缘关系	如父母子女关系、堂兄关系、表兄关系、叔侄关系、甥姨关系、甥舅关系等
地缘关系	如同乡关系和邻居关系等
业缘关系	如师生关系、同窗关系、同事关系、战友关系、买卖关系、消费关系和事业关系等

资料来源：崔巍．社会资本、信任与经济增长 [M]．北京：北京大学出版社，2017.

6.1.2 第一次与客户沟通的技巧

获得新客户是金融机构的一项主要商业行为。一个金融机构不可能指望无限期地受到同一批客户的青睐，总会有一天，要么是客户抛弃该产品，要么是产品自动退出市场。对于任何一种情况，从长远来看，即使是为了保持现有的商业水平，重新补充新客户也是必要的。新客户主要来自两个方面：一方面是有些新客户因需要而对产品产生兴趣；另一方面是有些新客户虽然熟悉该产品市场，但仅仅是刚了解该公司的产品，客户出于好奇或者抱着尝试的心态而对产品产生兴趣。

营销人员第一次和客户接触，切忌长篇大论，喋喋不休地推荐银行的产品。换位思考一下，没有客户会在还很陌生、不了解的情况下就与营销人员建立信任关系，更不会购买银行的产品，营销人员若一直喋喋不休反倒令客户厌烦。所以，第一次与客户接触，营销人员只是认识和介绍自己，清楚简洁，为下一次有机会谈话打下基础，这样才会引发客户持续交流的兴趣。

6.1.3 语言营销的技巧

在银行推行服务营销的过程中，很多营销人员没有认识到服务营销的内涵和重要性，仅仅把它当成一种工作或者一种机械的命令，缺乏有效的沟通方式和营销技巧。有的人说话硬邦邦，让人感觉不到温暖；有的人说话却让人如沐春风，所以说话是一门技巧，对营销人员来说，更是如此。因此，营销人员和客户打交道，一定要学会察言观色，说话时要了解客户的情绪。

在初见客户时，营销人员需要从客户需求的角度触发金融产品的销售。金融产品从客户接触，引发客户兴趣，进行产品说明，处理客户的反对意见到最后成交，都需要随时围绕客户的需求。金融产品不同于一般的有形产品，在每一次营销的过程中，最重要的便是营销人员能不能在引导客户选择该产品前说出："因为我知道您是'这样'的，所以我认为这个产品适合您。"例如，因为我知道您是个爱孩子又重视孩子教育的母亲，所以我认为这个子女教育的理财计划适合您。

当营销人员有能力说出和客户需求相关的"那句话"前，需要把更多的时间花在了解客户、发掘客户需求这件事情上。通常，客户需求包括两部分，即明确性需求和隐藏性需求。明确性需求指的是客户为了未来理想而产生的理财规划方面的需求。隐藏性需求指的是客户因担心利率太低无法对抗通货膨胀，自己财富缩水而产生的改变需求。这两种需求的创造可以通过与客户的谈话和沟通，以问问题的方式引导出来。其实，很多营销人员常常忽略客户需求的探询过程，在没有对客户进行充分的了解之前就进行产品销售，这样会使客户觉得营销人员只是想卖一个他自己想要销售的产品，而不是客户本身需要的产品，这样反而会增加了销售难度。

6.1.4　个人形象设计与装扮的技巧

信息的巨大化必然带来语言的"缺失症"，这时形象的作用就凸显出来了，形象是最有效的沟通手段。营销人员可以用外在的形象符号和姿态来展示个人的内涵、修养、学识、品位和为人，这不仅会给别人带来愉悦的视觉享受，也会带来经济效益。所以营销人员的个人形象设计与装扮显得尤为重要，如果没有良好的第一印象，你可能会失掉很多表现才华的机会，没有良好的第一印象你会与这次机会失之交臂。例如，银行工作人员的着装统一整齐，这不仅显示了该银行的专业程度，而且表明了该银行的规章制度。营销人员的第一印象十分重要，如果营销人员衣冠不整地与客户见面，客户对营销人员和银行都会产生较差的印象，后续的合作也就可想而知了。所以，营销人员无论何时何地，只要是在工作中，就一定要穿着得体，显示自己的专业素养。

6.2　维护客户的营销技巧

6.2.1　产品推销的技巧

营销人员在销售银行的产品时，不要让客户明显地感觉到推销的痕迹，而要在不知不觉中，让客户了解产品的优势，进而主动购买。这就要求营销人员不仅要熟知金融理财知识及营销理论，学习并掌握客户心理学，也要熟练掌握自己所营销的产品和业务流程。做一个让客户信任的营销人员。

有效的产品说明是成交的一大关键。在产品的说明上，营销人员必须把握三个重点：

（1）产品的特色（Features）。营销人员应该在初见客户时向客户清楚地解说该产品的时间、收益率、风险属性、投资标的、流动性等，不可隐瞒风险，要诚实告知。金融机构通常会对营销人员开展前期的产品培训和营业单位的训练及角色扮演，营销人员要在三分钟左右的时间内，利用产品的 DM（Direct Mail）完整地向客户进行说明。

（2）产品的好处（Advantages）。产品可以带给客户哪些好处？例如，可以对抗通货膨胀，可以降低投资组合的风险，可以增加报酬，可以让资产配置更完整、更有效率等。营销人员在这个阶段应该利用图像化的数据、表格和线状图，以比较和描述的方式让客户了解持有这个产品可能带来的利益。管理者通过角色扮演的练习来训练营销人员使用相关工具说明产品，让所有营销人员对所销售的产品更加熟悉。

（3）产品的利益（Benefits）。产品本身和客户需求是可以连接的优势，即透过产品本身可以满足客户的特定需求。例如，定期定投可以满足客户的退休养老及子女教育需求；黄金投资可以满足客户对贵金属保值的投资需要；期缴保险可以满足未来定额规划的理财需要。因此，营销人员可以对报纸、杂志上的相关报道或文章进行搜集，对人生各个阶段的相关花费和理财需要的关联有深刻的了解，提高自身的沟通能力，执行以客户需求为导向的销售模式。

同时，金融服务广告是产品说明的一种有效手段，其作用主要体现在以下四个方面：

1. 向客户宣传产品信息

金融机构在向市场推出新的金融产品和服务项目时，要想让客户尽可能地了解产品的特性与功能，可以通过广告宣传的方式向客户传递信息，展示金融产品与服务的具体内容，消除客户的疑虑，说服他们建立与金融机构的联系并立即采取购买行为。

2. 激发客户的购买欲望

金融服务具有无形性的特点，客户很难感知它们的存在，而感知上的障碍也很容易引发客户对金融产品与服务的不信任。广告作为一项售前宣传服务工作，应该向客户传递有关产品和服务的相关信息，激发客户的购买欲望，引导客户的购买行为，建立起客户对金融机构的认同。金融服务的无形性决定了广告所展示的重点并非服务本身，而是与该项服务相关的各种数据和信息，以及该项服务的特色和价值所在，这样既能让客户形象感知这项服务的存在，也能了解服务的独特性和价值。

3. 拓宽金融机构的服务渠道

金融服务广告既具有公共性的特点，也具有广泛的宣传效果，不仅能够影响客户对金融产品与服务的认知，还能够对服务中间商的行为产生重要影响。服务中间商位于金融机构与客户之间，是两者信息与服务传递的桥梁，金融服务广告在吸引大批客户的同时，也会对服务中间商产生重要影响，促使其积极与服务供应商取得联系，从而进一步拓宽金融机构的服务渠道。

4. 树立良好的品牌形象

品牌形象的树立是广告宣传的主要目标，对金融机构具有十分重要的作用。金融机构要想拥有良好的品牌形象，不仅要为消费者提供高质量的金融产品和服务，还要通过各种传播媒介进行广告宣传。若金融机构能够经常出现在媒体上，不仅可以提高金融机构的社会知名度，还有助于提高品牌在消费者心中的地位，加强消费者的信赖程度。

但有的时候，营销人员需要开口要求成交。没有实际的产品成交，任何努力终将化为乌有，所以营销人员勇敢地开口要求客户给予购买的承诺是必要的过程。当客户不拒绝或疑问得到解决后，接下来就是客户的成交阶段。营销人员可以直接开口对客户说："如果没有其他问题的话，我们今天就先规划一部分资金来做这个产品。"

6.2.2　建立长期客户关系的技巧

金融机构需要持续经营，因此跟客户的关系也是长期的。所以，不能只是把客户千方百计地拉过来就完全不管，而是要不断地维持和客户的关系。常言道，打江山易，守江山难。实际上，这也适用于客户关系，即找客户易，维持客户难。以贷款为例，不是将款项贷出去就万事大吉了，而是要定期与客户保持联系和沟通，了解客户的最新动向，以防该款项变为坏账。

能向客户提供服务意味着双方合作关系的正式建立。要想使这种关系持续下去，就必须不断地加以维护，即对客户的决策者、组织机构和营销人员的全部销售努力以及双方的合作进展进行全程监控。另外，现有的客户是最好的广告，能有效地扩大营销人员的客户来源。总之，应像培育新客户那样重视客户关系的维护，因为失去一个客户比获得一个客户更容易。

客户面临众多金融机构的诱惑和吸引力，想法随时都有可能发生变化。金融机构对客户关系的维护可采取以下三种形式：

（1）功能维护。金融机构以业务全能化和客户便利化为目标，对现有金融产品的功能进行深度开发和挖掘，使客户感觉常用常新。例如，设计家庭内部成员间相互连接的亲情账户，一号两用，满足家庭理财活动的需要等。

（2）情感维护。美国营销大王吉拉德（Girardi）每月要给他的1.3万名客户每人寄去一封不同大小、格式、颜色的信件，以体现个性化的客户沟通。实际上多数金融产品具有同质性的特点，差别就在于金融机构出售产品前后同时出售了个性化的情感服务。要使客户深切地感受到金融机构的服务如饮甘露、如沐春风，关键是抓住不同层次、不同需求的客户的特性，特别是在他们遭遇挫折或变故时能及时给予朋友式的关爱，其效果远胜于一般的"请吃"公关。例如，客户遇到台风袭击时第一个登门的不是保险服务营销人员，而是带着周密的受损产品处理方案的银行客户经理，会使客户感激不已。

（3）特色维护。金融机构针对不同的客户人群开展不同的维护客户关系的活动。例如，为特色群体的客户开设客户学校，邀请银行家、国际业务专家或保险、证券投资高手来讲授投资理财实务；为符合条件的尊贵客户铺设特事特办、急事急办的"绿色通道"，享受服务内容、产品价格、处理时效上的特殊服务；对所有办理本行各类业务交易量达到一定积分的客户举办新年酒会、青春派对、神州漫游等。

维护客户关系的一个重要方面是提高客户对金融机构服务的满意度。客户的满意度是与客户对服务的期望值联系在一起的，当客户得到的服务超过他的期望时，就会感到满意，否则就会感到不满意。当客户的不满意逐步增大时，就会威胁到金融机构同客户的合作关系。客户的不满意有时不会直接提出来，有时则会通过投诉或不再使用金融产品的方式向营销人员提出来。对于第一种情况，营销人员可通过定期拜访客户的方式对客户的不满意原因进行了解，即通过向客户询问对某项维护的感觉及为什么满意或为什么不满意来获得答案。由于客户一般不愿谈及真实感受，故应注意询问的方式方法。对于第二种情况来说，营销人员必须协调金融机构内部有关部门对投诉尽快作出恰当反馈。

6.2.3　应对客户抱怨投诉的技巧

客户的抱怨是天使的声音，客户的拒绝是购买的初期信号。作为一名营销人员，心理状态的建立是最重要的，把客户的拒绝和反对意见当成销售流程的一环，就不会害怕，更不会去闪躲客户的拒绝。面对客户的拒绝，营销人员要懂得分析客户拒绝的真正原因，站在客户立场上思考，用令客户信服的理由或方式解决问题。因为客户有反对意见不一定代表他不会购买，只是不清楚他是不是真的需要拥有这个产品。所以，处理反对意见的第一步就是先克服心理障碍，想办法解决问题。

客户投诉属于正常现象。只要金融机构营业，难免有客户不满意。如何应对投诉，消除误会的不满和愤怒，将投诉的不良后果降为零，不需要太多的技巧，更多的是以诚心诚意打动客户。当接到客户的投诉和抱怨时，一定要多从客户的角度考虑问题，不要一味地强调金融机构如何，而是考虑客户会怎样，因为让一个客户不满意，就相当于让和其相关的千百个客户不满意，口碑相传，网络流传的威力巨大。

在这个阶段，管理者应该对营销人员这方面的技巧给予适当的协助，把大家所遇到的反对问题进行收集和分类，再给予解决问题的建议和指导；或者管理者无须自己去收集这些问题和找出解决方法，而是通过每周业务会议的时间，针对特定的产品进行分组演练，在演练时要求营销人员从客户角度提出拒绝问题，然后将处理拒绝问题的方式进行汇总，编辑成一系列的问题解决特辑，然后再将成品与营销人员分享。

6.3 其他营销技巧

6.3.1 休眠客户的激活技巧

休眠客户是指在消费程度或者环境等主客观因素发生改变的条件下，对金融机构仍保持着一定的忠诚度并拥有消费增值能力，但对金融机构产品持观望心态，或者消费频率降低，需要金融机构积极开发消费价值，充分激活消费潜力的引导型客户群体。之所以会产生休眠客户，主要是因为金融机构前期销售误导，对产品效果进行夸大宣传，造成客户对产品的期望值过高；金融机构后期对客户维护不积极，对客户关注度不够，没有了解客户需求并根据客户需求对方案进行调整。

1. 主动加强同客户的联系

客户与金融机构之间的关系，是一种相互促进、互惠共赢的合作关系。与优质客户合作，能提升金融机构的服务意识，提高金融机构的管理水平，完善金融机构的服务体系，同时也能给金融机构带来丰厚的利润。保持长期的客户关系，金融机构还可以减少广告支出。客户本身就是一个免费的广告资源，很多人在消费前喜欢听取朋友的意见，觉得比广告更可信。因此，与被动处理抱怨相比，营销人员更应主动地强化同客户的联系。

2. 积极处理客户抱怨

在处理客户抱怨、纠纷的过程中及处理完毕后，营销人员需遵守一些行事准则。

（1）重视客户的抱怨。首先，金融机构应让客户产生这样一种感觉：营销人员在认真对待，而不是敷衍客户提出的各种抱怨，并且抓紧对这些抱怨进行调查，没有采取不负责任的态度，也未拖延时间。其次，金融机构不能对客户说"责任不在我"一类的话，以"客户总是有理的"作为基本原则，给客户以充分的道歉，道歉并不意味着营销人员是错的，而是表明你已了解了他的问题并会积极解决。最后，站在客户的立场上看待客户提出的抱怨。

（2）分析客户抱怨的原因。客户有时候会省略掉一些他认为不重要但实际十分重要的信息，当然也可能是客户故意隐瞒，此时营销人员要学会判明这些信息。在证实客户所说的话的真实性之前，不要轻易下结论。即使责任出在客户一方，也不可抨击客户及客户方的相关责任者，更不能对客户表露出不满，应对客户的抱怨采取宽宏大度的态度。

（3）正确及时解决问题。当客户正在气头上时，营销人员唯一要做的就是保持冷静，不要再刺激客户以免引发更大的怒气。当客户气消后，如果营销人员提出了解决方案，营销人员就应征求客户对该方案的意见。同时还要向客户提供各种方便，尽量做到只要客户有意见，就让他当面倾诉出来，同时善于发现客户还没有表达出来的意见和不便提出的问题。但不要向客户提出不能兑现的保证，也不要作出不切实际的许愿，以免在今后的交往中引发更大的纠纷。

（4）记录客户抱怨与解决的情况。客户对金融机构提出抱怨，表明双方的合作关系已经出现明显裂痕，营销人员对此必须予以高度重视。为以防类似情形再次出现，金融机构应当把客户的抱怨内容和对此的处理结果填入专用表格，作为档案备查。

（5）最终调查客户对抱怨处理的反应。这就要求金融机构要善于把客户的抱怨或纠纷收集起来作总结，避免今后再发生类似的错误。

3. 重视客户流失

客户流失是指由于金融机构各种营销手段的实施而导致客户和金融机构中止合作的现象。当下金融机构之间的竞争集中体现在对客户的争夺上，金融机构作为服务型行业更是如此，"客户就是上帝"促使众多金融机构不惜代价去争夺更多的客户，但是金融机构可能往往会忽略或无暇顾及已有客户的流失。在这种情况下，即使源源不断地增加新客户，也无法抵消客户流失对金融机构造成的损失。

客户流失的原因有很多，但主要原因来自：

（1）金融机构人员流动导致客户流失。这是现今客户流失的重要原因之一，特别是金融机构的高级营销管理人员的离职变动，很容易带来相应客户群的流失。这也警示金融机构一个问题，那就是加强员工团队的建设问题。

（2）竞争对手夺走了客户。任何一个行业，客户毕竟是有限的，特别是优秀的客户，更是弥足珍贵，20% 的优质客户能够带给一个金融机构 80% 的销售业绩，这是个恒定的法则。所以，优秀的客户自然会成为各大金融机构争夺的对象。

（3）市场波动导致失去客户。任何金融机构在发展中都会遭受震荡，金融机构的波动期往往是客户流失的高频段位。例如，意外灾害导致金融机构资金暂时紧张而引发的市场波动。

（4）细节的疏忽使客户流失。客户与金融机构虽由利益关系纽带牵制在一起，但情感也是一条很重要的纽带。因此，一些细节的疏忽往往也会导致客户的流失。

（5）沟通不畅自然流失。有些客户的流失属于自然流失，由于金融机构管理上的不规范、金融机构市场营销的不到位、长期与客户缺乏沟通等，流失客户资源是必然现象。

当客户流失现象发生时，如果与客户关系一直非常密切，金融机构可能就已经拥有了既定的看法或者观点。当然，如果金融机构并不了解事情起因、经过、结果的话，还是需要做好全面了解的准备。

（1）调查原因，缓解不满。一方面，营销人员要积极与流失客户联系，访问流失客户，诚恳地表示歉意，送上鲜花或小礼品缓解他们的不满。另一方面，营销人员要了解流失的原因，弄清楚问题究竟出在哪里，并虚心听取他们的意见、看法和要求，让他们感受到金融机构对他们的关心和重视。

（2）"对症下药"，争取挽回。营销人员对不同级别客户的流失采取不同的态度：对"重要客户"要极力挽回；对"主要客户"也要尽力挽回；对"普通客户"的流失和"非常难避免客户"的流失，可见机行事；基本放弃对"小客户"的挽回努力；彻底放弃根本不值得挽留的客户。而不值得挽留的客户主要是指不可能再带来利润的客户，无法履行合同规定的客户，无理取闹、损害员工士气的客户，妨碍金融机构对其他客户服务的客户，声望太差、与之建立业务关系会损害金融机构形象和声誉的客户。

（3）认真冷静地听取客户的答复。无论客户给出答复的具体内容是什么，营销人员要做的工作就是认真倾听，不必进行辩解。毕竟，当前工作的重点是了解事情原委，而不是重新赢得客户。此外在听完客户发言之后，营销人员要感谢他的热心帮助。如果听到投诉的话，就应该作出道歉。在任何情况下，营销人员都需要告诉客户，自己获得了一些非常大的帮助，并礼貌地结束谈话。

（4）确认问题根源。营销人员要明确问题是属于具体问题还是系统性问题，某些客户遇到的问题可能是非常具体的类型，如性格冲突、一场意外事故等；某些客户面临的问题可能属于系统性的，如因销售工作或者客户支持方面产生问题导致出现投诉等。

（5）决定是否需要将客户重新挽回。营销人员依据目前了解到的全部情况来做出最终的决定，确认该客户是否值得再次努力重新赢回来。若值得，营销人员可以开始修复与客户的裂痕。从问题根源入手，具体问题很容易解决并且成本也不高。例如，如果客户不喜欢公司现有营销人员的话，换一个人就属于非常简单的工作。而系统性问题则代价昂贵且又难以修复。例如，糟糕的客户服务是导致问题出现的根源，如果公司现有业务模式支持现有的客户服务，面临的选择就是要么对目前使用的模式进行调整要么为该客户专门提供一次例外。同样，如果问题的根源来自现有价格比竞争对手更高的话，必须就是否降低针对该客户的价格作出决定。但是，需要考虑到，一旦公司作出了这样的决定，会不会导致其他客户也以此来要求类似优惠的情况出现。因此，对于此类问题，金融机构要先经过深思熟虑再作出明智的决定。

4. 经常检查自身行为

为保证客户关系不受损害，同时也为了提高自己维护客户关系的水平，营销人员应对自己的行动经常进行检查：是否只是拜访特定的客户，且超过必要的拜访次数；在客户处停留的时间是否过久，以至于影响到客户的心情乃至工作；用电话就可解决的事情是否也故意登门拜访；该拜访的客户很少拜访，不必经常拜访的客户频频拜访；是否拟订拜访客户的计划，同时努力按计划进行；拜访客户前，是否明确了拜访目的；是否只拜访距离较近或接待态度较好的客户；客户拒绝后是否再拜访过；会不会觉得拜访客户是很沉重的负担；本次拜访是否比上次拜访更有成效；自己负责的客户数量是否减少。

综上，金融机构客户管理的最佳境界就是要做到三个零，即零距离、零投诉和零成本。

（1）零距离是指营销人员与客户之间、内部员工之间、上级与下级之间沟通无障碍。要做到有缘千里来相会，不要无缘对面不相识。

（2）零投诉不是指没有投诉，而是指将投诉的不良后果尽量降为零。能够投诉的客户，不见得是不良客户，而是对金融机构的业务比较关注，有意见的客户才是真正的客户，如果对金融机构的业务不闻不问反倒不是真正的客户了。所以对有投诉的客户，一定要认真对待，尽量让客户满意，当然，如果是无理取闹的客户，则另当别论。

（3）零成本，就是在与客户沟通时，将钱花在刀刃上，而不是花钱了，还没有起到相应的效果。

6.3.2　内部关系处理的技巧

金融机构的员工之间关系融洽，工作环境舒心，效率自然高。金融机构内各部门之间的员工要多交流，多沟通。做到心有灵犀不点也通。不能出现客户在一个部门得到一种说法，换到另外一个部门得到的却是另外一种说法，如果对同一问题的答复不同的话，很容易引起客户的猜忌与不满，所以部门之间、内部员工之间的沟通与协调十分重要。

6.3.3　对称营销技巧

对称营销主要是指在营销时营销方的派出人员要与客户的职级、地位等相匹配。如果客户方派出部门经理，金融机构方也要派出对应职级的经理；如果客户方派出总经理，金融机构方也要派出 CEO，从而显示对项目的重视，对对方的尊重。曾经在一次社保基金的银行招标会上，社保基金派出了一位副总，当时的四大国有银行中，中国工商银行、中国农业银行和中国建设银行相应派出了副总，而中国银行则派出了总经理，最后结果可想而知了，这足以凸显了中国银行对此次招标的重视。

案　例　分　析

案例 6-1　学生市场：客户保留中的一课

学生是青年市场中一个极其重要的部分，并且在过去的一段时间已经引起了金融服务行业相当大的注意力，主要的清算银行开始针对正在从事进修的离校人员发展学生账户。

当时的激励因素是：获得当地教育管理部门资助的大部分学生的专用拨款是通过支票支付的，对此金融机构希望获得学生的银行账户。

现如今，相对专用拨款，很多情况已经发生了变化，并且现在许多学生是通过贷款获得资助以及（或者）父母的捐助，还有从越来越多的兼职工作中获得补助。尽管如此，有诸多理由表明学生对金融机构而言仍然是一个很有吸引力的市场。其中体现在：

- 学生在人口统计条款中容易区分；
- 容易找到和接近他们；
- 他们有特殊的、可以识别的需求；
- 在大学期间，他们代表着一个可控制的市场；
- 许多学生将在AB社会等级类型的职业中获得具有广泛金融服务需求的高报酬工作。

然而在大学期间，学生一般是无利可图的。只有在他们毕业之后才开始为金融机构贡献利益，且这种收益率将会连续10年逐年增加。获得大学学生客户的成本是很高的，因为从奖励开始到吸引他们均存在市场开支。然而，一旦毕业，他们更有可能比非大学毕业的学生得到更高报酬的工作，并且薪水会以更快的比率增加。出于这些原因，金融机构非常渴望获得距离毕业还有比较长时间的学生客户。其中的一个问题是近期毕业的学生在他们职业生涯的前期是极不稳定的，这对他们与金融服务提供之间的关系造成严重影响。

学生似乎对价格相当敏感，这也表明金融机构在学生客户毕业之后可以通过提供更具有竞争力的价格，或者利用贴现的方式对其忠诚度进行奖励，以留住他们。学生期望他们的金融服务提供商在提供准确的报告书方面具有可靠性，并且希望有值得信赖的员工对其提供产品知识。通常，学生如果对人感到满意时，他们会接受某些服务交付方面的不足，比如产品知识、速度和效率，缓慢的排队以及部门有限的开放时间。如果金融机构非常在意毕业后的学生客户，他们就必须将学生看成固有客户而不仅仅是学生客户。

思考：
1. 为什么金融机构想留住毕业后的学生？
2. 金融机构要怎么做才来提高学生客户的服务并留住他们？
3. 金融机构如何克服学生毕业时不可避免的流动性？

本 章 小 结

（1）初见客户的营销技巧：发现客户的技巧，第一次与客户沟通的技巧，语言营销的技巧，个人形象设计与装扮的技巧。

（2）维护客户时需要进行合理地产品推销，与客户建立长期关系，合理应对客户抱怨投诉。

（3）在营销过程中，还需要注意有效激活休眠客户，灵活进行内部关系处理，并坚持对称营销技巧。

关键概念

地缘关系　血缘关系　业缘关系　休眠客户　对称营销

综 合 训 练

一、填空题

1. 营销人员进行产品说明时需掌握三个重点：＿＿＿＿、＿＿＿＿、＿＿＿＿。
2. 金融机构在进行客户关系维护时可采取三种形式：＿＿＿＿、＿＿＿＿、＿＿＿＿。
3. 客户流失的原因有很多，但主要原因来自以下五点：＿＿＿＿、＿＿＿＿、＿＿＿＿、

＿＿＿＿、＿＿＿＿。

二、选择题

1.（　　）是客户预想效果与感知效果之间的比。

　A. 客户忠诚度　　　B. 客户需求度　　　C. 客户偏好度　　　D. 客户满意度

2.（　　）容易导致金融机构客户流失。

　A. 金融机构资金紧张　　　　　　　B. 长期与客户缺乏沟通

　C. 金融产品质量不稳定　　　　　　D. 金融机构兼并、重组

三、问答题

1. 简述初见客户的营销技巧。
2. 简述维护客户的营销技巧。
3. 简述休眠客户的激活技巧。

第 7 章
金融机构内外部关系营销

学习目标

通过本章的学习，掌握金融机构内外部关系营销的含义、掌握金融机构内外部关系营销过程中存在的问题以及解决问题的途径；掌握内外部关系营销在商业银行、证券公司以及保险公司等金融机构的实践应用。

开篇导读

2020 年，上海浦东发展银行股份有限公司（下称"浦发银行"）与新式茶饮代表——喜茶合作，首发浦发银行喜茶联名信用卡，这是双方在开拓零售渠道上的优化布局，也是对年轻客户群体实施细分化经营的积极举措。

浦发银行和喜茶从表面上看是两个反差感很强的品牌，但是从深度合作关系营销的融合角度来说，他们都具备年轻化的基因与元素。作为当代金融行业的先锋力量，浦发银行也将越来越多的目光投向了个性自信的年轻群体，为年轻群体带来多元化的消费体验。喜茶注重产品的创新性与多样化，以年轻白领用户为主的用户群体与此次联名信用卡的目标客群定位契合。在这样的背景下，浦发银行与喜茶的强强联手，增强了用户体验感，同时为双方品牌释放更多势能，拓展了关系营销的边界。

由此可见，浦发银行对其年轻客户群体与合作者外部关系营销的重视。本章将全面介绍金融机构内外关系营销的内容。

1985 年，美国著名学者、营销学专家巴巴拉·本德·杰克逊（Barbara B. Jackson）提出了关系营销（Relationship Marketing）的概念，使人们对市场营销理论的研究迈上了一个新的台阶。巴巴拉·本德·杰克逊认为，"关系营销就是指获得、建立和维持与产业用户紧密的长期关系"。简而言之，关系营销是一种帮助企业建立与客户之间持续关系的营销战略。在日益激烈的市场竞争中，与客户建立长期的关系给企业提供了建立竞争优势的途径。金融机构是社会经济大系统中的一个子系统，其营销目标的实现受到诸多内外因素的影响。金融机构关系营销以系统论为基本指导思想，将金融机构置于社会经济大环境中来考察其营销活动。

金融机构关系营销把营销活动分为内部关系营销与外部关系营销，其核心是建立和发展与公众的良好关系。内部关系营销，包括与员工间关系营销、部门间关系营销；外部关系营销，包括对客户的关系营销、对合作者与竞争者的关系营销、对监管者的关系营销。
关系营销模型概括了它的活动营销范围及实施关系营销的路径，详见图7-1。

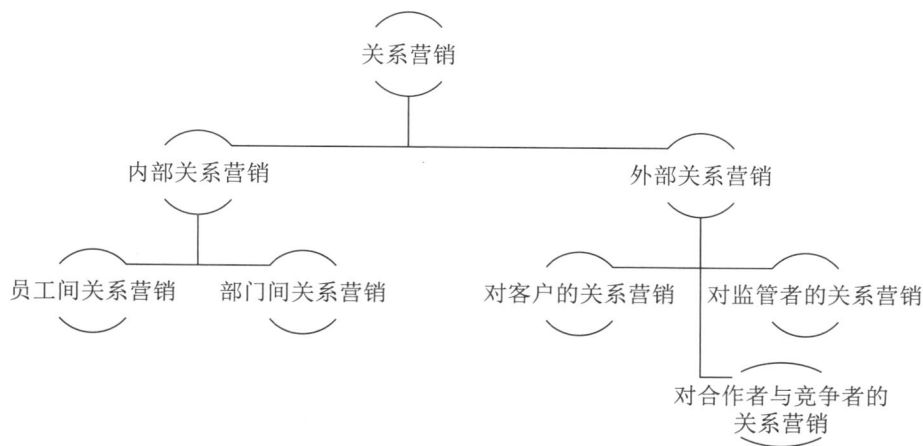

图 7-1 关系营销模型

7.1 金融机构内部关系营销的基本知识

7.1.1 内部关系营销的含义

内部关系营销指的是通过一种积极的、目标导向的方法为创造客户导向的业绩做准备，并在组织内部采取各种积极的、具有营销特征的、协作方式的活动和过程。

金融机构内部关系营销指的是金融机构与其内部成员之间的关系营销，主要包括员工间关系营销和部门间关系营销。其目的是协调和促进金融机构内部所有员工之间、各部门之间的相互关系。

金融机构内部关系营销有两个方面的内容：

（1）态度管理，指对员工对客户的服务观念、服务意识、服务动机、服务态度等进行管理。态度管理发生在服务过程开始之前，是一种事前管理，旨在对员工的服务意识、服务心态进行管理，以达到改善服务质量、提高服务效率的目的。

（2）沟通管理，指金融机构的内部人员（包括管理人员、前台人员和后台人员）为完成工作，需要进行充分的信息交流。沟通管理所需要的信息包括：服务的内容及特色、规章制度及对外营销等。管理者通过积极地与员工进行沟通，员工之间通过相互协调，可以营造良好的服务氛围，为客户更好地提供服务。金融机构大部分业务涉及内部几个部门与客户之间的沟通，如果机构内部沟通不畅，毫无疑问会影响员工与客户之间的沟通。

7.1.2 内部关系营销存在的问题

日益激烈的行业竞争使金融机构的营销活动变得日益复杂，营销部门在金融机构中的地位也随之提高，这不免会引起各部门之间的矛盾。因此，分析金融机构的内部环境、处理好各部门之间的关系、提高协调合作的能力是金融机构进行营销活动的关键。各部门之间矛盾来源多种多样，主要的原因有以下五个方面：

1. 领导决策层与营销部门的矛盾

从整体来看，金融机构目标市场客户的收入逐步增长，加大了对金融产品种类的需求。于是，金融机构对专业度、人性化、便捷性、高效性等服务水平相关的因素更加关注，以此推动营销策略持续升级、营销内容持续丰富、营销技巧更加多样化。而大部分金融机构的组织架构相对稳定，变革较慢，容易造成营销系统与组织架构内部的管理问题；管理层在处理此类问题时，大部分会采用大事化小、小事化了的方式，容易导致内耗高、运行效率低，影响整体的营销效率。

2. 业务管理部门与营销部门的矛盾

金融机构业务管理部门与营销部门在目标市场研究、金融产品和业务研发、营销策略等方面沟通不足，导致部分营销部门的员工对自己所在金融机构的金融产品的优势、应用客群等认识不够，从而使金融机构的金融产品和业务营销出现问题。

3. 人力资源部门与营销部门的矛盾

很多金融机构经常把营销策略和营销目标"挂在嘴上、写在纸上"，并且分解到每一个部门、员工身上，但是任务达成的效果、后期客户开发和维护的可持续性却千差万别。这是因为不同类型的金融机构，基础培训水平、周围环境的差别较大；另外，每个员工对外部金融市场环境的理解、客户深度、营销的认知水平、营销能力等方面都在持续变化，难以达到一个较高的水平。

4. 财务部门与营销部门的矛盾

财务部门与营销部门在工作态度上非常严谨，但两部门的合作结果却常常出现问题。在这种情况下，双方都负有责任，具体原因有两个：一是绩效考核不够科学合理。绩效评估方法较多，营销工作复杂，通常金融机构的经理会根据市场份额、销售收入、营销费用等因素给出营销部门的指标，这种做法会加大营销人员的压力。长远来看，会引起营销人员的反感，甚至会出现人才流失的情况。二是如果营销计划失败，财务部门会指责营销部门不够严谨，而营销部门会指责财务部门过于保守。随着时间的推移，这两个部门的矛盾将逐步升级。比如，营销部门要求在有利可图的情况下尽量满足客户，因此营销部门希望为广告、推销等活动提供预算，认为财务部门将资金管得太紧、过分保守、不敢冒险，使金融机构丧失了许多机会；财务部门则认为营销部门很难具体说明营销预算的增加能给金融机构带来多少销售额的增长，与金融机构中财务部门所追求的稳妥风格不相一致，这样两者之间便产生了冲突。

5. 后勤部门与营销部门的矛盾

通常情况下，金融机构营销部门的人员会和后勤部门的人员在立场及看法上有不同的意见。一方面，后勤部门最关心的是日常工作是否能够顺利、精确、及时地完成，避免因失误或其他问题引起金融机构内检查人员的注意，客户的满意程度则往往排在次要位置。但营销部门要求的不仅是顺利与及时，也要使金融机构的产品和业务能在很大程度上满足客户的需求，追求利益的最大化。另一方面，业务性质的不同，常常也会导致营销人员和后勤人员发生冲突。

7.1.3　实施内部关系营销的途径

金融机构内部关系营销的实施一般包括六个途径，分别是树立"以客户为中心"的营销理念、建立全员营销标准流程、实施内部关系营销计价、在加强风险管理的前提下适当授权、建立畅通的内部信息渠道、建立内部对话机制。

1. 树立"以客户为中心"的营销理念

客户是金融机构营销活动服务的对象之一，是金融机构生存和发展的基础，也是金融机构的目标市场。金融机构要切实做到"以客户为中心"，要以客户满意为宗旨，坚持做到一言一行都为客户着想，体现客户关怀。在日常管理营销的整个过程中，将"以客户为中心"作为主线，将"以客户为中心"的营销理念贯穿金融机构的各个部门，培养并保持员工全心全意为客户服务的服务意识。

2. 建立全员营销标准流程

全员营销，指的是无论员工是什么岗位（如前台、财务、人力资源等），都是金融机构流动的营销宣传。因为营销不仅是金融机构营销部门的职责，也是金融机构全体员工的职责。全员营销的战略目的在于使金融机构能在各个环节协调开展营销活动，以实现最大程度的客户满意，以此树立良好的形象，保留优质客户，并通过扩散效应，最终使金融机构获得利润。

3. 实施内部关系营销计价

通过内部关系营销计价制，调动营销管理相关部门以营销管理为主线，增强营销部门员工营销产品组合的积极性。同时金融机构应改变以往上级部门对营销部门员工的考核只注重数量考核而轻视质量考核的做法，在营销管理业务考核中，应适当增加技术含量高的营销业务考核，以鼓励和引导营业部门在区域内多开展营销管理业务。

4. 在加强风险管理的前提下适当授权

（1）授权可以将金融机构管理者从繁忙的事务中解脱出来，为管理者做更重要的工作节省宝贵的时间。授权可以让员工得到锻炼和提升。

（2）员工的成长也是管理者的重要责任之一，而授权员工去完成工作，就是帮助员工成长的好方法。授权可以让员工发挥自主能力、创造能力，让他们不断改进自己的行为。

（3）授权可以巩固团队。授权具有一定的激励性。金融机构员工在得到授权后，会感受到管理者的信任，进而会更加全心全意地为金融机构付出。

5. 建立畅通的内部信息渠道

做好金融机构内部关系营销，必须建立一条畅通有效的内部信息渠道。首先，要有专门的员工去收集相关产品信息，并做好市场分析和需求分析，准确把握市场情况。其次，要对相关竞争者的情况进行了解，分析竞争者产品与自己产品间的差异、对方的销售策略等，从而确定自己的销售策略。最后，确定金融机构的业务、产品定位，掌握市场需求变化量，根据客户的具体需求研发出符合客户需求的业务及产品。通过分析建立数据分析模型，加强监控，提高金融机构分析解决问题的能力。

6. 建立内部对话机制

建立完善的金融机构内部对话机制，让每一位员工都参与讨论，为团队成员之间相互影响提供一条途径，拓宽整个团队的认知视野。一方面，有助于员工建立和领导者的更多沟通与联系，让员工感受到来自领导者的尊重；另一方面，能够更深入、更全面地进行金融机构部门间的协作，让部门在面临挑战、机遇以及可获得的资源等问题上达成共识，从而为金融机构创造良好的内部工作环境，更好地实现金融机构的战略目标。

7.2　金融机构外部关系营销的基本知识

7.2.1　外部关系营销的含义

外部关系营销指的是金融机构通过沟通，为实现自身的营销目标营造一个良好的外部营销环境。金融机构外部关系营销主要包括对客户的关系营销、对合作者与竞争者的关系营销、对监管者的关系营销。

7.2.2　外部关系营销存在的问题

金融机构外部关系营销当前还处在发展阶段，有较大的发展空间。但在营销活动中，金融机构与地方政府部门、企业客户、个人客户、新闻媒体和金融同业的关系营销中仍存在亟须解决的问题，具体有以下五点。

1. 与地方政府部门的关系

在金融机构改革发展过程中，尽管中央政府发挥着主导作用，但地方政府也拥有不少的权力，当地方政府都竞相利用他们获得的政治影响力向金融机构施加压力时，中国人民银行驻地方的金融机构很难违背地方的需求，最终形成地方金融机构对地方政府一定程度上的实际隶属，因此不少地区的金融市场在很大程度上带有地方政府塑造的痕迹，在公有制经济体制下，地方之间的竞争表现为金融资源竞争，而在竞争过程中，金融资源的横向流动越来越少，地方政府对金融资源的支配能力越来越强，且这种竞争格局很可能损害到金融业的发展。市场过分自由将会增加金融业自由发展的风险，而政府的过度干预也会给金融机构带来制约性发展，因此金融机构需要合理发展与地方政府之间的外部关系营销。

2. 与企业客户的关系

金融机构与企业客户之间存在着天然的因果关系和依赖关系。金融机构只有为企业客户打造良好的金融生态环境，企业客户才能发展得好。如果金融机构信贷投放渠道不畅，会给企业客户的融资带来极大的困难；或者企业客户信用观念不强，金融机构贷款到期得不到偿还，企业客户恶意逃债；再或者企业客户内部财务管理不规范，金融机构就很难掌握企业客户真实的财务状况，企业客户的融资难、融资贵问题就会加重。反之，企业客户信用良好，经营数据透明、真实，金融机构就能更好地支持企业客户，总之金融机构与企业客户之间信息不对称的矛盾是制约传统金融机构和企业客户发展的根源。

3. 与个人客户的关系

现如今个人客户的金融服务需求呈现多元化发展，个人客户会对金融机构在金融产品、业务办理以及服务效率等多个方面提出更高的标准与要求。而基于个人客户需求转变这一情况，金融机构如果在经营理念方面不能够与时俱进，积极迎合个人客户的多元化需求，为个人客户提供更具有针对性、个性化的金融服务，个人客户必然在业务办理过程中由于自身需求得不到满足而与金融机构产生相应的矛盾冲突，而这种冲突也会表现为个人客户多元化需求与金融机构传统经营理念的冲突，进而引发系列问题。

4. 与新闻媒体的关系

当前新闻媒体呈现裂变发展，许多突发、偶然、负面的事件凭借现代媒体大容量、实时性和交互性等特点快速成为热点，受到社会公众的关注和追踪，造成较大社会影响。新闻媒体形式多样，运用广泛，难以从源头把控。由于新闻媒体特性，导致传播内容往往呈现碎片化、主观性强、传播快等特点，极大地加剧了舆情风险的不可预测性和不可控性，导致金融机构声誉在预警与防控阶段难以有效辨识，在发生危机后缺乏行之有效的快速反应机制，声誉风险管理基本沦为被动的危机事件处理。

5. 与金融同业的关系

（1）金融机构产品与服务的同业竞争。在金融同业市场发展的初期，由于市场整体上处于供不应求的非完全竞争状态，竞争程度相对较小。伴随着越来越多金融机构的介入，金融机构同业竞争日益激烈。一些金融机构从金融产品和服务入手，推出更加具有吸引力的金融产品来拓展自己的客户群。同时，提升金融机构的服务质量，由事前服务和事中服务延展至事后服务，在服务时长上也由原来的小时工作制开始转向全天服务。

（2）同业金融机构资源竞争。金融同业市场上的资源竞争在一定程度上反映出了金融机构的实力。就金融机构间的竞争而言，外在的竞争力主要由内在资源实力加上管理效率转化形成，这类资源不仅包括了金融机构的资金资源和技术资源，还包括了人力资源和企业家资源等。其中，由于金融同业市场的特殊性，资金的流量与流速都非常巨大，资金资源成为金融机构的一类主要资源，以此来实现价值升值。

7.2.3 实施外部关系营销的途径

金融机构不仅要实施内部关系营销，而且要实施外部关系营销，只有内部关系与外部关系共同发展才能使金融机构获取持久的收益。金融机构进行外部关系营销的对象为：客户、合作者与竞争者、监管者，具体实施途径如下。

1. 对客户的关系营销

从金融机构外部关系营销的角度出发，金融机构与客户完成第一笔交易只是将潜在客户变为真正客户的开始。接下来，如何将客户变成忠诚客户甚至终身客户，即如何保持客户关系，对金融机构和营销人员来说尤为重要。客户保持需要金融机构与客户相互了解、相互适应、相互沟通、相互满意、相互忠诚，因而必须在建立客户关系的基础上，与客户进行良好的沟通，让客户产生满意感，最终实现客户忠诚。

金融机构与客户的关系不仅包括单纯的销售过程中所发生的"一对一"业务关系，如业务合同签订、收款等；还包括金融机构售前及售后服务过程中发生的各种关系。例如，在金融机构市场活动、推广过程中与潜在客户的关系；在与目标客户接触过程中，金融机构销售人员的行为、各项活动及其与客户接触全过程所发生的多对多关系；在售后服务过程中，金融机构营销人员为客户提供关怀活动、各种服务活动等。实施客户关系营销的主要策略包括以下两个方面：

1）建立、管理并充分利用客户数据库

金融机构必须重视客户数据库的建立、管理工作，利用数据库来开展客户关系管理、应用数据库来分析现有客户情况，找出客户数据与购买模式之间的关系，为客户提供符合他们特定需要的定制产品和相应服务，并通过各种现代通信手段与客户保持自然、密切的联系，从而建立起持久的合作伙伴关系。比如，2021 年 12 月，东吴证券股份有限公司（下称"东吴证券"）正式采用腾讯云分布式数据库（TDSQL），东吴证券与腾讯云交易系统建设方密切合作，实现了东吴证券数据中台系统的关联和打通，解决了收集客户信息、提供交易信息等难点问题，让东吴证券更"快人一步"，提升了东吴证券的数据治理水平与市场竞争力。

2）通过客户关怀提高客户的满意度与忠诚度

客户关怀应该体现在客户购买前、购买中到购买后的整个过程中。购买前的客户关怀活动主要是在提供有关信息的过程中进行沟通和交流，为将来金融机构与客户建立关系打下基础。购买中的客户关怀活动与金融机构提供的金融产品和业务紧密地联系在一起，包括业务的处理以及各个相关的细节都要与客户的期望吻合，满足客户的需求。购买后的客户关怀活动主要集中于高效地跟进完成金融产品和业务后的相关步骤。例如，售后的跟进和提供有效的关怀，其目的是促使客户做出重复购买行为，并向其周围的人多做对产品有利的宣传，以形成口碑效应。

2. 对合作者与竞争者的关系营销

金融机构要正确处理竞争者与合作者的辩证关系，以便在更大范围内展开竞争。竞争者之间可以建立一种"双赢"的关系，而不一定都是赢输关系。竞争者合作，可使合作各方获得更多的利益。合作营销有利于巩固已有的市场地位。目前，市场的需求细分正向纵深发展，缝隙市场变得越来越有利可图。这对规模庞大、机构臃肿的大企业来说无疑是一个挑战。面对挑战，通过合作提高金融机构对市场的适应能力不失为良策。例如，两个或几个同业金融机构联合开发某一新产品、签订协议实行特许经营、组建金融机构集团等。

通过合作，各方不仅获得强强联合的优势，还可以优势互补，最终使合作各方获得比合作前更多的竞争优势和利益。比如，2022年11月，中国工商银行股份有限公司贵州省分行（下称"中国工商银行贵州分行"）与中国银行股份有限公司贵州省分行（下称"中国银行贵州分行"）举行战略合作签约仪式。近年来，中国工商银行贵州分行和中国银行贵州分行通过银团业务等方式联手投放近千亿元资金支持贵州基础设施、文化旅游、制造业等一批重点项目，助力贵州经济社会发展，并在中小客户企业年金业务、跨境融资等方面进行合作。此次战略合作协议的签订，将进一步加强双方在信贷、同业、投行、国际业务等领域的全面合作，进而扩大各领域业务合作的拓面，达到国有商业银行合作"1+1>2"的效果。

3. 对监管者的关系营销

政府、新闻媒体以及社会组织，诸如消费者权益保护组织等对金融机构起到监督作用的社会团体，对金融机构的生存和发展都会产生重要的影响。因此，金融机构有必要把它们作为一个单独的部分来对待，并制定以公共关系为主要手段的营销策略。监管者关系营销的主要策略包括以下三个方面：

（1）加强对政府及政策信息的收集和了解，这是金融机构建立和发展与政府关系的主要方法，可实现金融机构与政府的双向沟通。具体内容包括：了解政府、熟悉政策、沟通信息和扩大影响。注重与政府之间的外部关系营销，可以帮助金融机构树立良好的企业形象，获得无形资源。

（2）金融机构与新闻媒体之间的关系，既可以表现为合作伙伴关系，也可以表现为被监督与监督的关系。在法律地位上，双方是平等的，双方可以通过协议进行合作。例如，金融机构通过媒体广告宣传自己的产品和形象。同时，新闻媒体对金融机构的营销行为有宣传和舆论监督的作用。

（3）与社区建立良好关系，金融机构需要了解社区，积极参与社区的建设和活动。以光大银行宁波镇海炼化社区支行为例，目前，市民可在该网点办理零售业务咨询和进行电子银行服务体验等；通过自助设备可以实现现金存取、转账、代扣代缴等；通过该行的电子银行渠道，还可以实现理财购买、个人结售汇、资金归集、黄金基金等各类投资理财交易。

7.2.4　金融机构内外部关系营销的协同效应

内部关系营销是外部关系营销的先决条件。外部关系营销是面向目标客户、合作企业、竞争企业以及监管机构的关系营销。要想成功地进行金融机构外部关系营销，必须有充分的内部关系营销。掌握外部关系营销方案，从而使金融机构在产品市场中取得最终的成功；没有金融机构内部关系营销，员工就会不了解或者不清楚金融机构对客户的承诺，从而使员工从不同的角度去理解、宣传产品，甚至会对金融机构产品产生抵触心理，这将极大地削弱金融机构的外部关系营销作用。

内部关系营销与外部关系营销是金融机构整体市场营销策略中不可或缺的一环。如果没有内部关系营销的支撑，金融机构的外部关系营销也无法取得成功；如果内部关系营销缺少了外部关系营销的引导，那么金融机构内部关系营销也会与现实情况不相符。

7.3 内外部关系营销的应用

7.3.1 商业银行的内外部关系营销应用

1. 商业银行的内部关系营销应用

以"人"为本实施营销战略，是现代关系营销思想中的核心思想。员工是客户的直接接触者，商业银行经营者的思想、观念、决策都要通过员工的日常工作和行为去贯彻。因此，员工与部门应是商业银行内部关系营销活动的首要对象。商业银行应采取以下三点来进行内部关系营销：

（1）树立"以客户为中心"的营销理念，将不同部门、不同层次的员工行为统一到银行的营销目标上来，满足市场和客户的需求；

（2）体现"以人为本"的管理思想，创造亲情化的企业氛围。让员工与商业银行同步成长，让员工在商业银行中有"成就感""家园感"；

（3）建立和谐的商业银行内部员工、部门关系，建立平等和睦的上下级管理，促进团队合作，提高银行的凝聚力和向心力。比如，在业绩考核和激励中，汇丰银行把客户经理部门和产品部门及其他协作部门紧密联系起来、各部门协作共同完成一笔业务，同时这笔业务也将体现在各部门的业绩上。若银行之间的各个部门互相不配合、不合作，业务无法完成，客户极大可能找别的银行办理业务，结果会导致各部门都受影响。由此形成了各部门之间一损俱损、一荣俱荣的利益制约关系，大大强化了各部门之间的协作及团队精神。

2. 商业银行的外部关系营销应用

商业银行的外部关系营销是指商业银行在从事经营活动中正确处理银行与客户、合作者与竞争者、监督者的关系并进行沟通，以便树立商业银行的良好形象，从而促进银行金融产品和业务营销的一种活动。近年来，外部关系在商业银行的营销活动中占据越来越重要的位置，其主要原因是：广告的成本越来越高，促使商业银行探索新的有效沟通与宣传途径；客户虽然越来越注意银行的服务，但也看重媒体报道，公众舆论越来越受到信息指导；新的信息技术扩大了影响范围，加快了平均行动速度；金融产品的购买在很大程度上受到主观评价的影响，其沟通宣传的主要载体是口碑，而开展外部关系营销活动加强了这种主观评价的过程。

1）商业银行对客户的关系营销

商业银行作为特殊的服务性金融机构，其赖以生存与发展的基础就是客户。为切实实现营销目标，吸收优良客户，商业银行必须做到上下联动，全员行动，积极搜寻信息，建立顺畅的信息传递通道。并对信息进行进一步筛选，分类归口，将一些系统大户的营销工作交由营销主管业务部门牵头负责，将营销把握较大的中小户交由支行营销业务部门负责攻关，并对营销进度、客户需求，营销措施效果等及时反馈，有利于监督和帮助，做到统一领导。同时要逐步建立由相关部门参加的各级营销工作委员会，做好营销部门和其他有关部门的沟通、协调，相互配合，集思广益，改进方案，有序有效地开展营销工作，实现对客户的外部关系营销计划和执行的完美统一。在营销新客户的同时，不可放松与老客户的联系和交流，要进一步稳固和老客户的关系，加强老客户对银行的忠诚度。

2）商业银行对合作者与竞争者的关系营销

就传统营销而言，同业金融机构会给商业银行带来威胁，但合适的竞争者同时又可以成为商业银行的合作者，以此寻求资源共享和优势互补，从而加强而不是削弱商业银行的竞争地位。例如，中国工商银行与中国建设银行等大型商业银行，这些机构的资产总量非常大，而且机构网点极为丰富，银行的业务功能完善，在为客户提供产品时，有着得天独厚的优势，可以围绕多方面进行合作。①进行对等授信，意味着二者互相给予一样的金额授信，能够借此进行拆借若干业务；②进行同业资金拆借，能够使商业银行间相互办理资金拆放业务，在债券市场之中融资，开展债券回购若干业务；③进行银行间贷款，意味着将大型银行当作贷款的牵头者，而其他银行属于成员，能使中小银行拥有高质量客户，能够使贷款风险分散；④进行信贷资产转让，可以使商业银行将相关贷款打包，出现资产包，根据市场利率，向其他商业银行出售，依照合同的约定有无回购，能够形成回购担保方式下的信贷资产转让以及无回购担保方式下的信贷资产买断两种方式。

3）商业银行对监管者的关系营销

对商业银行来说，能够产生监管力量的主要有政府、同业及其他金融机构、各种经济协会、媒体等，其中最典型的是中国人民银行。商业银行接受中国人民银行的业务指导。商业银行依法向中国人民银行分支机构报送资产负债表等报表和其他资料，接受中国人民银行的业务指导和检查监督。商业银行办理存款业务，须遵循中国人民银行规定利率幅度确定存款利率，向中国人民银行交存存款准备金，以及遵循中国人民银行关于资产负债比例管理的规定，保持合理的资产种类和资产期限结构。

目前中国人民银行对整个金融体系有较强的监管权，行政监控和指令性政策仍然占主导地位。在这种情况下，商业银行应该正确处理与中国人民银行的关系，协调好与中国人民银行关系是商业银行创造良好营销环境的先决条件。为此，商业银行应采取以下两个措施进行对监管者的关系营销：一是对中国人民银行政策和规范全面把握，不出现违规行为；二是分析中国人民银行举措，把握政策内涵和走向，审时度势地抓住时机，争取市场主动权。

7.3.2　证券公司的内外部关系营销应用

1. 证券公司的内部关系营销应用

证券公司必须首先处理好自己的内部员工关系，只有公司内部上下左右关系融洽协调，全体员工团结一致、齐心协力，才能成功"外求发展"，通过员工之间、部门之间的协作实现证券公司的利益最大化目标。证券公司可从以下方面进行其内部关系营销，具体措施如下：

（1）明确各部门的职责，由各部门自己规划部门的工作，建立一套包括各部门在内的工作流程，让每个员工清楚自己在证券公司内部的位置。只有在明确部门职责的情况下，才知道该部门应该接受或者发出何种信息，否则信息的发送和接收都会变得没有目标，没有效果。在强调员工应该主动和上层沟通的同时，各部门经理、人事主管、行政管理人员应该改变工作作风，固定位置的工作转变为流动工作，积极走出去，主动了解各部门的工作情况。存在的困难和问题，及时进行各部门及员工的沟通，将问题处理在萌芽状态，将损失控制在最小。有效沟通与协调是提高证券公司运作效率的良药，优化公司内部沟通与协调应受到每个证券公司的重视。

（2）建立促进部门间建设性争论形成的机制。例如，建立部门间相互交流和讨论的行为规范，使各部门能够吸收和包容不同甚至相反的意见和观点，建设性地讨论问题，形成更高质量的决策和方案。这些行为规范可包括：各部门要认真倾听其他部门的想法和意见；各部门要站在对方的角度来理解其他部门所关心的问题；各部门在合作讨论中，要对正反两方面的想法和意见都加以考虑，从而提高决策质量和解决问题的效果等。

2. 证券公司的外部关系营销应用

1）证券公司对客户的关系营销

目前证券公司营销业务的转型归根结底是营销和服务的转型，营销和服务是证券公司今后工作中的重点，也是目前证券行业发展的需要。证券公司对客户的关系营销是证券公司通过努力来巩固及进一步发展与客户长期、稳定关系的动态过程和策略。证券公司可采取以下营销策略：①对于核心客户开展上门走访、服务、电话服务、电子邮件服务、节日问候、人文关怀、定期送对账单、推荐其他货币化投资产品、开设可视窗口进行一对一咨询等服务；建立详尽的客户登记簿，提供重点咨询、随时指导、个性化服务、生日、体检等人文关怀；②对于非核心客户，提供低成本的、大众化的服务，如电话服务、电子邮件服务等，随时在线咨询，了解客户投资偏好，提供相应的服务。

2）证券公司对合作者与竞争者的关系营销

在证券公司合作者与竞争者市场上，外部关系营销活动是争取那些拥有与自己具有互补性资源竞争者的协作，以实现知识的转移、资源的共享和更有效的利用。因为现代竞争已发展为"协作竞争"，在竞争中实现"双赢"才是最理想的战略选择。证券公司接受"协同"竞争的思维方式，与同业金融机构寻求共同利益，实现双方"互惠互利"，谋求各自战略目标的实现，提高各自的竞争力。例如，广州民营投资股份有限公司（简称"广民投"）旗下全资子公司广州民投私募证券投资基金管理有限公司在合景国际金融广场举行战略合作签约仪式，分别与中信建投证券股份有限公司（简称"中信建投"）、广发证券股份有限公司（简称"广发证券"）、国信证券股份有限公司（简称"国信证券"）达成战略合作。双方顺应金融业创新发展趋势，充分利用各自优势，充分挖掘市场机会，发挥各自在资本市场的资源和品牌优势，在大类资产配置、产品发行与交易、衍生品交流和交易、研究支持及金融培训以及搭建投融资平台等方面积极探索多种合作模式，在政策法规允许的框架内开展全方位、多层次、宽领域的金融业务合作，共谋长远发展。

3）证券公司对监管者的关系营销

证券市场监管是宏观经济监督体系中不可缺少的组成部分，对证券市场的健康发展意义重大。中国证券市场的发展始终是由政府来推进的，政府在证券市场的演进中一直起着不可或缺的主导作用，证券监管关系从开始时的组织试点到市场规则的设计以及整个证券市场运行的监管，都未离开过政府的直接干预。中国证券监管模式的建立又主要着眼于集中统一，因此，在实践中采用的是刚性极强的政府监管方式。

证券公司作为一类特殊的金融实体，其所掌握的信息要比普通投资者全面和准确，所参与的经营管理、市场环境和竞争等内外部因素均具有不同于一般实业企业和银行等金融机构，因此需要格外注意与监管者的外部关系营销。

7.3.3 保险公司的内外部关系营销应用

1. 保险公司的内部关系营销应用

保险公司在开展内部关系营销时，需要更多关注人力资源管理，以使员工自觉地将自己的利益与保险公司的利益融为一体，和保险公司同呼吸共命运；并在与外界交往时自觉地以公司一员的角色维护保险公司的良好形象。

首先，员工的行动将会直接影响客户关系与公司形象。保险公司要有每一名员工都可能成为潜在客户的观念，同时，要让员工充分发挥个体价值，激励员工的主人翁精神，将员工作为保险公司一员的"个体价值"与"团体价值"融合起来。

其次，内部关系营销一定要在一个较为开放的环境中实施，让员工既以做好本职工作为己任，又愿意为保险公司多做一些业务营销工作；尊重员工关系，更好地为关系客户服务。以国内首家互联网保险公司众安保险为例，为助力公司满足员工的多元健康诉求，众安保险在2022年深入研究公司不同层级员工对健康福利的痛点，推出了行之有效的解决方案——"尊享员福"保险业务，助推企业健康福利，在保险的基础上扩充服务，走向生态化、体系化、数字化的多元综合模式，让保险公司在降本增效的同时赢得员工信任，提升企业隐性竞争力。

2. 保险公司的外部关系营销应用

1）保险公司对客户的关系营销

客户是保险公司发展的最根本要素，是保险公司的核心竞争力所在。保险公司所有的活动以及员工的工作目标都必须以满足客户的需求和利益为中心，不断优化产品和服务，提升客户的信赖与忠诚度，实现基于客户关系管理的营销模式。

要充分了解客户的现实需求和潜在需求，从而更好地为其未来的风险提供保障。保险公司需要在加强与客户沟通交流的基础上分析客户的特点，深入挖掘其当下与未来的需求，以明确应该为其提供怎样的服务。对于重要客户，要在不断变化中做出对策调整，必要时为其提供私人定制化的金融服务方案，满足客户的期望，搭建保险公司与客户之间良好的营销关系。比如，中国人寿保险股份有限公司（下称"中国人寿保险"）始终坚持以客户为中心，坚守保险本源，通过不断加快产品创新步伐，强化资产负债管理，推进保险产品供给端改革，以高质量的多元化产品供给体系守护人民美好生活。近十年来，中国人寿保险累计新开发产品800余款，广泛覆盖个人客户、法人客户、战略客户群体，现已形成涵盖疾病保障、身故保障、医疗保障、意外伤害保障、养老保障以及面向特定群体、特定区域的多元化产品体系，有效满足广大人民群众个性化、多样化、不断升级的保险需求。

2）保险公司对合作者、竞争者的关系营销

随着中国保险业的不断发展，以及保险市场的建立和完善，商业性的保险公司将会逐渐增多，相应地保险公司竞争必然更加激烈，而这又将推动中国的保险市场向纵深发展。但是在将竞争机制引入中国保险公司的同时，我们不应也不能忽视保险公司发展的另一个重要方面，即保险同业合作。例如，2022年11月15日，众安保险与浙商财产保险股份有限公司（下称"浙商保险"）在浙江省杭州市签署战略合作协议。双方本着"发挥优势、相互促进、长期合作、互利互赢"的原则，以共同推动数字化转型战略为核心，在互联网体系搭建、数字化客户运营、数据价值挖掘和生态共创等领域探索业务新增长点，立足各自资源和技术优势，实现携手共赢。

3）保险公司对监管者的关系营销

（1）保险公司承担社会责任，是实践关系营销的重要组成，除了要积极纳税、诚信经营，还应当积极响应政府号召，主动邀请相关领导深入公司走访调研，听取政府部门的相关建议和意见。譬如举办"保险进小区"等活动普及保险法相关常识，积极参与社区服务、社会紧急救援，赞助公益类赛事，出台针对独居老人、在校贫困学生、残疾人等特殊人群的资助政策等，承担保险公司应尽的社会责任。

（2）处理好与监管机构的关系营销。通过与中国银保监会、中国人民银行良好的合作，扩大品牌口碑营销，获得更好的发展机遇。

（3）借力公共媒体进行保险公司宣传，构建起具有公认的社会地位平台。充分利用公共媒体资源开展推广活动，适时使用平面媒体、网络媒体进行广告宣传；借助目前流行的自媒体平台微信、微博、论坛等构建公司信息发布交流平台；积累公共媒体资源，通过播报公司介绍短片等感官形式来打造保险公司的口碑。

案 例 分 析

案例 7-1　关系营销与"她"同行

随着女性经济的发展和社会地位提高，"她经济"这一新词进入大众视野。这一概念最初由经济学家史清琪女士提出，指的是一种围绕女性消费而形成的特有经济圈和经济现象。目前，"她经济"已经成为经济发展中新的增长点，2022年3月8日妇女节也已经成为各大商业银行进行与客户关系营销的重要节点。但在具体的营销活动中如何精准地找到现代女性的痛点？如何通过优秀的内容表达对女性的关心与洞察，激发共鸣引发讨论？这些都应成为商业银行进行外部关系营销思考的着力点。

一、四川新网银行股份有限公司（下称"新网银行"）发布《当代新网女神魅力图鉴》短片

当下时代，女性的定位不再拘泥于家庭妇女，她们还有在职场中大放异彩的一面。新网银行用短视频展现"女神的一天"，塑造职场女神不同的形象，有三头六臂的玲珑女神、

追风逐电的速度女神、工作家庭两手抓的活力女神、火眼金睛识破金融骗局的守护女神、能解决各种难题的智慧女神五大性格属性，传达巾帼不让须眉的女性自信主题。新网银行发布的视频创意点满满，用动漫风格呈现出诙谐可爱的视觉效果，内容表达了对女神的赞美和肯定。而且没有任何的产品关联广告，看完五个故事意犹未尽，收割了大波女性客群，增加女性用户的好感，也起到加深品牌印象的作用。

二、兴业银行股份有限公司（下称"兴业银行"）"3·8"上线女神节三重福利活动

"3·8"女神节，兴业银行在公众号推出薅羊毛活动，开头直接点出薅羊毛的主题，加入 SVG 小互动，引出兴业银行手机银行的福利——女神节福利三重奏。福利一是大牌护肤、饰品等折扣价格，福利二是收集泡泡抽取大奖，福利三是 3.8 元限量秒杀家居好物。

兴业银行的女神节活动简单粗暴地释放了吸引人的福利，最后引出参与上述三个活动，需下载登录兴业银行 App 的信息，果断为手机银行引流。并且其在活动权益选择上紧紧围绕女性兴趣极高的消费品，吸引了许多女性朋友进来薅羊毛。

三、民生银行发布女性主题信用卡

民生银行"3·8"女神节用短视频与推文的方式开展推广女性主题信用卡，通过古今对比的方式诠释古代与现代女性的精神品质，传达出女性的精神是世间至美，延续千年仍然保持着无畏、勇毅、精湛、才智的四大品质，向中国女性致敬！

信用卡主题以"女人花"为主题，每张卡面都有不同种类的花，代表了女性不同的品质，卡面呈现复古风，精美优雅。歌颂了女性朋友在生活中不同的地方不懈奋斗的身影，并希望女性能将这份美好与坚韧历久弥新、传承千年。

在激烈的市场竞争中，商业银行要生存和发展，一是要不断地开拓新客户，二是要维护好现在的老客户，二者缺一不可。由新网银行、兴业银行、民生银行对女性客户所采取的关系营销手段我们可以看到外部关系营销的"对客户的关系营销"越来越受到金融机构的重视。通过"客户关系营销"，金融机构可以了解客户整体的状况，以对市场需求做出精准的判断，真正实现"以客户为中心"的经营理念，降低金融机构的营销成本。

资料来源：金融机构营销活动热门案例集锦 [EB/OL]. 商业新知网，[2023-06-09].

思考：

1. 联系新网银行、兴业银行、民生银行的营销行为，简述金融机构外部关系营销的概念。
2. 结合以上案例，思考金融机构外部关系营销的实施途径有哪些。
3. 除了外部关系营销，思考金融机构内部关系营销与外部关系营销的协同效应。

本 章 小 结

（1）内部关系营销指的是通过一种积极的、目标导向的方法为创造客户导向的业绩做准备，并在组织内部采取各种积极的、具有营销特征的、协作方式的活动和过程。

（2）金融机构内部关系营销指的是金融机构与其内部成员之间的关系营销，主要包括员工间关系营销和部门间关系营销。其目的是协调和促进金融机构内部所有员工之间、各部门之间的相互关系。

（3）外部关系营销指的是金融机构通过沟通，为实现自身的营销目标营造一个良好的外部营销环境。金融机构外部关系营销主要包括对客户的关系营销、对合作者与竞争者的关系营销、对监管者的关系营销。

◤ 关键概念

关系营销　内部关系营销　外部关系营销　金融机构内部关系营销　金融机构外部关系营销

综 合 训 练

一、填空题

1. 金融机构内部关系营销主要包括_____、_____。

2. 外部关系营销过程中存在的问题_____、_____、_____、_____、_____。

二、选择题

1. 金融机构外部关系营销包括（　　　）。

    A. 与企业客户的关系　　　　　　　　B. 与企业合作者的关系

    C. 与企业竞争者的关系　　　　　　　D. 与企业监管者的关系

2. 商业银行的外部关系营销焦点主要有（　　　）。

    A. 与金融同业的关系　　　　　　　　B. 与新闻媒体的关系

    C. 与地方政府的关系　　　　　　　　D. 与客户的关系

3. 商业银行实施内部关系营销的途径有（　　　）。

    A. 树立"以客户为中心"的营销理念

    B. 建立畅通的内部信息渠道

    C. 建立与金融同业的关系

    D. 进行广告宣传

三、问答题

1. 简述金融机构内部关系营销的概念。

2. 简述金融机构外部关系营销的概念。

3. 简述实施外部关系营销的途径。

4. 简述内部关系营销与外部关系营销的关系。

第8章
金融机构营销人员的激励机制

学习目标

通过本章学习，熟悉掌握激励机制的理论基础、了解金融机构营销人员的薪酬激励机制以及激励机制在商业银行、证券公司与保险公司等金融机构的实践应用。

开篇导读

有七个人曾经在一起工作，他们每天的共同劳动成果是一大桶粥。但是粥每天都不够。每天要分粥，一是粥有稠与稀，二是粥有多与少，尝试了多种方法后他们才解决人人平等、个个一样的分配问题。

方法一：他们抓阄决定谁来分粥，每天轮一个。于是每周下来，他们只有一天是饱的，就是自己分粥的那一天。

方法二：他们推选出一个道德高尚的人出来分粥。强权就会产生腐败，大家开始挖空心思去讨好他，搞得整个小团体乌烟瘴气。

方法三：大家组成三人的分粥委员会及四人的评选委员会，互相攻击下来，粥吃到嘴里全是凉的。

方法四：大家轮流分粥，但分粥的人要等其他人都挑完后拿剩下的最后一碗。为了不让自己吃到最少的，每份都尽量分得平均，就算不平，也只能认了。大家快快乐乐，和和气气，日子越过越好。

从这个小故事中可以看出：第一种方法体现了一种原始的营销分配与激励机制，是营销分配与激励机制的初级阶段。第二种方法展示了一种人治式的营销分配与激励机制，是典型的家族式企业的营销分配与激励机制。营销分配与激励机制开始有了管理的观念。第三种方法体现了一种法治式的营销分配与激励机制，是一种建立了一套法人治理机制的有限责任公司的现代企业的营销分配与激励机制。第四种方法则体现了一种较为人性化的营销分配与激励机制，但也容易导致平均主义，重分配轻激励。

由此可见，没有完美的激励机制，只有适合的激励机制。适合的激励机制能够对金融机构营销人员产生正向激励。

8.1 激励机制的理论基础

激励机制的相关理论较多,本书将介绍以下五种理论,主要包括需求层次理论、双因素理论、期望理论、公平理论和强化激励理论。其中,需求层次理论和双因素理论属于内容型激励理论,期望理论和公平理论属于过程型激励理论,强化激励理论属于行为修正理论。

8.1.1 需求层次理论

需求层次理论是美国著名心理学家亚伯拉罕·马斯洛(Abraham H. Maslow)根据人的不同需求提出的,它是研究人类需求结构的理论。该理论有三个基本假设:第一,只有未满足的需求才能够影响人们的行为,已经满足的需求不能充当激励工具;第二,人的需求按重要性和层次性排成一定的次序,从基本的食物和住房到复杂的自我实现;第三,当人的某一层次需求得到最低限度满足后,才会追求更高层次的需求,如此逐层上升,成为激励人们的内在动力。根据马斯洛需求层次理论,将需求分为五个层次,具体如下:

第一层次,生理需求,它是人类维持自身生存的最基本要求,包括衣、食、住、行方面的需求。生理需求是推动人们行动的最强动力。以商业银行为例,银行提供的工作招聘机会、工作餐、供暖设施等都是生理需求的范畴;

第二层次,安全需求,它是人类保障自身安全、摆脱事业和丧失财产威胁、避免职业病的侵袭、接触严酷的监督等方面的需求。商业银行等金融机构中的职业保障,如养老保险、基本医疗保险、重大疾病保险等都体现了安全需求层面的内容。

第三层次,社交需求,又称爱与归属需求。生理需求和安全需求得到满足后,人们对爱、感情和归属的需求就会提上日程。例如,大学举办的运动会、联谊会等活动就是为了满足学生之间的社交需求;商业银行内同事间、上下级之间的交往、银行客户经理与客户之间建立的长期交流关系等,这些属于社交需求。

第四层次,尊重需求,它是较高层次的需求。尊重需求既包括对成就或自我价值的个人感觉,也包括他人对自己的认可和尊重。以基金公司为例,在每年的基金经理排名中,位次靠前的基金经理会获得公开奖励和表扬。以商业银行为例,商业银行的客户经理表现突出,会颁发荣誉奖章,设立优秀客户经理奖项等,这些都属于尊重需求的范畴。

第五层次,自我实现的需求,它是最高层次的需求,是指对自身成长与发展、发挥自身潜能、实现理想等方面的需求。金融机构的营销人员在设计工作时运用复杂情况的适应策略,给有特长的人委派特别任务以满足自我实现的需求。

从需求层次理论可知,一段时间内居于主导地位的需求会引领人们这一段时间内的行为。也就是说,不是所有的需求都必须从低层次到高层次,而是需求之间彼此有交叉,即使当我们的生活富足时,生理需求也会发挥作用。例如,当我们在外忙碌一天,回到家里,就会想要吃一顿热乎的饭菜,此时我们的生理需求就占了上风。所以,不同层次的需求是交替上升的，详见图8-1。

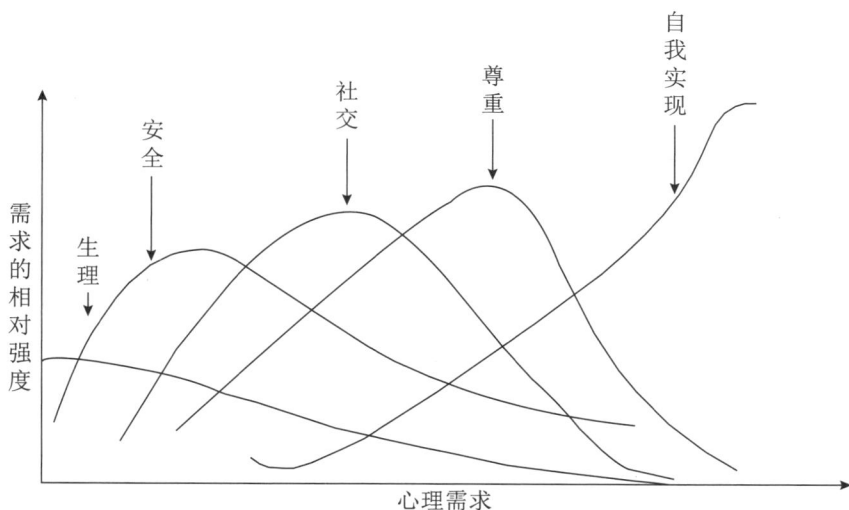

图 8-1 不同需求交替上升

资料来源：MASLOW A H. A Theory of Human Motivation[J]. Psychological Review，1943，50：370-396.

8.1.2 双因素理论

双因素理论，又称激励保健理论，是美国心理学家赫茨伯格（Fredrick Herzberg）提出的，他将企业中的激励因素分为两种：不满意因素和满意因素。不满意因素又称保健因素，指的是容易产生意见和消极行为的因素，其内容包括公司的政策与管理、监督、工资福利、同事关系和工作条件等。这些因素的满足能消除不满情绪，维持原有的工作效率，但不能激励人们更积极地工作。满意因素又称激励因素，指的是可以使人得到满足和激励的因素，包括成就、赞赏、工作本身的意义及挑战性、责任感、晋升、发展等。这些因素若得不到满足，并不会像不满意因素那样产生不满情绪；但这些因素一旦满足就会产生极大的激励作用。由此可见，双因素理论和前文提及的马斯洛需求层次理论有异曲同工之妙。换句话说，不满意因素与需求层次理论的前三个需求层次类似，满意因素则与后两个需求层次契合。

双因素理论在传统的"满意—不满意"理论的基础上添加了保健因素和激励因素，传统的"满意—不满意"理论认为，满意的对立面是不满意，不满意的对立面是满意。赫茨伯格对此提出了修正，赫茨伯格认为，满意的对立面是没有满意，不满意的对立面是没有不满意。带来工作满意的因素和导致工作不满意的因素是截然不同的。缺少保健因素，营销人员会感到不满意，有了它不会感到满意，而是没有不满意；有了激励因素，营销人员会感到满意，没有它不会感到不满意，而是没有满意，详见图8-2。

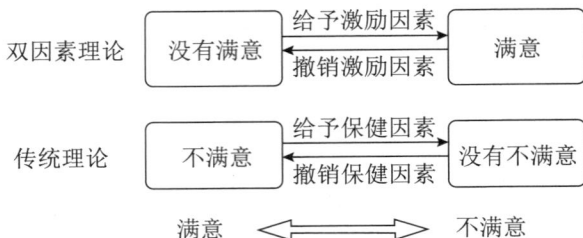

图 8-2　双因素理论和传统"满意—不满意"理论的比较

资料来源：赫兹伯格双因素理论。

8.1.3　期望理论

期望理论是耶鲁大学教授维克托·弗鲁姆（Victor H.Vroom）创建的，他认为只有人们认为预期的行动是有助于实现自己的某个目标时，他们才会受到激励而行动，最终达成目标。期望理论解释了人们的激励力量、个人目标选择以及达成目标的期望值之间的关系。期望理论可用公式 8.1 表示：

$$M=V \times E \tag{8.1}$$

其中，M 代表达到期望目标的动力，即激励力量，是一个人受激励的程度；V 代表达到期望目标的效价，是个人对某一成果的价值估计，或达成目标对满足个人需求的价值；E 代表达到期望目标的期望值，指某种行为会导致一个预期成果的可能性，或指一定行为能够满足需求的概率。

上述公式 8.1 中，当个人对某个目标的达成毫无兴趣时，其效价为零；当个人不希望目标实现时，则效价为负数，这样不仅没有动力，还有反作用；当期望值很小或为零时，人们对目标的达成同样不会有积极性。激励的程度取决于效价和期望值两个因素。期望理论有助于管理者理解和分析营销人员的激励状况，并识别有关的变量因素。

例如，中国人保应根据双因素理论及期望理论，建立以人为本的激励机制，营造具有人文关怀的工作环境，在公司内部形成竞争机制，提高营销人员对需求的期望值，从而提高工作积极性。在制定业绩目标时，综合考虑营销人员的个人水平，以满足公司整体业绩目标为前提，给予不同形式的激励手段。

8.1.4　公平理论

公平理论是斯塔西·亚当斯（J. S. Adams）正式提出的，他提出：人们会将自己得到的回报和付出分别与他人的投入和回报进行比较，以此来评价自己是否受到了公平对待。公平理论有两个前提假设条件：其一，个人会评估其社会关系；其二，个人并不是无中生有地评估公平，而是将自身情况与他人情况进行比较，以此判断自身是否受到公平对待。

人们在相互比较时，若发现自己的报酬相对较低，就会设法消除不公平对待，并可能采取以下措施来实现平衡：①改变自己的投入，即通过减少努力来降低投入，进而提高"投入—产出"比例。通过降低产品质量，如减少工作时间、经常缺勤等方式达到自己的公平。②改变自己的所得，即要求加薪来增加报酬，进而提高"投入—产出"比例。例如，保险公司职工以保险销售数量为业绩标准发放工资。③改变参考对象，当与某一参照对象比较时，可能存在不公平感，但如果换一个比较对象，不公平感可能随之消失。④改变目前的工作，寻找一个收入更高的工作。例如，当员工对当前工作的薪酬感到不满意时，可以"跳槽"到另一家公司。⑤扭曲对自己的认知，改变对自己的能力估计，由过高到适当。例如，如果某位员工感到他的报酬低于其他同事，他可以通过调整认知标准来消除不公平感。比如，员工认为自己与其他人工作时间一样长但收到的薪酬却比他们低，因此感到不公平，但经过调整认知后发现是自身的工作效率比其他人低。⑥扭曲对别人的认知，如提高对他人水平的估计，具体方法与第五条相似。

公平理论对管理者的实践有重要指导作用，公平理论在薪酬制度中的应用会得到三种公平的表现形式：内部公平、外部公平和营销人员个人公平。在企业中，岗位相同或相似，能力相近的营销人员更关注薪酬分配外部公平的满足度。因此，企业要想留住优秀的人才，就必须让他们对获得的薪酬感到公平和满足，只有这样，才能更好地发挥薪酬的激励效果。

8.1.5　强化激励理论

强化激励理论是伯尔赫斯·弗雷德里克·斯金纳（Burrhus Frederic Skinner）提出的，他将科学实验引入心理学，创造性地运用了巴甫洛夫的条件反射学说和华生的行为主义学说。与巴甫洛夫对强化的理解不同，在斯金纳的操作条件反射中，强化是指伴随于行为之后且有助于该行为重复出现的概率增加的事件。强化理论是基于一个很简单的假设，即如果一个行为的结果得到奖励，该行为就会趋向重复；反之，一个行为结果招致惩罚，该行为就会减少重复。强化理论总共分为以下四种情况：

1. 正强化

正强化是一种增强的行为，它是指当某个行为出现后，随即加以奖励，这样会激励该行为的重复发生。例如，当银行等金融机构的管理人员看到某客户经理表现出色后加以表扬，这就是对工作行为做出了正强化，进而增加这种行为的重复性。此外，正强化还包括提薪、晋升、奖励等手段。银行等金融机构对积极提出合理化建议的客户经理颁发奖金，鼓励其为银行等金融机构的发展提供更多建议，以提高金融机构的效益。

2. 负强化

负强化也是一种增强的行为，它是指预先告知某种不符合要求的行为可能引起的后果。例如，《中华人民共和国银行业监督管理法》第四十八条规定："银行业金融机构违反法律、行政法规以及国家有关银行业监督管理规定的，银行业监督管理机构除依照本法第四十四条至第四十七条规定处罚外，还可以区别不同情形，采取下列措施：（一）责令银行业金融机构对直接负责的董事、高级管理人员和其他直接责任人员给予纪律处分；（二）银行业金融机构的行为尚不构成犯罪的，对直接负责的董事、高级管理人员和其他直接责任人员给予警告，处五万元以上五十万元以下罚款；（三）取消直接负责的董事、高级管理人员一定期限直至终身的任职资格，禁止直接负责的董事、高级管理人员和其他直接责任人员一定期限直至终身从事银行业工作。"这对银行主要负责人的行为有一定约束作用。

3. 惩罚

惩罚是指用某种令人不快的结果，来减弱某种行为的发生。例如，当商业银行的客户经理上班迟到，工作出错时，其主管领导可用批评、纪律处分、罚款等措施制止该行为的再次发生。但是，惩罚也有副作用，如激发客户经理的愤怒、敌意等，因此，最好尽可能地采用其他强化手段。

4. 自然消退

自然消退是指通过不提供个人所期望的结果来减弱个人的行为。例如，金融机构曾对员工加班加点完成生产定额给予奖酬，后经研究认为这样不利于员工的身体健康和公司的长远利益，因此不再发给奖酬，从而使加班加点的员工逐渐减少。

8.2 激励机制的实践

8.2.1 激励机制在商业银行的实践

商业银行激励机制主要采用目标激励、股权激励和薪酬激励。

目标激励在商业银行激励中发挥着重要作用。商业银行等金融机构要能够识别营销人员的能力和特长，将营销人员分配到合适的工作岗位上，这种认可是对营销人员的激励。知人善任是每家银行的必修课题。例如，广西北部湾银行股份有限公司（下称"广西北部湾银行"）采取因岗适人、依事择人的干部岗位目标激励模式。对营销人员既注重从基层选拔干部，又注重把干部送到一线和关键岗位"摸爬滚打、强身健体"。该行还在正向考核、落实待遇、营造环境等方面激励营销人员，科学开展绩效考核，推动分支机构和经营部门之间内部绩效奖励差异化分配。

股权激励是近 20 年兴起的中长期激励机制，一般包括股票期权、限制性股票和股票增值权等形式。商业银行实施股权激励是一种趋势，可以促使银行产生活力，增强市场竞争力。招商银行于 2009 年 3 月 18 日事会决议通过了关于实施首期 A 股限制性股票激励计划（草案）的议案。议案中激励对象的范围为董事会确定的对公司整体业绩和持续发展有直接影响的核心专业人才和管理骨干，以及公司认为应当激励的其他关键人员，不针对高管。计划涉及的限制性股票来源为招商银行向激励对象定向发行新股，总额度为 1.47 亿股，约占当前公司股本总额的 1%。

薪酬激励是商业银行治理机制的重要组成部分，是协调银行、股东和员工之间利益关系，推动银行战略落地的关键抓手。随着经济发展进入新时代，中国商业银行深化改革、转型发展步伐不断加快，亟须进一步完善薪酬激励机制，切实发挥薪酬在公司治理中的引领导向作用，助力商业银行战略转型和改革发展。例如，2021 年，招商银行领衔，职工薪酬费用由 2020 年的 478.47 亿元，增长到了 2021 年的 587.28 亿元，增幅高达 22.74%。兴业银行紧随其后，2021 年，职工薪酬费用为 346.89 亿元，同比增长了 19.33%。中信银行职工薪酬费用涨幅同样不低，由 2020 年的 296.79 亿元，上涨到 2021 年的 344.03 亿元，增长了 15.92%。光大银行 2021 年的职工薪酬费用为 219.9 亿元，比 2020 年的 192.66 亿元，同比增长了 14.14%。浙商银行的职工薪酬费用也保持了两位数的增长，由 2020 年的 81.97 亿元，增长到了 2021 年的 91.82 亿元，同比增长 12.02%。民生银行的职工薪酬，2020 年为 282.42 亿元，2021 年增长到 310.15 亿元，增幅为 9.82%。增长幅度最低的是平安银行。2021 年，平安银行的职工薪酬费用为 216.96 亿元，比 2020 年的 205.7 亿元，仅仅增长了 5.47%。在已经披露年报的上市股份行中，排名垫底，详见图 8-3。

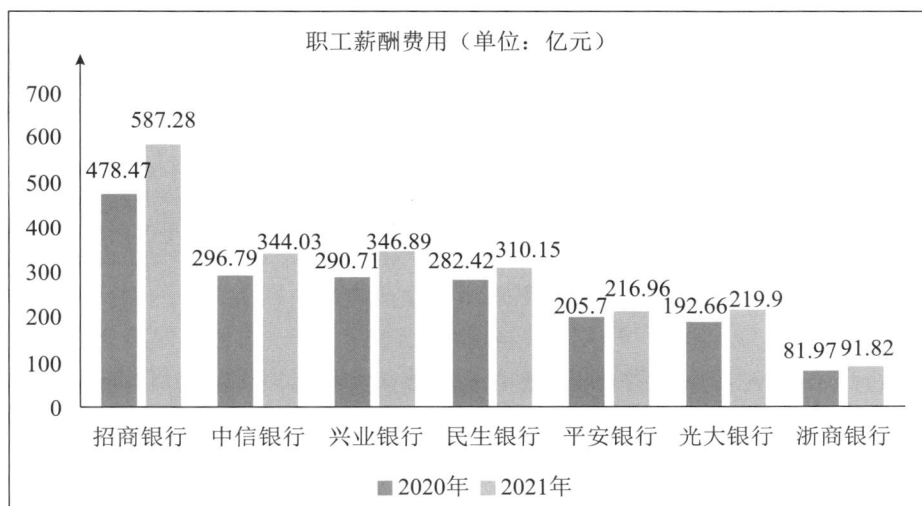

图 8-3　2021 年银行薪酬增长幅度

资料来源：各银行官网。

8.2.2　激励机制在证券公司的实践

股权激励在证券公司的员工激励上也发挥了重要作用。证券公司实施股权激励是中国资本市场与国际接轨的必然趋势。自证监会主席郭树清上台以来，其推动资本市场改革的决心和力度使大家又看到了证券公司推行股权激励的一线曙光。

早在 2015 年，监管就鼓励上市证券公司回购股份用于员工持股计划。2015 年 8 月底，证监会召开维护资本市场稳定专题工作会议，鼓励上市证券公司回购股份用于员工持股计划。正是在此背景下，国元证券股份有限公司（下称"国元证券"）和兴业证券股份有限公司（下称"兴业证券"）得以实施员工持股计划。国元证券 2016 年 8 月 4 日发布的员工持股计划二次修订稿显示，员工持股计划的股票来源于 2015 年稳定股市时回购的股票，持股股价为每股 14.57 元（除权和除息前）。兴业证券 2017 年 8 月 10 日发布的员工持股计划修订稿显示，该公司本次员工持股计划的股票同样来源于 2015 年稳定股市时回购的股票，员工持股计划购买这些回购股票的价格相应做除息调整为 6.54 元 / 股。

2018 年年末，一份《关于支持上市公司回购股份的意见》被推出，招商证券股份有限公司（下称"招商证券"）第一个积极响应，成为上市证券公司中首家推出员工激励方案的证券公司。2019 年 3 月 12 日，招商证券发布公告，拟回购股份实施员工激励，将自公司股东大会、A 股类别股东会议、H 股类别股东会议审议通过回购 A 股股份方案之日起 12 个月内，以 6.5 亿元至 13 亿元的自有资金进行股份回购。按照回购价格上限 26.35 元 / 股测算，预计回购股份总数为 2466.79 万 ~4933.59 万股，约占该公司目前已发行总股本的 0.37%~0.74%。

2019 年 3 月 4 日，中信证券股份有限公司（下称"中信证券"）发布公告，重点披露了《员工持股计划（草案）》，拟向公司骨干员工推行员工持股计划，资金来源为公司应付员工的合法薪酬，由信托机构直接在二级市场购买公司 A 股或 H 股股票，累计不超过公司股份总数的 10%。本次员工持股计划的有效期为 10 年，分年实施。以 2967 亿元市值估算，实施金额约 300 亿元。

8.2.3　激励机制在保险公司的实践

保险公司的激励机制主要包括参与激励和股权激励两种。

（1）参与激励，就是让营销人员参与保险公司的管理，通过对保险公司进行真实的管理，加强营销人员对保险公司的归属感和认同感，并且增加营销人员自我价值实现的满足感，从而提高营销人员对公司的忠实度，进一步激发营销人员的工作积极性。参与激励可以促进管理者和营销人员的沟通，有利于决策的执行，是治疗士气低落和生产力低下的灵丹妙药。2021 年 6 月 8 日，银保监会发布《银行保险机构公司治理准则》，其吸收借鉴了《二十国集团 / 经合组织公司治理原则》的一些良好做法，其中包括鼓励支持营销人员参与公司管理。

（2）股权激励可以有效降低保险公司所有者与经营者的"委托代理关系"所可能产生的代理人风险，通过保险公司所有者与经营者直接的利益共享机制，减少代理成本，促进企业长期稳健发展。可以说保险机构员工持股计划是提升保险业竞争力的又一重要举措。水滴保险经纪有限公司（下称"水滴公司"）是中国最大的独立第三方保险平台。早在 2019 年 3 月，水滴公司的股东和董事会就已批准通过了一项"2018 年股权激励计划"。"2018 年股权激励计划"开放的对象为公司董事、员工和顾问，所采用的激励工具包括期权、限制性股票、限制性股票单位以及董事会批准的其他形式奖励。该计划可发行的 A 类普通股的最大股数为 384159746 股，截至招股说明书发布日，还有 285474868 股尚未行权。为加大激励力度，进一步吸引人才，促进公司业务发展，水滴公司董事会于 2021 年 4 月通过了一项新的股权激励计划——"2021 年股权激励计划"。"2021 年股权激励计划"所面对的激励对象与采用的激励工具均与"2018 年股权激励计划"相同（激励对象：公司董事、员工和顾问；激励工具：期权、限制性股票、限制性股票单位以及董事会批准的其他形式奖励），与"2018 年股权激励计划"有所区别的是，"2021 年股权激励计划"所能发行的最大 A 类普通股数为 80508501 股，且这个数值将于计划期的十年内逐年递增，递增量为按上一年度最后一天转换后的已发行和未行权股票总数的 2%。

8.3　营销人员的薪酬激励

8.3.1　薪酬的界定与设计原则

一般来说，薪酬是企业由于使用了员工劳动而向员工支付的金钱或实物。薪酬有广义和狭义之分，狭义的薪酬不包括福利，因此，企业员工的全部报酬为薪资与福利，即 C&B。但在大多数场合，广义的薪酬除了包括员工的货币收入、非货币收入，还包括一些长期或延期支付的报酬形式，如法定福利、企业分红、利润分享、股票期权等。

美国的著名薪酬管理专家乔治·T. 米尔科维奇（George T. Milkovich）提出了薪酬设计的四维度模型，并指出在设计薪酬时要考虑四个最主要方面，即对外具有竞争力、对内具有公平性、对个人具有激励性、薪酬体系制度易于管理，这四个最主要方面也可叫作四性原则，详见图 8-4。

图 8-4　薪酬设计的四性原则

资料来源：钟芳 . 以四性原则指导宽带薪酬设计 [J]. 现代经济信息，2010（3）：173.

（1）对外具有竞争力。如果要留住优秀人才，商业银行等金融机构设计的薪酬制度一定要对外具有竞争力，如果薪资水平过低，或者低于业界平均，则很难吸引优秀人才的加入，普华永道会计师事务所（下称"普华永道"）发布的《中国金融科技调研 2020》指出，金融科技人才是数字化时代的稀缺资源，无论是传统金融机构还是金融科技公司都求贤若渴，更有竞争力的薪酬水平是招聘和留住金融科技人才的关键因素之一。

（2）对内具有公平性。在设计薪酬制度时，商业银行等金融机构的客户经理要按照多劳多得、少劳少得、不劳不得的公平原则制定。

（3）对个人具有激励性。众所周知，在薪酬体系中，除了基本工资，还有一部分较为灵活的绩效工资，这部分就是作为激励性工资提出的，以鼓励商业银行等金融机构的营销人员通过多干活获得额外的报酬。

（4）薪酬体系制度易于管理。

8.3.2 薪酬的内容

薪酬包括经济薪酬与非经济薪酬。经济薪酬可分为直接经济薪酬和间接经济薪酬。直接经济薪酬是指直接以货币的形式支付的薪酬，包括基本工资、奖金、绩效工资、激励工资、津贴、加班费、佣金、利润分红等；间接经济薪酬是不直接以货币报酬的形式，间接地通过福利（如养老金、医疗保险）以及服务（带薪休假等）等支付的薪酬，此外还包括银行为营销人员出钱的员工培训、住房补助、免费早餐和午餐等。

非经济性薪酬是指无法用货币等手段衡量，但会给员工带来心理愉悦效用的因素，包括工作成就、工作满意度、工作挑战性、责任感、社会体面、个人成长、团队合作氛围、个人价值实现、友谊关怀、舒适的工作环境、弹性工作时间等，详见图 8-5。

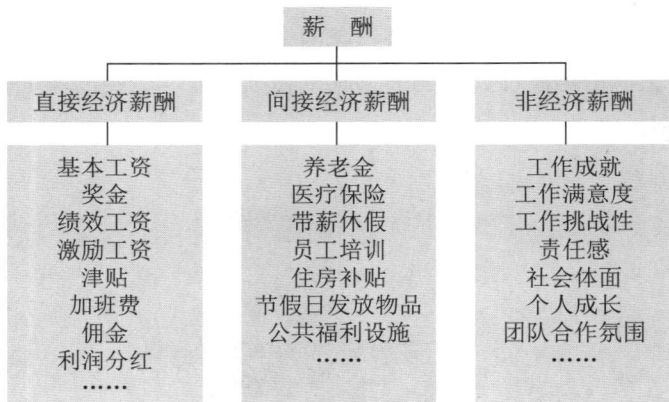

图 8-5　薪酬构成

资料来源：赵国军. 薪酬设计与绩效考核全案 [M]. 第 3 版. 北京：化学工业出版社，2020.

8.3.3 影响薪酬的因素

金融机构营销人员的薪酬受多种因素的影响，本书将从内部因素、外部因素和个人因素这三个方面做简要介绍。

（1）内部因素主要包括：①金融机构负担能力，其负担能力强，那么员工的薪酬水平较高且稳定。②金融机构经营状况，经营状况越好的金融机构，其薪酬水平相对稳定且有较大的增幅。③薪酬政策，薪酬政策是金融机构分配机制的直接表现，薪酬政策直接影响着企业利润积累和薪酬分配关系。④金融机构远景，处在生命周期不同阶段的金融机构，其盈利水平和盈利能力及远景是不同的，这些差别会导致薪酬水平的不同。

（2）外部因素主要包括：①地区与行业的差异，一般经济发达地区的薪酬水平高于经济落后地区，处于成长期和成熟期企业的薪酬水平高于衰退期企业。②地区生活指数，金融机构在确定员工的基本薪酬时应参照当地的生活指数，一般生活指数高的地区，其薪酬水平也相对高。③社会经济环境，社会经济环境直接影响薪酬水平，在经济较好时，通常员工的薪酬水平也相对较高。④劳动力价格水平，通常劳动力价格水平较高的地区，薪酬水平也较高，劳动力价格水平低的地区，薪酬水平也较低。⑤现行工资率，国家对部分金融机构规定了相应的工资率，这是决定员工薪酬水平的关键因素。

（3）个人因素主要包括：①岗位职称差别，岗位及职称的差别意味着责任与权力的不同，权力大者责任也相对较重，因此其薪酬水平较高；②工作表现，员工的薪酬是由个人的工作表现决定的。因此在同等条件下，高薪也来自个人工作的高绩效；③资历与工龄，通常资历高与工龄长的员工的薪酬水平较高。

近年来复杂的经济环境，新冠肺炎疫情的暴发，导致商业银行开始逐步下调管理层薪酬。2021年以来，除了平安银行、民生银行、光大银行的高管平均薪酬实现上涨，其余银行都有不同程度的下降。表 8-1 为 2019—2021 年部分股份制银行高管薪酬统计表。

表 8-1　2019—2021 年部分股份制银行高管薪酬统计表

银行简称	年　份	高管平均薪酬/万元	同比变动
民生银行	2020	150.73	—
	2021	160.72	6.63%
招商银行	2020	187.92	—
	2021	147.52	−21.50%
平安银行	2020	156.91	—
	2021	177.29	12.99%
中信银行	2020	118.69	—
	2021	117.39	−1.10%
光大银行	2020	130.58	—
	2021	133.8	2.47%
浙商银行	2020	115.97	—
	2021	81.39	−29.82%
渤海银行	2020	112.59	—
	2021	88.43	−21.46%
兴业银行	2020	87.39	—
	2021	84.86	−2.90%

资料来源：各银行官网。

8.3.4　薪酬激励的实践

中国已建立起以中国人民银行为核心，以国有商业银行和政策性银行为主体，多种金融机构并存的金融体系格局。中国的金融体系具有极端的银行导向型特征，为此，以下将以商业银行为例来说明中国金融机构的薪酬激励机制。

1. 基本情况

中国商业银行服务营销人员的基本薪酬制度已从计划经济时期的完全固定工资制逐步转向基本工资加绩效工资制。1993 年中国国有商业银行在全国范围内全面推行工资制度改革。商业银行按事业单位进行工资制度改革，实行"行员等级工资制"。其工资主要由行员等级工资、奖金和特殊职位津贴构成。随着中国金融体制改革的不断推进，部分商业银行和股份制银行初步建立了基础薪资加绩效薪资的薪酬激励机制，加大了对银行经营管理者和营销人员的激励。

2. 薪酬激励的现状

（1）国有银行与股份制银行薪酬收入总体水平相差较大。以 2021 年部分上市银行人均薪酬为例，排在第一位的招商银行人均薪酬为 67.9 万元，排在第二名的泸州银行人均薪酬为 59.2 万元，排在第三名的中信银行人均薪酬为 58.2 万元，而居于国有银行第一位的交通银行人均薪酬仅为 40.7 万元，详见表 8-2。

表 8-2　2021 年部分上市银行人均薪酬情况

银 行 简 称	2021 年人均薪酬 / 万元
招商银行	67.9
泸州银行	59.2
中信银行	58.2
兴业银行	56.8
浙商银行	55.2
平安银行	55.1
渤海银行	52.9
民生银行	51.9
东莞农商行	46.9
光大银行	46.9
徽商银行	45.6
苏州银行	44.9
重庆银行	42.7
青岛银行	42.5
贵州银行	41.7
江西银行	41.5
交通银行	40.7

资料来源：新浪财经官网。

（2）不同银行高管收入差距逐步扩大。2020 年美国四大银行之一的摩根大通的首席执行官的薪酬为每年 3150 万美元（约 2.3 亿元人民币），浙商银行行长的薪酬为每年 475 万元人民币，差距达到了 40 倍之多。

（3）银行高管薪酬与营销人员薪酬差距有所加大。2019 年，中国工商银行行长薪酬为

70.7 万元，交通银行副行长薪酬为 66.6 万元，而五大行（中国工商银行、中国农业银行、中国银行、中国建设银行、交通银行）的柜台人员平均年收入在 10 万元左右，与行长的薪酬水平差 7 倍左右。高管和基层员工的收入相差 10 倍甚至 20 倍左右。

（4）长期薪酬激励并未落到实处。长期薪酬激励一般都是采用期权的形式，将营销人员和金融机构紧密结合在一起，但现在没有完全做到。2018 中国上市银行发展论坛上，中国银行业协会首席经济学家巴曙松指出："在监管部门的积极引导下，中国银行业已初步构建起薪酬与长期业绩表现、实际风险承担之间的关联机制，但是高管薪酬结构仍需优化，特别是中长期激励手段不足。当前，在中国的银行业中，以货币方式为主的短期激励占据主导，股权激励等中长期激励工具应用受限。"

3. 银行薪酬体制改革方向

根据上述薪酬体系存在的问题，进一步提出优化商业银行薪酬激励的对策。本书分别从微观层面、中观层面和宏观层面三个角度出发，对银行薪酬体制改革提出建议，见图 8-6。

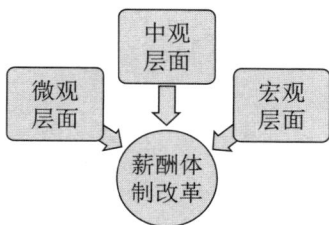

图 8-6　银行薪酬体制改革方向

资料来源：王红.商业银行薪酬激励现状及其优化对策 [J].企业改革与管理，2019（21）：73-74.

（1）微观层面，优化薪酬激励机制。推进激励模式的创新，实施组合型的薪酬激励。建立以会计盈余为基础的短期薪酬激励和以市场价值为基础的长期薪酬激励制度，并将短期薪酬组合同长期薪酬组合结合起来，以实现对全体员工积极有效的激励。完善薪酬激励机构，进一步增加激励比例，如加快实现股票期权、限制性股票期权计划等长期薪酬激励机制。实现全覆盖的激励，对商业银行的高管强化股票和期权激励，对一般性的中层银行管理人员加强限制性股票薪酬激励，而对一般的商业银行员工来说，可以采取按股配息和持股的方式进行激励。

（2）中观层面，强化商业银行治理。进一步完善现代商业银行治理体系和治理结构。对董事会的构成和具体人员进行优化，降低内部董事的人数比例，提升非银行人员的占比。设置董事薪酬激励审计委员会。一是要设置审计委员会全面负责审计；二是完善银行治理机构；三是建立薪酬委员会。加强制度体系创新与建设。除上市的商业银行可以进行股票回购外，也可以实现授权资本制，从而允许公司向激励对象分期、分批地增发新股，进而在节约成本的情况下更好地发挥薪酬激励机制的作用。

（3）宏观层面，改善外部环境。加快中国资本市场的发展和改革，在发展中改革，在改革中发展。为适应银行薪酬激励制度的改革，要推出多种不同类型的薪酬激励措施，在资本市场中起到强化指数期权的作用，指数化期权的行权价保持一定的浮动，通过该指数保持同资本市场的紧密连接，反映市场的综合指数情况，可以每年根据相应的基准指数的变化对相应的期权进行调整和设定，员工在达到或者超过设置的目标性指标后就能得到丰厚的回报，最终促进商业银行本身的发展。

案 例 分 析

案例 8-1　国泰君安"抢跑"推动股权激励

新《证券法》实施后，证券公司股权激励计划也很快有了进展。2020 年 6 月 7 日，国泰君安发布《A 股限制性股票激励计划（草案）》，成为新《证券法》实施以来业内首家推出股权激励计划的证券公司。

在国泰君安 2020 年 6 月 8 日晚间发布的回购报告书中，公司拟以自有资金、集中竞价方式回购人民币普通股（A 股）股票，拟回购股份数量 4450 万~8900 万股。回购价格为不超过 24.39 元人民币 / 股，拟回购金额总额不超过 21.7 亿元人民币。回购期限为自董事会议通过回购 A 股股份方案之日起不超过 12 个月。

国泰君安表示，本计划首次授予的激励对象为公司执行董事、高级管理人员以及其他核心骨干人员，共计 451 人，占公司截至 2019 年 12 月 31 日在册员工总人数的 2.96%。所有激励对象均在公司或境内全资子公司、分公司任职，已与公司或境内全资子公司签署劳动合同、领取薪酬。预留激励对象的确定标准参照首次授予的标准确定。此外限制性股票分配向前台业务部门倾斜情况明显。分配方案显示，副董事长、总裁王松获授限制性股票 72.2 万股，副总裁朱健、副总裁蒋忆明、副总裁陈煜涛、副总裁龚德雄 4 人均分别获65 万股，执行董事喻健等 3 人获 59.5 万股。在激励计划实施安排方面，首次授予不超过 8159.3 万股，预留授予不超过 740.7 万股；在限售期设置方面，此次激励股票分三次解除限售，限售期分别为自相应授予部分股票登记完成之日起 24 个月、36 个月、48 个月，解除限售比例分别为 33%、33%、34%。

对于本次股权激励计划的目的，国泰君安表示，"为了进一步完善公司的法人治理结构，实现对执行董事、高级管理人员以及其他核心骨干人员的长期激励与约束，充分调动其积极性和创造性，使其利益与公司长远发展更紧密地结合，防止人才流失，实现企业可持续发展"。

资料来源：券商股权激励再度破局，国泰君安"抢跑"受益政策松绑 [EB/OL]. 第一财经资讯，[2023-06-09].

思考：

1. 国泰君安为什么推动股权激励？

2. 国泰君安此次股权激励的具体举措有哪些？

3. 除了股权激励，国泰君安还可以采取哪些激励手段？

本 章 小 结

（1）马斯洛需求层次理论有三个基本假设：第一，只有未满足的需求才能够影响人们的行为；第二，人的需求按重要性和层次性排成一定的次序；第三，当人的某一层次需求得到最低限度满足后，才会追求更高层次的需求。马斯洛需求层次理论共分为五个层次，分别为生理需求、安全需求、社交需求、尊重需求、自我实现的需求。

（2）双因素理论认为企业中的激励因素分为不满意因素和满意因素：前者包括住房、医疗、良好的人际关系与工作环境等维系营销人员身心健康的要素；后者包括工作的挑战性、工作本身的社会价值。

（3）期望理论的基本观点是，只有人们认为预期的行动是有助于实现自己的某个目标时，他们才会受到激励而行动，最终达成目标。

（4）公平理论描述了日常生活中常见的现象：即人们通常都有一种要求受到公平对待的感觉。营销人员不仅会把自己的努力与所得报酬作比较，而且还会把自己和其他人或群体作比较。并通过增减自己付出的努力或投入的代价，来取得他们所认为的公平与平衡。

（5）强化激励理论是基于一个很简单的假设：一个行为的结果若是得到奖励，该行为就会趋向于重复；反之，一个行为结果若是招致惩罚，该行为就会减少重复。强化理论可分为以下四种：正强化、负强化、惩罚以及自然消退。

（6）薪酬是企业由于使用了员工劳动而向员工支付的金钱或实物。薪酬包括经济薪酬和非经济薪酬，前者是和金钱相关的，或者可以折合成金钱的；后者包括社会地位、个人成长、个人价值的实现等。薪酬机制的制定主要原则包括对外具有竞争力、对内具有公平性、对个人具有激励性以及薪酬体系制度易于管理。

■ 关键概念

需求层次理论　双因素理论　期望理论　公平理论　强化理论　激励机制薪酬

综 合 训 练

一、填空题

1. 双因素理论包括_____和_____。

2. 强化激励理论包括_____、_____、_____、_____。

二、选择题

1. 根据马斯洛需求层次理论，人的行为决定于（　　）。

A. 需要层次　　　　B. 激励程度　　　　C. 精神状态　　　　D. 主导需要

2. 曹雪芹虽食不果腹，仍然坚持《红楼梦》的创作，是出于其（　　　）。

    A. 自尊需求　　　　B. 情感需求　　　　C. 自我实现的需求　　　　D. 以上都不是

3. 公平理论进一步表明，管理人员应该懂得（　　　）。

    A. 满足是难以一概而论的　　　　　　B. 人贵有自知之明

    C. 人无贵贱之分　　　　　　　　　　D. 好人难得好报

4. 以下哪项因素最可能是赫兹伯格所认为的激励因素？（　　　）

    A. 富有挑战性的工作　　　　　　　　B. 良好的人际关系

    C. 较高的工资水平　　　　　　　　　D. 完备的管理制度

5. 在会议进行中，管理者不希望下属不停地提出各种问题干扰会议进程，在有人举手发言时便无视他们的举动，只顾自己把话讲完，这种影响下属行为的方式是（　　　）。

    A. 正强化　　　　B. 负强化　　　　C. 自然消退　　　　D. 惩戒

三、问答题

1. 马斯洛需求层次理论的基本内容是什么？对管理实践有何启示？

2. 公平理论的基本内容是什么？

3. 常用的激励方法有哪些？

第 9 章
客户关系管理

9.1 客户关系管理概述

9.1.1 客户关系管理的产生

客户关系管理（Customer Relationship Management，CRM）源于西方的市场营销理论，是由美国著名营销学家杰罗姆·麦卡锡（Jerome McCarthy）提出的。在此基础上，美国学者罗伯特·劳特朋提出了以客户为导向的 4C 理论。

在以上两种理论的基础上，高德纳咨询公司于 1999 年首次提出了 CRM 的概念。在此之前，最早出现的是 20 世纪 80 年代初的联系人管理（Contact Management）概念，即专门收集客户与企业联系的所有相关信息。之后，高德纳咨询公司于 1990 年提出了企业资源计划（Enterprise Resource Planning，ERP）概念，即基于信息技术，以系统化的管理思想为企业决策层及营销人员提供决策运行手段的管理平台。为了降低成本，提高效率，增强竞争力，许多企业开始应用 ERP 系统进行业务流程的改造。但在实际应用中，人们逐渐发现 ERP 系统没有很好地实现对供应链下游（客户端）的管理。因此，高德纳咨询公司结合新技术的发展和企业实际需求提出了 CRM 的概念，得到了实业界与学术界的高度关注。

自 20 世纪 90 年代末期起，CRM 开始发展并逐渐成熟，且广泛应用于金融、电信、餐饮、交通、旅游、医疗保健、制造业、房地产等多个领域和行业。

9.1.2　客户关系管理的内涵

客户关系管理，是企业在核心竞争力建设中，为求竞争制胜和快速成长，树立以客户为中心的理念，所制定的包括判断、选择、争取、发展和保持客户的完整商业战略；是企业以客户关系为重点，优化组织体系和业务流程，提高客户满意度和忠诚度，能有效提高效率和利润的业务实践；也是企业围绕客户价值创造，为最终实现电子化、自动化运营目标，在此过程中发明或使用的先进技术（软硬件）、管理制度与解决方案等的方法总和。

因此，CRM 的内涵可归纳为新管理理念、新技术系统、新商业模式三个层面，详见图 9-1。其中，新管理理念是 CRM 实施应用的基础，是 CRM 成功的关键；新技术系统是 CRM 成功实施的手段和方法；新商业模式是决定 CRM 成功与否、效果如何的直接因素。三者缺一不可，相互支撑，共同构成完整的 CRM 体系。

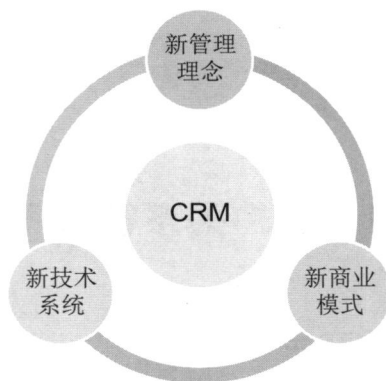

图 9-1　CRM 体系

资料来源：王广宇.客户关系管理 [M].第 3 版.北京：清华大学出版社，2013.

金融机构中，CRM 主要体现为：以客户为中心，整合资源，满足客户需求，建立和维护长期稳定的客户关系，确保客户满意。CRM 技术是金融机构在客户关系管理中所应用的各项信息技术和软硬件系统的总和，包括电子商务、多媒体技术、数据挖掘、数据仓库、人工智能、专家系统、呼叫中心等，这主要是从互联网技术和解决方案的层面对 CRM 进行的定义。CRM 模式是结合 CRM 软件在调研分析的基础上做出的一套完整的金融机构业务解决方案。CRM 的概念集中在具体的金融机构经营管理模式，主要体现在市场营销、销售实现、客户服务和决策分析四大业务领域。

整体来讲，首先，CRM 是对客户信息的整合集中管理，体现了将客户作为金融机构重要资源的管理思想，是金融机构信息化建设中的重要一环。其次，CRM 融合了互联网和电子商务、数据仓库和数据挖掘、专家系统和人工智能等多项内容，是硬件平台与软件环境的集成。再次，CRM 是一套应用软件系统，将市场营销及金融机构管理等固化到计算机程序中。最后，CRM 是一种通过互联网技术驱动组织结构和工作流程变化的商业战略。

9.1.3　客户关系管理系统软件的组成

CRM 系统具体包括两个部分：一个是触发中心，另一个是挖掘中心。

触发中心是指银行等金融机构通过电话、传真、电子邮件等多种方式接触客户或与客户保持联系，在联系的过程中，CRM 进行记录并以此为依据分析客户需求。挖掘中心则帮助营销人员鉴别、赢得、留住和发展客户。银行有一个著名的"二八定律"，银行 80%的利润来自 20% 的客户，CRM 系统就包括鉴别这 20% 的客户。例如，法国银行可实现每个客户每年帮忙发展 7 个新客户。CRM 系统在金融机构客户管理中发挥了重要作用，以光大永明人寿保险有限公司（下称"光大永明保险"）的 CRM 系统为例，其坚持以客户为中心，打造更加便捷、全面、精准化的客户服务，提升客户满意度，实现"知客户""优服务""智运营"的目标。光大永明保险的 CRM 系统坚持数字化管理，以客户价值为主维度，实现客户积分、等级、权益管理，建立客户评价体系，为客户提供个性化、差异化、便利化、一站式的保险金融产品和服务。基于 CRM 系统，金融机构可以更好地坚持"以客为尊"，以客户需求为抓手，推动金融机构转型发展。

9.2　客户关系管理的传统与创新

9.2.1　社会化 CRM 的含义

以全球化为特征的当代经济、日益激烈的竞争以及极具互动性和关系性的社交媒体技术使产品同质化现象愈加严重，竞争对手爆炸式增多，客户开始通过社交媒体网络影响企业。传统的、以顾客交易和流程自动化为中心的 CRM 越来越不适用于当下的商业环境，而社会化 CRM 实现了通过社交媒体以双向协作对话的形式建立企业与客户的关系。社会化 CRM 概念的理解有以下三种视角，详见表 9-1。

（1）战略策略视角。该视角主要从金融机构战略目标与管理实践方法两个方面来理解社会化 CRM，认为社会化 CRM 是通过以客户为中心的业务系统和社交媒体等技术手段实现客户关系管理的综合战略方法，是为贯彻客户关系导向、保证金融机构 CRM 目标在客户生态系统中得以实现而采取的一系列配套性的重要措施、手段和技巧，其目标是以协作对话的形式吸引客户参与到金融机构的价值共创之中，为其带来运营成本的降低以及商业价值的增加。

（2）流程整合视角。该视角强调整合的重要性，主要从流程、系统、技术与新兴的社交媒体应用程序联系组合的视角来理解社会化 CRM，认为社会化 CRM 不是简单地将社交媒体技术与金融机构现有 CRM 业务流程拼接在一起，而是将金融机构的人员、业务应用、信息与社交媒体技术整合到金融机构 CRM 流程中，并对整个流程进行监控，不断改进金融机构业务运作，从而帮助金融机构快速响应客户生态系统的变化，扩大竞争优势。

（3）技术创新视角。该视角倾向于从技术进步与创新的角度理解社会化 CRM，片面地认为社会化 CRM 是传统 CRM 的一种集成了社交媒体的技术升级形式，其目的是通过创新金融机构的程序化响应来进行市场信息管理与客户信息管理，并以此提高客户的满意度、忠诚度和留存率。

综合以上三种视角，本书认为社会化 CRM 是一种为适应客户生态系统而将社交媒体技术作为创新技术资源，同金融机构人力资源、信息资源与业务运作一起整合到以客户为中心的 CRM 流程架构中，来实现吸引客户与金融机构进行双向交互以实现价值共创等社会化 CRM 目标的综合战略管理方法。

表 9-1　三种视角下的社会化 CRM 定义

研究视角	社会化 CRM 定义	研 究 者
战略策略视角	以顾客为导向，由技术、业务指令、流程和社会特征支持的综合战略管理方法，其目的是让顾客参与合作，为金融机构提供商业价值	Greenberg（2009）；Peters 和 Pressey（2010）
	由技术平台、业务规则、工作流程和社交功能支持的商业策略，其目的是借助协作对话的形式，帮助金融机构和客户在可靠和透明的商业环境中互惠互利、共创价值	Greenberg（2010）；Askool 和 Nakata（2011）
	通过社交媒体加强金融机构与现有客户和潜在客户的交流，同时收集和分析海量数据来提高客户信任感和品牌忠诚度的商业策略	Woodcock 等（2011）
	应用社交媒体技术，观测金融机构与产品或服务相关的在线业务活动，以满足客户需求、提高客户参与度，从而发展和管理有价值的客户关系的综合战略方法	Ahani 等（2017）
	通过让客户在互联网和社交媒体平台上更好地控制他们与金融机构之间的沟通方式，来改变金融机构与其现有和潜在客户之间传统的单向互动，并为他们提供建立关系所需工具的商业策略	Ojelabi 等（2018）
流程整合视角	将社交网络、CRM 流程、金融机构战略和技术整合起来的新兴概念	Reinhold 和 Alt（2011）
	将面向客户的活动（包括流程、系统和技术）与新兴的社交媒体应用整合在一起，以优化金融机构与客户互动的业务流程，从而吸引客户参与协作对话并增强客户关系	Trainor（2012）
	新兴技术资源与以客户为中心的管理系统的独特组合，其目的是通过启用新的或改进现有的业务流程来提高客户满意度、忠诚度和留存率，进而提高金融机构业绩	Trainor 等（2014）

研究视角	社会化 CRM 定义	研究者
技术创新视角	使用社交媒体这一创新技术，扩展并优化传统 CRM 活动，其目的是通过创新金融机构的程序化响应来吸引客户参与并进行更有效率的客户信息管理	Harrigan 和 Miles（2014）
	一种集成了金融机构的社交媒体账户的新型 CRM，其技术创新主要体现在金融机构可与客户进行结构化互动，有助于金融机构了解市场对其产品和服务的看法，并及时做出回应和制定决策	Elena（2016）

资料来源：张初兵，韩晟昊，李娜．社会化顾客关系管理研究述评与展望 [J]. 外国经济与管理，2019，41（4）：71-84.

9.2.2 社会化 CRM 与传统 CRM 的差异

基于社会化 CRM 与传统 CRM 运作的内涵逻辑，本书从客户定位、数据挖掘、业务重心、技术工具与价值创造五个方面对二者进行了对比分析，详见图 9-2。

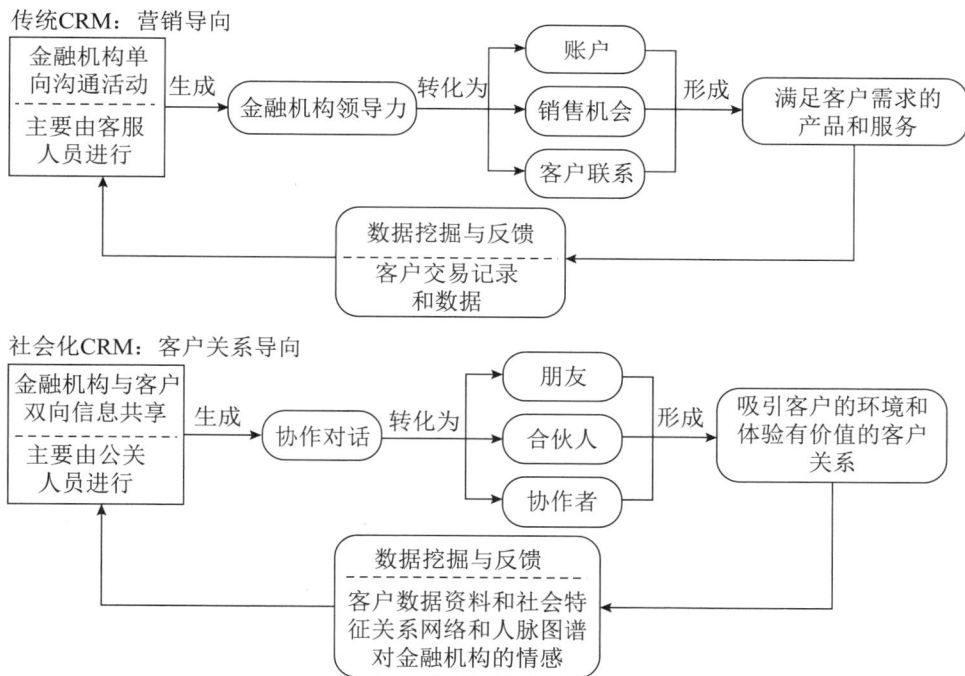

图 9-2 传统 CRM 和社会化 CRM 的差异

资料来源：张初兵，韩晟昊，李娜．社会化顾客关系管理研究述评与展望 [J]. 外国经济与管理，2019，41（4）：71-84.

（1）从客户定位上看，传统 CRM 中的客户因金融机构在其活动中生成的领导力而被动地在信息沟通和营销活动中处于消极状态；而社会化 CRM 中的客户通过与金融机构的双向沟通互动，被金融机构视为平等的合作伙伴。

（2）从数据挖掘上看，传统 CRM 基于"完整"的客户记录和所有营销、销售和客户服务数据集成，将交易数据转变为金融机构账户、销售机会和与客户的联系，并根据客户的单一视图进行反馈，形成流程自动化的良好循环；而社会化 CRM 能根据网络上的客户数据资料和与之相关的社会特征，梳理出客户在虚拟社会化环境中的关系网络、人脉图谱及对金融机构的情感，从而将社交媒体数据转变为金融机构与客户平等协作关系的基础，并根据对客户的全面立体洞察进行反馈，形成以客户为中心的良好循环。

（3）从业务重心上看，传统 CRM 一般是营销导向的，业务运营主要是由客服人员根据金融机构收集的现有客户交易记录和资料，有针对性地进行短信营销、售后咨询等单向沟通活动，以提高客户转化效率，优化流程提升业务效率，业务重心在于提供满足客户需求的产品和服务；而社会化 CRM 是客户关系导向的，它是由公关人员通过社交媒体网络的双向交互影响客户，动态掌握现有和潜在客户的个性化需求，并广泛地与客户建立持久的关系，业务重心在于创设能吸引客户参与的环境和体验。

（4）从技术工具上看，传统 CRM 的技术工具专注于销售、营销和支持的运营方面，多与流程自动化相关联；而社会化 CRM 的技术工具更侧重于运营、联系和交互的社会方面，更依赖于将社交媒体工具集成到业务运作或服务中。

（5）从价值创造上看，传统 CRM 在社交媒体时代更多是整理和储存已有客户信息的一种锦上添花的工具，只能为金融机构增加由自己创造的相对有限的价值；而社会化 CRM 的核心价值在于通过识别客户信息、实时协作交互和定制产品和服务，使金融机构与客户实现价值共创。

9.3　客户关系管理的实践

9.3.1　CRM 在商业银行的实践

银行 CRM 和一般性的 CRM 内涵大同小异。银行 CRM 是指通过信息技术的运用，对商业银行的业务功能与产品进行重新设计，对业务流程进行重组、再造，从而为商业银行提供全方位的管理视角，使其获得更加完善的客户交流能力，实现客户收益率最大化。它的目标是有效降低商业银行的经营成本，增加收入，寻找扩展业务所需要的新市场和新渠道以及提高客户的价值、满意度、忠诚度和盈利水平。

1. 银行 CRM 实施内容主要包括客户信息管理、银行服务营销管理、销售管理、服务管理和客户关怀

1）客户信息管理

一方面体现在银行整合记录各部门、每个人所接触的客户资料以建立完备的数据档案和数据库并进行统一管理；另一方面则体现在银行客户价值评估体系的建立，即以客户对银行的利润贡献度为主要依据和标准，分析、评定不同层次客户的价值度，为其提供相应的价值服务，从而全面提高客户的满意度。详见图 9-3。例如，中国人民银行在系统重要性银行统计报送中就明确要求，银行需就重点客户完成同一客户的识别整合，需要识别出集团内所有的法人机构，构建出法人机构向下的"总—分机构"关联关系，从而完成重点客户交易数据的准确归并。中国工商银行开发了个人客户管理系统（PCRM）、法人客户管理系统（CCRM），以分别实现收集整合和管理全行个人与法人的客户信息。

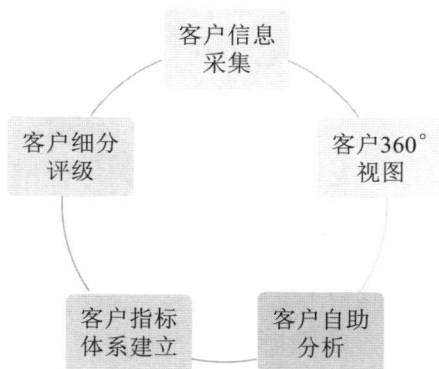

图 9-3　客户信息管理

资料来源：翁艳波 . 如何利用 CRM 提升银行网点业务能力 [EB/OL]. 先进数通，2017-01-13.

2）银行服务营销管理

银行的营销渠道已呈现多样化的趋势，从传统的柜面服务到电话银行和网络银行等。CRM 通过对不同渠道和不同营销模式接触到的客户进行分辨、记录和辨识，同时对银行服务营销活动的成效进行综合评价，促使银行实现从"宏营销"到"微营销"的转变。从网点客户经理日常营销情况来看，客户营销主要分客户经理营销及网点营销两种类型。

客户经理营销指的是客户经理通过日常的客户服务管理，对意向客户进行营销的过程。其中也包括其他类型的客户经理进行客户引荐及交叉营销的过程。对于 CRM 平台需将客户经理的日常营销情况及交叉营销的情况进行记录，该数据用于展现客户经理的营销业绩及绩效系统。

网点营销指的是网点制定营销目标，动用全行客户经理共同营销的过程。通常由网点营销主管制定营销目标、营销的客户范围。客户经理根据营销主管设定的营销客户范围进行客户选择，并进行客户营销跟踪。系统通过每个客户在营销活动期间的业务办理情况，展现本次营销成功，并通知网点营销主管。整个网点营销流程详见图 9-4。

3）销售管理

1997 年年底，中国建设银行厦门分行实施客户经理制的试点，首开中国商业银行客户经理制的先河。中国银行在 1998 年专门成立了从事客户开发的公司银行部、金融机构部和私人银行部，开始了中国最早的银行客户经理制实践。2002 年年底，中国建设银行首次推出包括行长在内的高层领导及部门负责人出任 50 家优质客户的"首席客户经理"，标志着中国商业银行客户经理制已经进入实质性的操作和全面发展阶段。客户经理制的推行有利于商业银行核心竞争力的提升，有利于满足客户日益多样化的需求，有利于促进个人银行业务的发展。

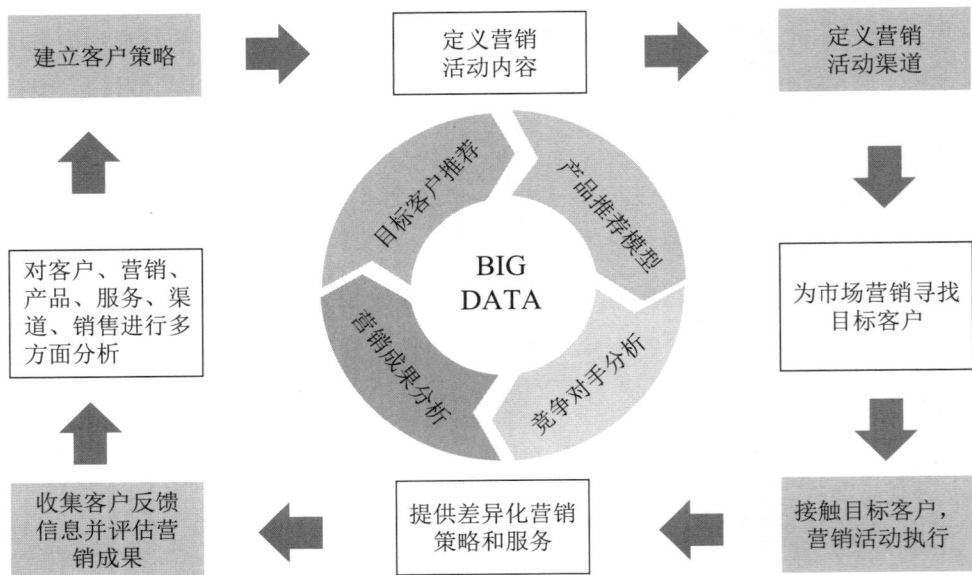

图 9-4　网点营销流程

资料来源：翁艳波．如何利用 CRM 提升银行网点业务能力 [EB/OL]．先进数通，2017-01-13.

　　4）服务管理和客户关怀

　　诸如网络银行终端软件安装和技术支持，以及银行柜台服务内容、网店设置、收费的定制及管理，通过 CRM 系统详细记录服务全程情况，支持一般银行、自助银行、电话银行和网络银行等多种服务模式。CRM 在客户关怀方面的重要环节就是集成呼叫中心，以求快速响应客户需求。在国内，集成呼叫中心一般只用于客户方的查询、咨询等服务，而国外银行的集成呼叫中心却进一步被用来建立与潜在客户之间的联系，并加深与已有客户之间的沟通，二者之间存在单向式和互动式的区别。

　　2. 商业银行 CRM 的实施规则："1+5 循环"

　　只有将全流程的先进管理思想和一体化的客户关系管理结合起来，才能保证商业银行在投入资源获得客户之后，具备为其提供贴身增值服务、创新产品并不断延续客户价值的能力，实施 CRM 才能取得成功。基于此，商业银行 CRM 的实施规则应遵循"1+5 循环"，详见图 9-5。

　　"1" 是指一个基本原则：以业务流程重构为中心。商业银行实施 CRM，首先要注重组织重构与业务流程再造。在项目开展之初，要根据业务中存在的问题来选择合适的技术，而不是调整流程来适应某些技术的要求。只有通过业务流

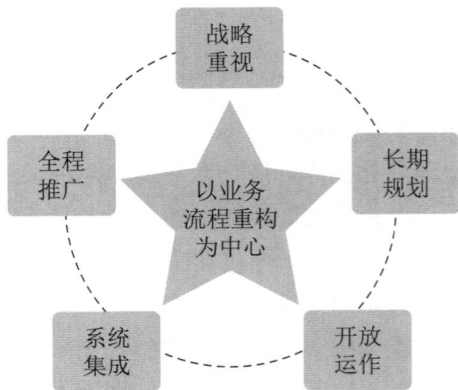

图 9-5　CRM 实施规则："1+5 循环"

资料来源：王广宇．客户关系管理 [M]．第 3 版．北京：清华大学出版社，2013.

程重构，整合内部资源，建立适应客户战略、职能完整、交流通畅、运行高效的组织机构，才能建立以挖掘客户需求和满足客户需求为中心的新业务流程，从而加强客户互动，提高营销、销售和服务的整体质量。

"5"是指五项重要方法：①战略重视，实施 CRM 必须获得商业银行高层管理者在发展战略上的支持，从总体上把握建设进度，推动目标从上到下的实施。②长期规划，要在自身发展战略框架内进行 CRM 项目规划，设计较长远的、分为若干可操作阶段的数年远景规划非常重要。③开放运作，实施 CRM 应当遵循专业化、开放式的运作思路。例如，聘请专业的咨询公司，从整体上提供 CRM 全面解决方案。④系统集成，必须投入相应的资源，推进 CRM 解决方案的调试、维护、评估和改进，特别要注重实现与现有企业互联网技术和业务系统的集成。⑤全程推广，注重在实施过程中自上而下地推广 CRM 理念是确保 CRM 系统实施成功的重要方法。

以深圳宝安桂银村镇银行股份有限公司（下称"深圳宝安桂银村镇银行"）为例，2020 年 3 月下旬，深圳宝安桂银村镇银行积极与总行个人金融部等部门沟通向村行开放 CRM 系统事宜，并得到总行的大力支持与指导。4 月初，该行成立了深圳宝安桂银村镇银行 CRM 系统推广工作领导小组，加强组织领导和协调，并制定 CRM 系统推广"三部曲"方案，即先试点（选取营业部），再在所有网点使用；先个人体验，再团队活动策划；先零售业务，后公司业务。5 月 13 日，深圳宝安桂银村镇银行组织所有支行负责人、零售客户经理和大堂经理参加了"CRM 系统常用功能介绍"直播课培训；5 月 15 日，营业部完成试点运行任务；5 月 22 日，所有支行完成零售客户经理名下客户的认领，开始利用 CRM 系统分析客户交易、资产等情况，开展客户电话服务与营销邀约活动，CRM 系统率先在零售条线落地生根；5 月 27 日，深圳宝安桂银村镇银行公司业务条线开始使用 CRM 系统开展对公客户认领工作，CRM 系统将在深圳宝安桂银村镇银行零售、公司条线全面推广。

9.3.2 CRM 在证券公司的实践

证券经纪业务的竞争关键就是保证客户投资服务的品牌质量、服务的低成本、廉价以及多样性，因此，确保客户服务的能力和营销技术能力已经成为证券经纪业务的竞争核心。经纪人公司作为证券市场的客户服务体系和其营销网络体系的一个重要组成部分，是随着中国证券市场投资逐渐走向国际化和行业的专门化发展而来的，是连接客户和证券公司的有效渠道和桥梁。通过经纪人与客户之间的直接沟通，提升整个证券市场经纪业务的服务价值和稳定的客户关系。

1. 证券公司实施 CRM 的必要性

证券公司为客户投资证券市场提供相关服务，其实施 CRM 的必要性主要体现在以下五点：

1）客户数量庞大

随着中国证券公司的不断发展，2022 年中国的个人投资者数量已经突破 2 亿人，截至 2022 年 9 月，新增投资者数量为 103.05 万，其中自然人投资者数量 102.73 万，非自然人投资者数量 0.32 万。期末投资者数量共计为 20964.77 万，其中，自然人投资者 20914.96 万。《中国证券业发展报告（2022）》中指出，截至 2021 年年底，证券行业登记从业人员数量为 35.98 万人，相较于庞大的客户数量远远不够。面对庞大的客户群体，证券公司要重视并加强 CRM 工作，运用先进的技术手段，如大数据分析、CRM 系统、智能投顾等，提高证券公司 CRM 的水平和效率。具体详见图 9-6。

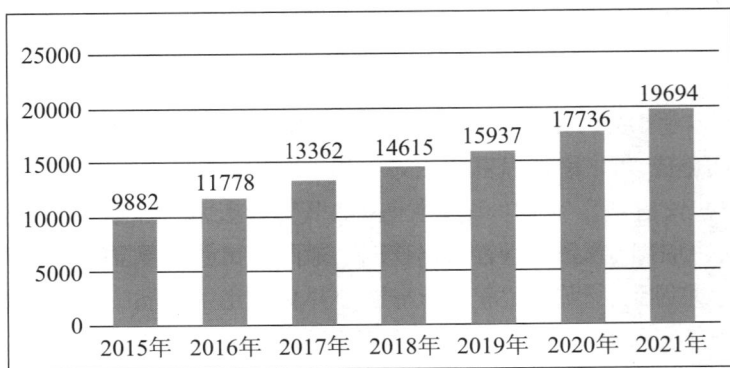

图 9-6　2015—2021 年中国自然人投资者数量变化图（单位：万人）

数据来源：中国证券登记结算有限责任公司统计年报。

2）市场竞争激烈

按照规定，客户可以开立三个证券账户。从现状来看，客户往往会开立多个证券账户，这也使客户很容易转户去其他证券公司。而在金融行业财富管理的浪潮下，客户购买理财产品不仅可以选择证券公司，还有银行、互联网金融平台等渠道可以选择，市场竞争十分激烈。

3）金融服务丰富

客户在证券公司开户，除了可以进行股票交易，还有公募基金、私募基金、收益凭证、国债逆回购、融资融券、期权、行情资讯、投顾组合等多种金融服务。丰富的金融服务虽然给客户提供了多样化的选择，但也对证券公司的 CRM 提出了更高的要求。

4）投资存在风险

证券公司在 CRM 上，一是要关注客户的风险承受能力，遵守适当性匹配原则。二是要重视投资者教育，给客户传播科学的投资理念，消除客户的投机心理。三是在信用业务方面，要做好盯市工作，做好客户的风险提示工作。

5）行情变化剧烈

A 股市场有着明显的周期性，牛市市场情绪亢奋，成交量大，熊市市场情绪低迷，成交量小，不同的市场周期给证券公司的 CRM 提出了不同的要求。而行情受到政策、消息、外围市场等影响，也可能会出现剧烈的波动，需要证券公司和客户保持紧密的联系，提示客户可能出现的风险。

2. 证券公司的 CRM 应用

主要包括总部层应用、营业部层应用和经纪人层应用三个方面，这些层次的 CRM 应用在总体规划的基础上各有侧重、相互完善，构成了一个 CRM 的有机整体。

1）总部层应用

总部层（包括公司总部和区域总部）的人员需要考虑的是企业如何生存发展及制胜市场的问题。因此，证券公司总部层主要通过对市场结构、客户结构、利润结构、价格结构和成本结构等进行科学的分析，来帮助证券公司寻找核心竞争优势、明确市场定位及开发目标客户群体。例如，通过市场结构分析可以获得全国各地区或某个营业部的业务收入和市场占有率的情况，也可以对各营业部的交易情况变化进行跟踪，以便对各地区或各营业部进行绩效评估，为证券公司网点布局的优化提供参考。

2）营业部层应用

营业部层的人员需要考虑的是营业部如何有效利用客户资源以及应对当地市场竞争的问题。例如，通过客户结构分析，CRM 系统可以按照利润贡献度对营业部的客户进行分级，结合交易方式和交易品种分析，可以了解不同级别客户的资金分布以及组成特性，精确找出哪些是优质客户，哪些是低质量客户，哪些是潜在价值客户。通过客户投资行为分析，可以根据投资结构、资金报酬率、交易变化与市值趋势等，分析出客户的投资属性与行为模式，并将客户区分为产业偏好、个股偏好、投资组合、市场敏感等投资属性，从而有效提高营业部服务客户的针对性。

3）经纪人层应用

在经纪人层，由于证券经纪人同客户直接接触，因此 CRM 系统在这一层面更加强调对客户行为的分析以及客户经验的分享。例如，通过帮助证券经纪人分析相关客户的交易报告，包括持股状况、交易频率、开户资金、投资损益、选股偏好等，可以生成客户的投资特点和风险承受能力，从而提供给客户合理的投资建议。通过市场咨询功能，可以使证券经纪人从纷乱的信息中找到对每一位客户有价值的信息，并及时传达给客户；反之，客户提出的疑问也可以在第一时间反馈给证券经纪人。CRM 系统还可以帮助经纪人分析客户流失和静止的原因，尽早发现客户行为的异常变化，及时采取挽回措施减少客户的流失。

3. 证券公司 CRM 的实施步骤

证券公司 CRM 系统解决方案，需要关注以下三个步骤，详见图 9-7。

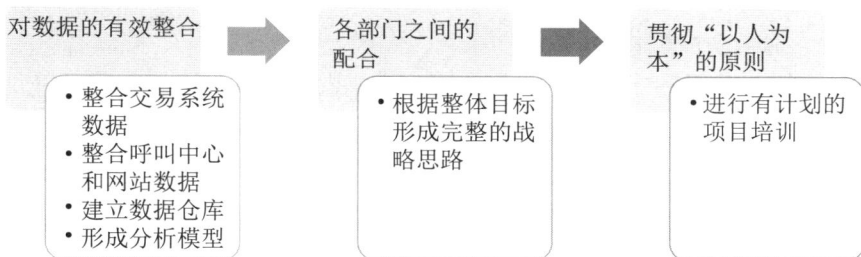

图 9-7　证券公司 CRM 系统的实施步骤

资料来源：客户世界 . 证券业的 CRM 应用 [EB/OL]. 客户世界，2015-07-12.

首先是对数据的有效整合。一般路径是先整合交易系统的数据，再整合呼叫中心和网站的数据。在数据整合的基础上，建立数据仓库，这是进行数据分析的工具，并在数据仓库的基础上形成相关的分析模型，包括客户收益分析、客户类型分析、客户风险分析和客户价值分析等。

其次是各部门之间的配合。同一个公司里，部门业务不同，想法不同，提出的需求也会不同。如果针对每个需求都上一套系统，将来就需要进行二次整合，而且很有可能根本整合不起来。对证券公司来说，就需要根据整体的目标，将所有的业务需求有机地综合起来，形成一个完整的战略思路，有了完整的战略思路，项目实施起来就会比较顺利。

最后是贯彻"以人为本"的原则。CRM 的实施是一项复杂的系统工程，涉及整体规划、技术集成、业务整合等多个环节，必须获得高层管理者的有力支持，组建有力的项目实施团队，并充分了解各业务层面的需求和建议。在规划项目的全面实施之前，证券公司应当进行有计划的项目培训，让各业务部门在战略目标上形成高度统一，相关人员对项目要求形成清晰认识。

9.3.3　CRM 在保险公司的实践

作为中国金融市场中成长最为迅速的金融机构，中国保险公司对于整个金融和经济运行有着重要的影响。加快信息化建设将成为中国保险公司持续保持竞争力的强大支持。借助信息化工具，提升对客户关系的把握能力，同时建立完整的风险预警管理机制，集中运作资金、集中核定成本，降低风险、提高效益，是中国保险公司实现可持续发展的关键。

1. 保险公司的经营特性决定了实施 CRM 是中国保险公司的必然选择

（1）保险产品具有多样性和同质性。人们对转嫁风险的不同需求，决定了保险产品需求的多样性，因此，如何为客户提供多样化的产品，满足客户需求，就成为保险经营的重点。在保险产品同质化现象比较严重的情况下，只有通过信息化的 CRM，保险公司才能及时准确地把握客户需求，抢先一步开发和推广新产品，掌握竞争的主动权。

（2）保险行为的诚信性。由于危险的不确定性和信息的不对称性，客户诚信与否，对保险公司的经营成果会产生很大的影响，因此，保险合同所要求的诚信度比一般的经济合同更高。应用 CRM 技术，区分有价值的客户和危险客户，进行"欺诈检测"，对保险公司的稳健经营有着重要的作用。

（3）保险行业的服务性。保险公司向客户提供的是一种对未来保障与补偿的服务性承诺组合，保险商品的价值不仅体现在客户获得的保险保障上，还体现在保险公司提供的服务上，并且保险商品的价值是在服务中实现的。保险公司提供的服务效用越大、质量越高，客户获得的保险服务的成本越低，则保险商品的价值就越大，保险公司的竞争力就越强。

（4）保险商品具有非渴求性和需求潜在性。非渴求性是指保险商品往往是客户不了解、不知道或虽然知道却没有兴趣购买的商品。在中国国民整体保险意识不强的情况下，保险商品的非渴求性和需求的潜在性表现得尤为突出。如何把这种潜在的、非渴求的需求变为现实的、有效的需求，加强对客户信息的收集和客户关系的管理，是弥补保险商品的这种特性的最佳方法。

2. 保险公司 CRM 的意义

1）CRM 可以帮助保险公司降低交易费用，缩减运营成本

交易费用是经济系统运行的成本。从契约过程来看，交易费用包括了解信息成本、讨价还价和决策成本以及执行和控制成本等。大数据能力建设助力精准营销和市场拓展，增量市场规模逐渐减小、竞争日渐加剧，保险公司通过大数据平台建设，形成数据分析和精准定位能力，进而制定有针对性的营销策略，实现对已有客户价值的充分挖潜。部分多业务和集团性保险公司，正在进行跨机构客户资源共享尝试，包括标签信息共享或联合营销，如平安保险、中国人寿保险等公司。同时很多保险公司因回应大数据、人工智能、区块链等新技术的发展，在金融领域展开了创新实践，将新技术的应用推广与具体业务场景进行匹配，并通过相关的系统建设或能力集成，实现了业务流程打通，达到了业务拓展、降本增效的目的。

2）统一沟通渠道，提升服务能力

保险公司通过实施 CRM 建立客户资源库，有利于统一客户沟通渠道和提升客户服务能力。保险公司专注于建立长期的客户关系，并通过在企业内实施"以客户为中心"的战略来强化这一关系。CRM 强调对客户多渠道、多领域的接触与沟通，维系与客户的良好关系，为客户提供全方位个性化的产品服务和客户关怀，通过它可以提高客户满意度和忠诚度。

3. 保险公司 CRM 战略对策

1）由下至上建立 CRM 体系

客户和保险公司交流的最直接的窗口就是保险销售人员，所以对保险销售人员的相关培训和提高是第一步。保险公司应重视相关从业人员专业素质的培养，组织相关人员对其进行统一的培训，从观念上重视客户，提高客户细分的能力，对不同类型的客户提供有针对性的服务。

2）将 CRM 升华为企业文化

CRM 的价值导向与保险公司管理价值导向是密切相关的。对以客户满意为目标的价值取向的认同离不开保险公司文化的建设。因此，为保证 CRM 的有效运行，真正做到重视客户，企业必须塑造以客户满意为目标的企业文化。

3）实现客户资源的充分整合

依靠信息技术手段对客户数据进行充分整合，以支持客户数据在保险公司内部实现安全共享。其主要方法如下：①建立唯一标识的客户档案。通过客户身份证、保单号等有效形式对同一客户建立唯一的客户档案，为客户资源共享奠定基础。②提高客户信息的动态管理水平，基于业务过程更新动态信息，实现客户信息的全面管理。③整合客户信息的来源渠道。对电话、传真、邮件、短信、人员接触等各种渠道获得的客户信息进行整合，按照授权分配给相关岗位，实现对客户资源的分配和对客户情况的跟踪，推动业务决策

更加精准。④建立客户信息审核校验机制。对在不同业务环节收集到的同类客户信息进行审核校验，实现客户信息的及时更新和信息质量的不断完善，详见图9-8。

图 9-8　客户资源整合流程

资料来源：张婧.浅谈客户关系管理在保险业中的应用 [J].经济研究导刊，2010（7）：57-59.

4）完善客户投诉管理系统

服务是一项复杂的系统工程，客户投诉事件的处理是客户服务中十分重要的一环，体现着保险公司的服务理念和服务质量。建立一套严格、规范、高效的客户投诉管理系统，可以大幅提升客户满意度。

案 例 分 析

案例 9-1　海通证券再度签约吉贝克：强化客户管理系统，实现业务精准营销

2020 年，海通证券股份有限公司（下称"海通证券"）再次携手吉贝克，签约"CRM 新增需求开发项目合同"。此次合作，吉贝克将针对海通证券业务发展需求，继续为海通证券的客户关系优化管理建设提供更加优质的服务。

吉贝克"证券公司 CRM 系统"是整合了分析型（ACRM）和操作型（OCRM）功能的 CRM 系统，以历史数据分析挖掘结果帮助金融机构运作客户营销服务业务流程。该系统在同行业内率先依托商业智能技术，采用独到的数据挖掘和数据分析工具，结合国内金融企业的创新需求与挑战，建立整合客户分析后驱动业务流程的客户管理服务平台，实现自动化的流程发现、服务并充分利用有价值的客户，创新性地解决了金融企业不同业务客户类型复杂、难以统一管理及跨业务领域发掘客户价值的难题。

2011 年以来，吉贝克与海通证券合作了众多项目，包括海通证券客户服务平台（一期、二期）、客户关系管理平台、企业级数据仓库建设项目等。吉贝克在 2013 年帮助海通证券建设的"基于大数据技术应用的客户精细化管理系统"荣获第四届证券期货科学技术奖二等奖。基于对进一步优化升级 CRM 系统的需要，海通证券再次携手吉贝克强化 CRM 系统功能，此次合作旨在助力海通证券更好的深入挖掘客户需求，对不同客户进行个性化服务和统一管理，增强精准营销命中率。

资料来源：海通证券再度签约吉贝克：强化客户管理系统，实现业务精准营销 [EB/OL].吉贝克.[2023-06-09].

思考：

1. 吉贝克"证券公司 CRM 系统"的优势表现在哪里？

2. 海通证券两次签约吉贝克有什么不同？

3. 海通证券再次与吉贝克合作有什么意义？

本 章 小 结

（1）CRM 源于以客户为中心的市场营销理论，与以产品为中心的市场营销理论不同，以客户为中心的市场营销理论强调企业应该把追求客户满意度放在首位，并且努力降低客户的购买成本，充分注意客户购买过程中的便利性，以及实施有效的营销沟通。此后，CRM 作为一种独立的管理思想和管理技术逐渐发展起来。

（2）CRM 的核心是借助先进的管理思想和信息技术，通过对企业业务流程的重组来整合客户信息资源，并在企业内部实现客户信息和资源的共享，为客户提供更经济、快捷、周到的产品和服务，保持和吸引更多的客户，最终实现企业利益最大化。

（3）CRM 的内涵包括新管理理念、新技术系统、新商业模式三个层面。理念解释了 CRM 该如何做，技术协助 CRM 实现理念，实施是将 CRM 理念转换为实际。三者缺一不可，相互支撑，共同构成完整的 CRM 体系。

（4）CRM 系统软件包括两部分：接触发现客户的触发中心和留住发展客户的挖掘中心。

（5）社会化 CRM 是一种为适应客户生态系统而将社交媒体技术作为创新技术资源，同企业人力资源、信息资源与业务运作一起整合到以客户为中心的 CRM 流程架构中，来实现吸引客户与企业进行双向交互以实现价值共创等社会化 CRM 目标的综合战略管理方法。

137

关键概念

CRM　传统 CRM　社会化 CRM　CRM 的实践

综 合 训 练

一、填空题

1. CRM 的内涵包括_____、_____、_____三个层面。

2. CRM 系统包括两部分：_____、_____。

3. 银行 CRM 实施内容主要包括：_____、_____、_____、_____、_____。

二、选择题

1. CRM 的核心是以（　　）为中心。

　　A. 客户　　　　　　B. 效益　　　　　　C. 产品　　　　　　D. 文化

2. 客户忠诚度是建立在（　　）基础之上的，因此提供高品质的产品、提供无可挑剔的基本服务，增加客户关怀是必不可少的。

　　A. 客户的盈利率　　　　　　　　　B. 客户的忠诚度

　　C. 客户的满意度　　　　　　　　　D. 客户价值

三、问答题

1. 简述 CRM 的概念。

2. 简述传统 CRM 与社会化 CRM 的差异。

3. 简述银行实施 CRM 的内外部条件。

第 10 章
金融服务营销的品牌战略

学习目标

通过本章的学习，了解品牌的由来，掌握品牌的构成要素、品牌定位的原则、品牌生命的周期以及品牌战略的主要类型；掌握大品牌战略和小品牌战略的定义、内容以及应用；了解商业银行、证券公司以及保险公司的品牌战略实践。

开篇导读

在日常生活中，人们在买某些东西时总是注意什么"牌子"，"牌子"显然已成为当代消费者作出消费决策的依据之一。当年轻人想进行储蓄和投资时，当父母想为孩子买保险时，当创业者想进行银行借贷时……他们都会先对产品的品牌进行了解。而当下，金融机构之间的竞争越来越激烈，金融产品同质化现象愈加明显，如何让消费者"一见倾心"？如何建立与消费者的长期信任关系？这正是金融机构品牌战略所要探讨和研究的。

10.1　品牌的由来

品牌这个词来源于古挪威语，原意为烙印。古代人们为了便于追究工匠的责任，将工匠的名字烙印在物品上从而区分不同工匠制造出来的产品。慢慢地，人们开始有选择地对某一工匠生产的产品格外偏爱，逐渐形成了品牌。

从企业角度出发，品牌是为区分产品而存在的，一个好的品牌是企业无价的财富。从消费者角度出发，品牌使产品在消费者生活中通过认知、体验、信任、感受等建立关系并占得一席之地，它是消费者感受一个产品的总和。金融产品品牌建立的目的是辨认金融机构各自的产品或服务，并使这一特色金融产品与其他金融机构产品得以区分。

10.1.1　品牌的构成要素

一个完整的品牌不仅仅是一个名称，它还应包含许多构成要素。一般来说，品牌的构成元素主要有显性要素和隐性要素。

1. 显性要素

品牌的显性要素是品牌外在的、可见的,能够给消费者感官带来直接刺激的要素,如中国建设银行以古铜钱为基础的内方外圆的行徽,中信银行的形似中国印的红色行徽,看到这些外在的标识就会想到与其对应的银行。显性要素主要包括品牌名称和视觉标识。

1)品牌名称

品牌名称作为形成品牌的第一步,是建立品牌的基础。品牌名称是指在品牌体系中所起到提纲挈领作用的文字标识,是品牌传播和消费者品牌记忆的主要依据之一。它是产品同质性和一贯性的保证,是一种象征货真价实的符号;同时也是品牌内容的概括和体现。它不但概括了产品特性,而且体现着金融机构的经营观念与文化。

以中国农业银行为例,中国农业银行名称中的农业特性表现在其历程上,中国农业银行的前身是农业合作银行,承担金融服务新中国农村经济社会恢复与发展的职责。此外,其名称中的农业特性也表现在其企业文化上,中国农业银行的企业使命是面向"三农",服务城乡,回报股东,成就员工。

2)视觉标识

视觉标识是品牌用以激发视觉感知的一系列识别物,其通过更直观、更具体的形象记忆,帮助消费者更有效地识别品牌产品。视觉标识是一种抽象的标识,它包括以下四方面:①标识物,它是品牌中可以被识别,但无须通过语言表达的各种图形符号;②标识字,它是品牌中标注的文字部分,通常是名称、口号及广告语等;③标识色,它是用以体现企业的自我个性并区别于其他产品或服务的色彩体系;④标识包装,它是显示产品个性的具体包装物。

以中国建设银行的行徽为例,其标识是以古铜钱为基础的内方外圆的图形,具有明确的银行属性,体现了中国建设银行的"方圆"特性。其中,方象征严格、规范、认真;圆象征饱满、亲和、融通。中国建设银行的标识色为海蓝色,象征理性、包容、祥和、稳定,寓意中国建设银行像大海一样吸收容纳各方人才和资金。独特的标识、鲜明的标识色帮助客户更加有效地识别中国建设银行这一品牌,在客户心中形成独特鲜明的想象记忆。

2. 隐性要素

隐性要素是品牌的内在因素,不能被直接感知,其存在于品牌的整个创建过程中,是品牌的核心部分。隐性要素主要包括品牌承诺、品牌个性与品牌体验三部分。

1)品牌承诺

品牌承诺是品牌给予客户的所有保证,其中承诺方是品牌的拥有者,接受方是品牌的消费者。好的品牌承诺会使客户在选择品牌时有十足的信心。产品本身不可能永远保持不变,事实上,许多优秀品牌的产品都是随着客户需求的变化以及科技的进步而不断更新,但仍受客户钟情,这是因为企业灌注在产品中的承诺始终保持不变。一家企业是否对产品质量以及服务质量有很高的要求,是否具有社会责任感,这些在很大程度上影响着客户对品牌的情感。

以中国人寿保险为例,中国人寿保险致力于为客户提供有情感、有温度、有速度的保险服务,持续打造"国寿理赔—快捷温暖"的理赔服务品牌。2020年理赔服务报告显示,中国人寿保险小额理赔时效 0.14 天，同比提速 30%，最快理赔案件实现秒速到账。此外，中国人寿保险秉承"以人为本、关爱生命、创造价值、服务社会"的公司使命，积极承担社会责任，追求企业与社会共生共荣，和谐发展，坚持不懈地参与助学、扶贫、急难救助、环境保护等公益事业。中国人寿保险通过提供快捷温暖的理赔服务、积极承担社会责任，向客户展示了良好的企业形象，提升了客户对中国人寿保险的信任度。

2）品牌个性

品牌的出现是为了让消费者在面对同类产品时可以毫不犹豫地选择该品牌的产品，而消费者选择一个品牌必定是被该品牌的某些特质吸引，即品牌个性。品牌个性会转化成目标客户群心目中使该品牌区别于其他品牌的一种认知。品牌个性能够满足不同客户群体的需要，从而使品牌和客户之间建立起更加密切的关系。

以招商银行为例，品牌年轻化是招商银行一直以来的战略，通过品牌联动等方式打破年轻消费群体对其的刻板印象，拉近年轻消费群体与品牌之间的距离。2005 年年初，招商银行提出大力发展零售银行后，推出了第一张针对年轻人的 Young 信用卡。Young 信用卡主要针对本科以上的大学生，可以全额取现且不收手续费。此外，招商银行为了吸引更多年轻人，曾与陌陌 App 推出了一张联名信用卡。与陌陌联手，通过鼓励陌陌用户中经济条件受限的年轻人尝试更多的生活方式，为招商信用卡招揽一批年轻一代的客户，也向其他客户展现了招商银行的年轻化个性。

3）品牌体验

品牌体验是建立品牌忠诚度的基础。体验营销理论最初是伯德·施密特（Bernd H. Schmitt）提出的，他认为消费者在消费时是理性和感性兼具的，他们在消费时经常会理性地进行选择，但有时也有对狂想、感情和欢乐的追求。在品牌的成长过程中，消费者一直扮演着"把关人"的角色，他们对品牌的肯定、满意、信任等正面情感归属，能够使品牌经久不衰；相反，他们对品牌的否定、厌恶、怀疑等负面感知，必然使品牌受挫甚至夭折。因此，银行等金融机构应当认真对待每一位客户。

以光大银行为例，为了便利社区群众，光大银行推出了社区银行，社区银行主要以客户自助服务为主，低柜业务为辅，通过引导客户使用自助发卡机、自助缴费机等自助设备办理银行业务。除了提供金融服务，社区银行还是便民服务站，为居民提供医药箱、血压计等生活工具，真正做到以客户为中心。这些想客户之所想，急客户之所急，帮客户之所需的优质服务给予了光大银行客户独特的品牌体验，让客户感受到光大银行服务的体贴周到，有利于建立品牌忠诚度。

10.1.2　品牌定位的原则

品牌定位的原则是明确主要目标客户群体后，从客户需求、竞争对手品牌定位，以及企业自身优劣势三个方面深入分析的基础上确定的。品牌定位通常包括以下五个原则：

1. 包容性原则

品牌定位应该充分考虑未来品牌延伸的可能性。以中国平安保险（集团）股份有限公司（下称"平安集团"）为例，平安集团起步于保险业务，1996年，成立平安证券；2003年，收购福建亚洲银行，后正式更名为平安银行；2012年，成立平安国际融资租赁，发力融资租赁行业；2014年，成立陆金服、平安壹钱包、平安好医生、金安小贷、普惠担保、平安好房、前海征信，多场景齐头并进；2016年，成立平安医保科技。平安集团以平安保险为驱动品牌，将品牌延伸至银行、证券等行业，成长为中国三大综合金融集团之一。

2. 相关性原则

品牌定位必须与品牌核心价值相关，二者不可分割。以中国邮政储蓄银行为例，其定位于服务"三农"、城乡居民和中小企业，致力于为中国经济转型中最具活力的客户群体提供服务，努力建设成为客户信赖、特色鲜明、稳健安全、创新驱动、价值卓越的一流大型零售银行，这与其"用户至上"的核心价值是相关的。

3. 差异化原则

品牌定位应与竞争对手形成差异化的优势。以中国商业银行为例，浦发银行定位于"数字生态银行"，中国邮政储蓄银行定位于"零售银行"，交通银行定位于"财富管理银行"，中信银行则定位于"综合金融"，各银行都准确地把握了自身在银行体系中的差异化定位。

4. 匹配性原则

品牌定位应与品牌的自身资源相匹配，或者经过努力可以实现。浦发银行作为一家总部在上海的全国性商业银行，充分发挥其信息科技资源的先行优势，持续加大科技投入力度，在数字生态银行1.0版本的基础上，持续深耕再次提出数字生态银行2.0战略建设目标。浦发银行的信息科技资源为其"数字生态银行"定位的实现奠定了坚实的基础，使数字生态银行建设不断向前发展。

5. 导向性原则

从客户需求来看，无论是对产品的需求，还是对服务的需求，客户的最终目的都是解决问题，为自身创造价值。因此，要想更好地满足客户需求，达到为客户创造价值是核心，企业的品牌定位应尽力解决这一问题。以中国建设银行为例，其以重点客户对理财产品发行时间、期限、收益率的差异化和个性化需求为导向，通过积极主动地与客户沟通，准确把握客户需求，大力推进理财产品定制化营销。

10.1.3　品牌的生命周期

在现代市场经济条件下，品牌具有与其所代表的核心产品近似的市场生命活动规律，这种规律被定义为品牌的生命周期。品牌的生命周期有广义和狭义之分。广义的生命周期包括品牌法定生命周期和品牌市场生命周期，前者是指品牌按法律规定的程序注册后受法律保护的有效使用期，后者是指新品牌从随产品或企业进入市场到该品牌退出市场的整个过程；狭义的生命周期则特指品牌市场生命周期，包括导入期、知晓期、知名期、维护与完善期、退出期五个阶段。

其中，品牌的导入期是指品牌随着产品或企业进入市场，且被绝大多数目标市场消费者感知的阶段；品牌的知晓期是指品牌已经被目标市场的消费者普遍认识和熟悉，但还未被绝大多数目标市场的消费者认同的阶段；品牌的知名期是指一定数量的目标市场消费者在消费了已熟悉的品牌所代表的产品后感到满意，或通过其他途径认识某品牌后，对该品牌产生认同感和信赖感，这种认同感和信赖感通过一定的方式传播和扩散，最终成为普遍的社会共识阶段；品牌的维护与完善期是指对具有较高知名度的品牌进行维护，并随着企业内外环境的变化而不断完善其良好的品牌形象，提高目标市场消费者对品牌的认识、认同和信赖程度的过程；品牌的退出期是指品牌退出市场的过程。表 10-1 为金融产品品牌生命周期各个阶段的特点及采取的营销策略。

表 10-1　金融产品品牌生命周期各个阶段的特点及采取的营销策略

品牌生命周期	阶 段 特 点	营 销 策 略
导入期	金融产品品牌随着产品或企业进入市场，品牌知名度较低	广告宣传、网点宣传、网上营销、媒体宣传
知晓期	金融产品品牌逐步被市场接受，品牌代表的金融产品销售迅速增长	口碑营销为基础、大客户营销、地域营销、广告营销
知名期、维护与完善期	金融产品品牌被广泛认知，其所代表的金融产品大量销售且相对稳定，销售和利润的增长到达顶峰后速度放缓并开始呈现下降趋势	广告宣传、上门营销
退出期	金融产品的市场占有率、销售利润等出现大幅度的持续下降	调查研究，慎重选择退出或继续推广

资料来源：赵占波 . 金融服务营销学 [M]. 第 2 版 . 北京：北京大学出版社，2018.

10.1.4　品牌战略的主要类型

品牌战略伴随品牌产生。将品牌作为金融机构的核心竞争力，以获取利润和价值的金融机构经营战略就是品牌战略。一般来讲，品牌战略类型可分为如下三种。

1. 统一品牌战略

统一品牌战略，也称共有品牌战略，是指金融机构对其生产或经营的所有产品都统一使用同一个品牌名称的战略。在中国，为了方便后续品牌延伸战略的实施，多数金融机构实行统一品牌战略。信泰人寿保险股份有限公司（下称"信泰保险"）实行的就是统一品牌战略，其旗下的所有个人保险产品统一以"信泰如意"加具体保险类型的形式命名，如养老规划产品中的信泰如意年年（金尊版）年金保险、人寿保险产品中的信泰如意尊（典藏版）终身寿险、重疾保险产品中的信泰如意倍护无忧重大疾病保险、意外保障产品中的信泰如意随行两全保险、住院医疗保险产品中的信泰如意保（银龄版）医疗保险等。借此，信泰保险向客户展示其保险产品的统一形象，有助于提高知名度，增强其保险产品的可识别性。

2. 多品牌战略

多品牌战略是指品牌的名称只与特定的某种产品或者某类产品关系紧密。这种战略包括"一品一牌"模式与"一类一牌"模式。前者是指金融机构每推出一种新产品都赋予其新的品牌名称，而不采用已有的品牌名称；后者是指每一类产品采取一个品牌名称，而不针对具体的一种产品。以平安集团为例，平安集团实行的是"一品一牌"模式，其旗下的保险产品均采用不同的品牌名称，如健康险中的安诊无忧·百万医疗险、E家平安·百万医疗险、E生平安·百万医、E生平安·孝心保等，针对不同客户群体的不同偏好推出不同的品牌，满足不同保险偏好的客户需求，提高企业的整体市场占有率。以交通银行为例，交通银行采取的是"一类一牌"模式，其旗下的理财产品根据不同的收益类型、风险评级等因素建立了稳添利系列、沃德添利系列、天添利系列、汇添利系列、得利宝系列，以及私银优享系列等多个系列品牌，满足不同客户的理财需求。

3. 复合品牌战略

复合品牌战略，是指赋予产品两个或两个以上的品牌名称。复合品牌战略包括主副品牌战略和联合品牌战略。主副品牌战略是指金融机构对其经营的某些产品在使用同一个主品牌的同时，再根据产品特别属性分别使用不同副品牌名称的战略；联合品牌战略是两个或两个以上的金融机构对其联合提供给市场的产品或服务并列使用名称的品牌命名方式。以恒丰银行为例，恒丰银行的理财产品在其银行名称的基础上，下设恒裕金理财这一系列品牌，如恒丰银行—恒裕金理财—增享系列、恒丰银行—恒裕金理财—丰利系列等。以兴业银行为例，兴业银行实行的是联合品牌战略，其与蒙牛、淘宝网、爱奇艺、优酷、苏宁易购、掌阅、饿了么等多家企业合作，推出联名信用卡，详见图10-1。以兴业银行与蒙牛合作推出的联名信用卡"萌牛卡"为例，该信用卡除具有信用卡常规服务功能外，最大的亮点在于为持卡人提供了超值的乳制品消费权益，兴业银行借此扩大了自身的客户接触，实现额外收入。

图 10-1　兴业银行与部分企业的联名信用卡

资料来源：兴业银行官网。

10.2 金融服务营销的大品牌战略

10.2.1 大品牌战略的定义

金融机构的大品牌战略（Big Brand Strategy）是指品牌理论演变为将品牌提升到金融机构发展战略层面的理念，即从金融机构的战略层面规划品牌，以全局思维建设品牌，用整合方式来传播品牌，让全员参与来打造品牌，用专业人才来管理品牌。

10.2.2 大品牌战略的内容

根据以上定义，金融机构的大品牌战略的内容主要体现在以下五个方面：

1. 从金融机构战略层面规划品牌

随着规模的不断扩大，金融机构开始重视长远发展，虽然大多数金融机构的战略规划有了清晰的经营目标、发展方向、营销方式、业务结构等，但是欠缺对品牌的长远规划，如品牌关系清晰界定、品牌架构合理规划、品牌定位鲜明一致、品牌文化独特坚定等。

2. 以全局思维建设品牌

金融机构是一个复杂的生态系统，尤其是具有一定历史和文化基础的金融机构。因此，建设品牌不仅仅是设计一套视觉识别、提炼一句口号、做一系列广告，而是要综合考虑金融机构的内外部资源和未来规划，有计划有目标地建设品牌，否则很容易出现短期赢长期输、舍本逐末、昙花一现的结局，也难以构建起长远的品牌竞争力。

3. 用整合方式来传播品牌

把金融机构作为品牌打造，同时还要根据不同传播内容、不同传播对象、不同市场环境采取相应的传播方式，以期达到事半功倍的效果，避免广告资源的浪费。以招商银行为例，招商银行 25 周年庆活动针对不同客户群体综合运用了户外媒体、平面媒体以及网络媒体等多种传播方式，加强品牌传播，进一步提升了招商银行品牌影响力，塑造了良好的品牌形象。

4. 让全员参与来打造品牌

在重视产品时代有"全员质量管理"理念，在重视营销时代有"全员营销"理念，同样，在重视品牌时代要提倡"全员品牌"理念。金融机构的员工是品牌传播的重要载体，品牌首先要得到员工的认同，要让员工知道他们代表着金融机构的品牌，否则打造品牌就是一句空话。以度小满科技有限公司（下称"度小满金融"）为例，度小满金融首席执行官朱光在 2018 年品牌日当日邀请企业全员成为"度小满品牌联合创始人"，促使全员为品牌负责，全员参与品牌打造。

5. 用专业人才来管理品牌

品牌作为金融机构最重要的资产，需要通过专业管理以实现保值增值。与营销、财务管理类似，品牌管理也需要专业技能、专业知识和专业能力。因为品牌管理包含了品牌计划、品牌制度、品牌预算、品牌评估考核等事项，所以实施大品牌战略必须有专业人才来管理品牌。以浦发银行为例，2022年，浦发银行公开招聘品牌传播与管理岗位，寻求专业人才负责银行的品牌建设工作，落实品牌规范管理等工作，以稳步提升品牌影响力。

10.2.3 大品牌战略的应用

多年实践和研究证明，金融机构实施大品牌战略，要摒弃传统的品牌建设单点式、局部式、短期式的思路，将金融机构作为一个复杂的生态系统进行考虑，与其经营管理相结合，构建长远的品牌竞争力，具体应遵从以下六大原则：

1. 依据金融机构发展战略明晰品牌关系

品牌关系是一种基于品牌与客户之间的互动反应，随着品牌成长，品牌建设者必须了解和维护良好的品牌关系。以恒丰银行为例，恒丰银行建设了基于大数据的客户关系管理系统，借助于大数据平台，恒丰银行全面整合企业舆情、互联网行为等外部公开信息，构建了更为清晰全面的客户视图，使客户经理能够及时发现客户在技改等重大经济活动中蕴藏的客户需求和金融服务机会，达到自上而下实现客户定位与营销指引的目标。

2. 依据业务定位搭建适合的品牌架构

品牌架构是指品牌的组织结构，其用来明确组合中各种品牌的角色和各品牌之间的关系。以招商银行为例，其业务主要定位于零售端，其通过建立围绕招商银行为核心的服务和产品品牌矩阵，向客户提供不同的服务和产品品牌，满足差异化的客户需求。

3. 依据金融机构文化和业务特点提炼品牌理念

品牌理念是得到社会普遍认同的、体现金融机构自身个性特征的、促使并保持其正常运作以及长足发展而构建的并且反映整个金融机构明确的经营意识的价值体系。品牌理念必须与金融机构文化及其特征相吻合。以中国工商银行为例，其"工于至诚，行以致远"的价值观涵盖了"诚信、人本、稳健、创新、卓越"五方面的基本价值取向，是对中国工商银行多年来企业精神、文化理念、经营方式和价值追求的凝练表述。

4. 依据市场环境和金融机构资源确定品牌定位

品牌定位是指金融机构在市场定位和产品定位的基础上，对特定的品牌在文化取向及个性差异上的商业决策，是一个建立与目标市场有关的品牌形象的过程与结果。随着市场环境的不断变化，金融机构应依托金融机构资源及时对其品牌定位进行调整。以中国农业银行为例，伴随着中国经济进入"新常态"、利率管制不断放松等环境的改变以及云计算等新技术的快速发展，中国农业银行将其先前"服务三农"的定位落在了"数字生态银行"，努力构建无界的金融服务，实现金融服务无处不在。

5. 依据市场竞争和金融机构财务状况策划品牌传播方案

品牌传播是金融机构的核心战略，也是超越营销的不二法则。以兴业银行为例，"巧智赢财富"品牌核心的提出，"无限组合，与时俱进"系列产品体系的开发，配合北京和上海等重要城市的"财智星启明新闻发布会"，让兴业银行的"兴业财智星"一跃成为企业金融领域智慧和创新的代名词，在市场上引起了极大反响，也得到银保监会的多次表扬。

"兴业财智星"根据市场竞争以及自身财务状况，推出由点到面、内外结合的品牌传播推广方案，且取得了卓有成效的效果。

6. 依据组织结构和管理理念建立品牌管理体系

以财通证券股份有限公司（下称"财通证券"）为例，2015 年以来，财通证券一直在深化品牌体系的建设，从系统层面升级品牌内涵，凸显差异化价值。目前，财通证券已形成"大平台、小前端、强功能"的品牌架构策略，详见图 10-2，对财通证券旗下的品牌进行系统规范管理，提高"大财通"的辨识度，形成品牌合力。此外，2020 年，财通证券关切投资者在不确定环境中的所急所需，打造专业的财富管理品牌"财通赢家"，推动业务与品牌双轮驱动，传递"始终为客户而赢""坚持以专业而赢""持续因稳进而赢"的专业投资理念。

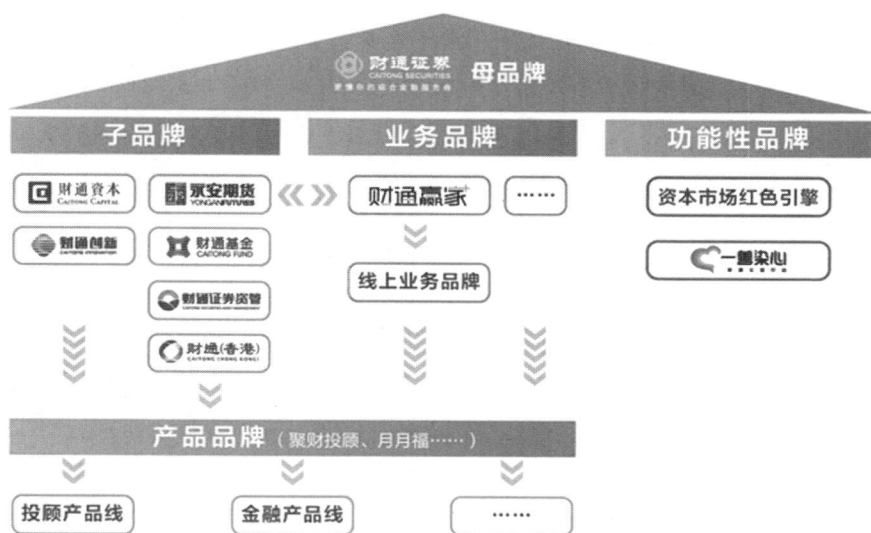

图 10-2　财通证券的品牌体系

资料来源：财通证券官网。

10.3　金融服务营销的小品牌战略

10.3.1　小品牌战略的定义

小品牌战略和大品牌战略并不是相对立的概念，而是相互补充的。小品牌战略（Small Brand Strategy）是指城市商业银行等中小金融机构根据自身所处的发展阶段、产品或服务的市场态势、客户的消费成熟度等相关因素来选择合适的品牌营销战略建设方法。

10.3.2　小品牌战略的内容

城市商业银行等中小金融机构在建立品牌营销战略时，要根据市场特点随机应变。

首先，在产品差异化的市场领域，新产品与新技术不断被开发，消费者更关心产品或服务的功能性。此时，中小金融机构建立品牌营销战略的关键在于突显产品差异，塑造更好的产品。这可以通过口碑营销实现。口碑营销需要在不同的接触点和消费者对话，让消费者理解产品和品牌营销战略进而主动帮其营销。以大连银行股份有限公司（下称"大连银行"）为例，手机银行教育缴费业务上线之初，大连银行并未急于大面积推广，而是在重点推广区域内选取试点学校，指派专人在线随时对学校管理端及家长缴费端的疑问进行指导，保证了试点学校缴费业务的顺利开展，赢得了学校及家长的一致好评。在此基础上，开始在域内逐步推广，对每一所开办业务的学校进行售后跟踪，良好的口碑效应助推其他未开办该业务的学校主动联系大连银行开办该业务。

其次，在产品趋向同质化的市场领域，随着消费者消费经验的增加，消费者开始注重产品使用中的感性利益。此时中小金融机构要建设品牌营销战略，关键在于形成独特的形象，附加更多感性利益。这可以借助渠道宣传实现。借助内外部多渠道进行小成本投入，实现对消费者的近距离宣传，也可以借助区域品牌营销战略实现。区域品牌营销战略与单个企业品牌营销战略相比形象更直接，因为这是众多企业通力合作拼搏的结果，是众多企业品牌营销战略精华的浓缩和提炼，是更具广泛、持续的品牌营销战略效应。以营口银行股份有限公司（下称"营口银行"）为例，营业网点作为银行最主要的营销渠道，发挥着重要作用，这也是营口银行最具有优势的一点，营口银行在营口地区拥有众多营业网点，且多在居民社区、商圈购物区和企业园区等位置，基本形成了覆盖全市的金融服务网，在进行传统的营业网点宣传之外，营口银行借助自助银行、网上银行、手机银行等电子银行拓展新型营销渠道，提升营口银行的知名度与影响力。此外，营口银行通过开展银企对接活动，创造特色的营销渠道，加深消费者对营口银行的了解。

最后，在品牌形象同质化的市场领域，消费者对品牌形象无暇顾及，对感性利益关心减少。此时中小金融机构要建设品牌营销战略，关键在于成为某类产品的代表，方便消费者识别、记忆与购买。这可以通过实施品类创新实现。品类是根据消费者的需求进行分类，而不是根据商品的属性进行分类。因此，新品类形成的品牌容易在消费者心目中刻下烙印，能让消费者印象深刻，一旦在消费者心中被定位为领导品牌，则意味着该品牌正宗，其他后来的或相关的品牌都是仿制品。以北京银行股份有限公司（下称"北京银行"）为例，2008年北京银行推出了"知识产权质押贷款模式"，并升级知识产权质押贷款产品"智权贷"，是最早推出此类信贷产品的银行之一。

10.3.3　小品牌战略的应用

金融机构小品牌战略的应用是城市商业银行等中小金融机构为了更好地将自己的产品或服务推销给消费者所采取的措施之一，其中包含了企业定位、产品特点、服务特色等关键因素。金融机构小品牌管理是一个长期的工程，其原则指导着整个品牌管理过程，具体应该遵从以下四大原则：

1. 始终关注客户需求的原则

始终关注客户需求的原则包括三方面：一是应根据客户的需要进行品牌动态管理，贴近客户，并打造独特的中小金融机构的品牌形象。二是不断提供满足甚至超越客户需求的服务和产品，得到客户的信任和认同。三是评估并维护品牌，通过调研，了解客户的新需求，评估品牌管理效果，改进品牌管理存在的问题。以宁波银行为例，宁波银行通过建立一套灵活、完善、易于管理和应用的数据标签体系进行数据挖掘与整合，应用人工智能和大数据技术，实现对客户的深刻洞察和精准营销。图 10-3 为金融客户标签类体系。

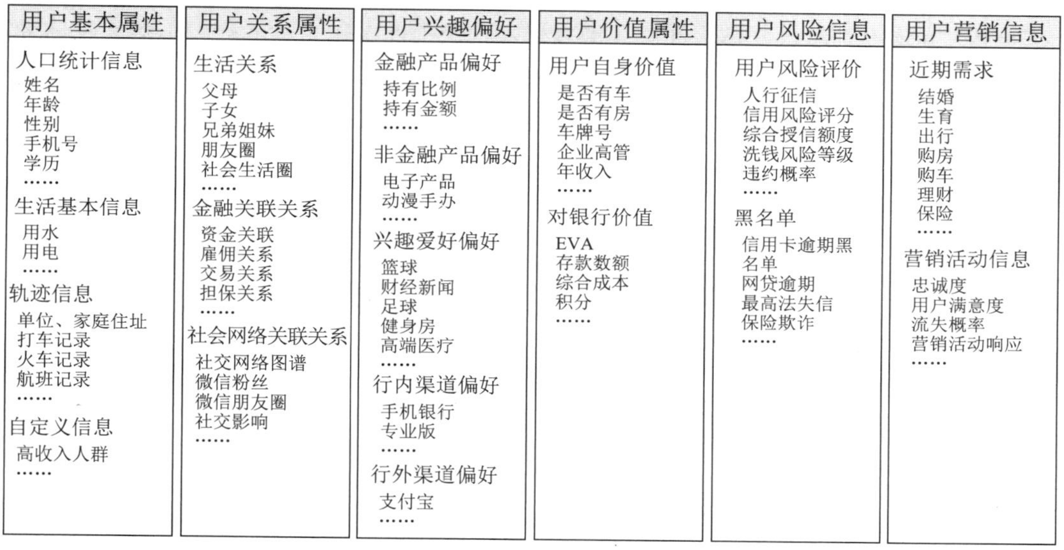

图 10-3　金融客户标签类体系

资料来源：周丹，等 . 金融企业数字化中台 [M]. 北京：清华大学出版社，2022.

2. 整体性原则

城市商业银行等中小金融机构在品牌管理方面应该用系统的全面的思维进行管理，这样才能够展现品牌的形象。然而，中国以城市商业银行为代表的中小金融机构多数都表现出品牌管理体系缺失的问题，它们既没有制定全面的品牌发展战略，也没有对品牌的长短期发展进行统一规划。这与中国以国有大型银行为代表的大型金融机构形成鲜明对比，以中国工商银行为例，为适应全球化发展的趋势，中国工商银行早于 2010 年就建立了统一的品牌形象管理体系。

3. 内外兼修的原则

品牌管理不仅要重视外部传播，也要重视内部建设。只有如此，才能提升品牌竞争力。中小金融机构的品牌管理既不能只扩大品牌知名度，而不愿进行内部管理，也不能只重视企业内部管理而忽视品牌传播。以盛京银行股份有限公司（下称"盛京银行"）为例，针

149

对外部传播，盛京银行按照建设"服务地方、服务小微、服务市民"的区域性商业银行战略定位，将传统文化精髓与银行经营理念、企业自身特色有机融合，构建具有时代特征、行业特质、个性特点的品牌管理体系；针对内部建设，着眼于发展，盛京银行建立了经营管理人才储备库，形成进出退补的动态管理机制，完善后备人才的梯次队伍建设，加快了经营管理人员的培训、选拔和任用步伐，管理人才向年轻化、知识化和专业化转变。盛京银行通过外部传播与内部建设双路径推动品牌建设，综合提升品牌竞争力。

4. 为金融机构战略和业务经营服务的原则

小品牌管理的终极目标是提升金融机构的持续盈利能力和效益。所以，它应落实到金融机构战略和业务经营中去，通过品牌管理真正发挥品牌效益。以徽商银行股份有限公司（下称"徽商银行"）为例，随着移动支付业务的快速发展，为提升徽商银行信用卡在客户手机钱包中的优先级，徽商银行信用卡重点围绕微信、支付宝、云闪付等市场主流第三方支付平台开展专项品牌营销。此外，徽商银行信用卡业务逐步瞄准线上小额高频场景，重点围绕客户生活服务类需求，搭建线上消费商圈，先后与京东、苏宁易购、饿了么等市场主流电商平台及百大易购等当地知名品牌商户一起开展满额随机立减活动，利用互联网电商流量优势为徽商银行信用卡客户丰富用卡场景，提升用卡黏性，加强品牌赋能。

10.4　品牌战略的实践

10.4.1　商业银行的品牌战略

银行业属于金融服务行业，现代商业银行提供的不仅仅是一种具体的金融产品和服务，更重要的是提供"客户满意"。因为只有"客户满意"才能销售金融产品并获取最终收益，而客户满意同样取决于客户对银行服务的认同和品牌的接受。因而，商业银行的品牌战略，应以建设企业整体的品牌形象为主线，使其组织形象有别于其他竞争银行。

由于受到一些经济、政治、文化等外部因素的影响，中国商业银行品牌起步相对较晚。但随着商业银行的市场化改革不断深入，中国的股份制商业银行和城市商业银行的品牌建设得到了快速发展。与此同时，中国加入世界贸易组织后，实力强劲的外资银行更是加剧了中国商业银行的品牌化进程。中国商业银行的品牌战略发展历史不长，主要经历了以银行卡为载体塑造金融品牌、以专项业务为载体打造金融品牌、通过系列品牌的整合树立银行形象以及通过网络化品牌的创建提升整体品牌四个阶段。中国工商银行是中国商业银行品牌建设的翘楚，其通过差异化定位、内部品牌文化推广等多种方式树立独特的品牌形象，提升其知名度。2019 年，中国工商银行以 798 亿美元的品牌价值，连续三年蝉联 Brand Finance（英国品牌金融咨询公司）全球银行品牌价值 500 强榜首，在品牌价值增量和增幅两方面均明显领先于国内外主要同行业。图 10-4 为中国工商银行的 Brand Finance 品牌价值主题海报。

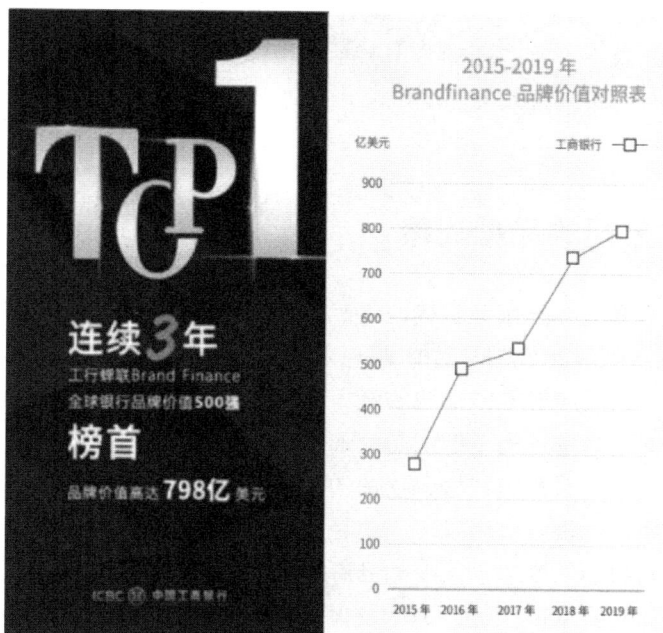

图 10-4　中国工商银行的 Brand Finance 品牌价值主题海报

资料来源：中国工商银行官网。

尽管中国的商业银行品牌战略已经取得一定的成果，但商业银行的品牌建设整体表现出品牌文化积累单薄、品牌定位缺乏个性等问题。未来，中国商业银行应认真分析市场环境与客户需求，结合自身特点，借鉴国际银行业的新模式、新理念，努力打造高水平的一流银行品牌。

10.4.2　证券公司的品牌战略

中国证券市场自 20 世纪 90 年代初期起步至今已有三十年，中国证券行业经历了从无到有、不断壮大、不断规范的过程，其间涌现出了大批的优质券商。随着证券业的不断壮大和逐步成熟，行业竞争机制也会不断升级。为了提升证券公司的竞争实力，品牌建设已被许多知名证券公司提上了日程。例如，国信证券专门针对公司的品牌建设召开了专家研讨会，研究自身品牌定位和建设方针；华泰证券股份有限公司（下称"华泰证券"）成立了品牌营销部；国泰君安成立了品牌营销中心，全面负责公司品牌相关事务管理。然而，目前中国绝大多数证券公司的品牌建设，与国际同行相比相对落后，即使是中信证券等一流证券公司在品牌营销上也远远落后于国外证券公司。

现阶段中国证券公司的产品、服务同质化现象比较严重，价格战是各家证券公司普遍采用的竞争策略。以佣金率为例，川财证券有限责任公司（下称"川财证券"）报告显示，2020 年证券行业实现代理买卖证券业务净收入 1161.10 亿元，行业平均佣金率约为 0.026%，较 2016 年的 0.043% 下降 0.017 个百分点。"低佣金"已成行业趋势，证券公司"佣金大战"

愈演愈烈，从最初较为普遍的 0.3% 到 0.06%，再到 0.03%，佣金比例不断下调。在证券业竞争越发激烈的背景下，有的证券公司甚至推出"万一开户"（佣金率仅为 0.01%），以加大揽客力度。如何实施有效的品牌战略，打造强势品牌，在竞争中突围是证券公司目前急需解决的首要问题。

10.4.3　保险公司的品牌战略

保险公司作为主要的金融服务机构，其品牌属性具有多元的价值追求和市场效果。自 2001 年中国加入世界贸易组织以来，中国企业不断受到国外企业的冲击，保险公司同样面临着外企的冲击。为了应对不断加剧的竞争，各家保险公司纷纷在"品牌"战略上大做文章。以中国人寿保险为例，为了解决品牌形象固有化难题，中国人寿保险推出了《综合金融篇》创意广告，通过歌舞剧轻松、欢快的叙事表现形式，拉近与年轻人的距离，展现了中国人寿保险、投资、银行协同发展，年轻化、科技化、国际化的综合金融保险集团形象。当今，保险市场激烈的竞争已演变为品牌的竞争，保险品牌建设是保险公司科学化经营管理、扩大市场份额的重要保证，是激发保险人创业创新热情的重要手段，更是顺应保险行业发展趋势的必然选择。

随着保险业的发展，保险公司的品牌建设取得一定进展，并有继续提升的势头，但与行业发展目标任务相比，特别是与国内其他行业品牌建设相比，还存在一定差距。《2022 年度中国品牌价值 500 强报告（中文版）》显示，中国最强品牌前十名中有四家商业银行上榜，而保险公司仅有中国人寿保险一家，详见图 10-5。保险公司的品牌建设整体表现出品牌建设宏观水平较差、品牌建设管理能力低下、品牌建设存在理解盲区误区、行业品牌建设滞后等问题，保险行业的品牌建设还有很长的路要走。

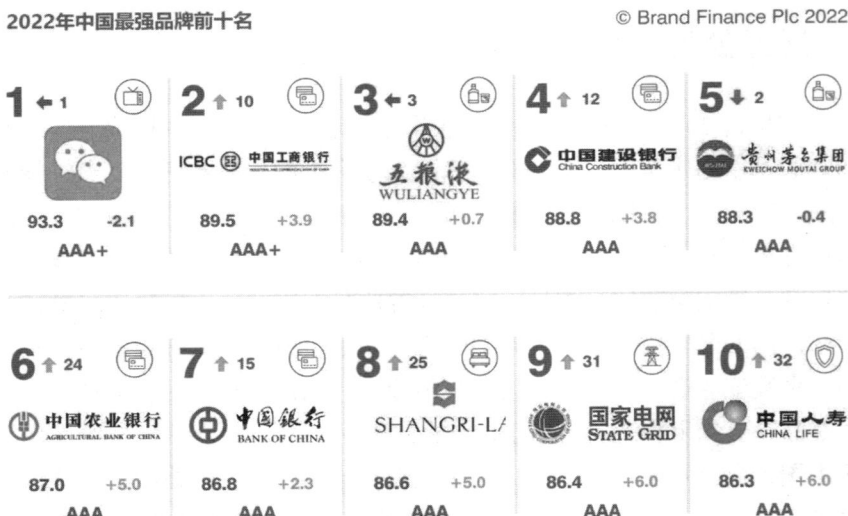

图 10-5　2022 年度中国最强品牌前十名

资料来源：《2022 年度中国品牌价值 500 强报告（中文版）》。

案例分析

案例 10-1　服务始于初心，品牌凝聚价值

在"第一个人金融银行"战略引领下，中国工商银行坚持"以客户为中心"，努力把握新时期零售业务发展的新理念、新规律，积极探索零售金融的新模式与新实践，聚焦重点领域，抢抓机遇，改革创新，打开了个人金融业务的新局面。2022 年以来，中国工商银行个人存贷款市场竞争力稳步提升，零售客户总量屡创新高，同时蝉联亚洲银行家"中国最佳大型零售银行"奖项，获得了国际研究机构的充分肯定。

"以客户为中心"始终是中国工商银行最核心的经营价值观和最本源的商业逻辑起点。中国工商银行以建设客户首选银行和人民满意银行为目标，积极适应客户需求，有针对性地推出分层分群、专属专惠的差异化服务。近年来，中国工商银行针对不同客群打造了众多专属客群品牌，推动新时代个人客户服务具体落地模式由标准普适向差异定制演变。例如，针对社保客户打造"工银 e 社保"，针对中小企业主、商业街区经营户等商贸类客户成立工银商友俱乐部等。此外，中国工商银行还在业界首推了湾区"账户通"服务，精准定位澳门本地居民客群，助力客户享受粤港澳大湾区消费支付便利。

中国工商银行聚焦渠道延伸，在生态构建上，由自建自营向共建共赢发展，在渠道布局上，由双线作战向融合互通发展，坚持"开放、合作、共赢"的发展理念，实现场景共建、生态共享。首先，线上渠道和线下渠道两条腿走路。守住并用好线下基础优势，推动"智能网点"向"专业化、智慧化、体验化、轻型化"转型，把强大的网点落地服务与高效的线上服务有效结合起来，更好地发挥网点服务作用。同时，将"工银融 e 行"手机银行作为行内线上核心入口，建设线上线下一体化的金融服务平台。其次，构建开放融合的跨界生态，成为国内最大的综合金融服务供应商。"工银 e 钱包"就是顺应发展趋势的重要服务举措，其遵循"服务跟随客户走"的基本逻辑，将个人金融业态"融入外部场景，赋能各类合作方，服务客户的客户"。最后，适应抗疫新形势，在"非接触"互动式服务需求扩张下应运而生的云网点，为客户提供足不出户的互动式、伴随式的云金融服务。

"您身边的银行，可信赖的银行"是中国工商银行传递给客户的品牌形象。这份信赖不仅来自中国工商银行坚守的服务底线，保护客户信息安全、账户安全、资金安全所带来的安全放心，而且来自始终以金融和非金融便民惠民服务为己任的大行担当。在风控管理方面，中国工商银行积极开展产品创新，在国内率先推出 U 盾，设置"地区锁""境外锁""夜间锁"，确保客户交易及账户安全。在便利金融方面，中国工商银行打造了业内领先的账户体系，从根本上解决了本异地无差别服务、"换卡无忧"、挂失流程冗长等行业内诸多客户服务的痛点。在惠民公益方面，中国工商银行在全国各地区开展具有地方特色的非金融惠民行动，不仅包括在惠民服务网点建立"工行驿站"，为广大劳动者提供"歇歇脚、喝口水、充充电、上上网"等服务；而且包括冠名捐助"工银光明行——健康快车"，积极参与公益活动。

资料来源：微信公众号中国信用卡。

思考：

1. 中国工商银行实行的是大品牌战略吗？

2. 以上内容体现了中国工商银行品牌定位的哪些原则？

3. 以上内容体现了中国工商银行品牌构成要素的哪些内容？

本 章 小 结

（1）品牌是消费者感受一个产品的总和，其构成要素包括显性要素和隐性要素两类。前者包括品牌名称、视觉标识，后者包括品牌承诺、品牌个性、品牌体验。金融产品品牌建立的目的是辨认金融机构各自的产品或服务，并使这一特色金融产品与其他金融机构产品得以区分。

（2）品牌战略伴随品牌产生。将品牌作为金融机构的核心竞争力，以获取利润和价值的金融机构经营战略就是品牌战略。品牌战略类型可分为统一品牌战略、多品牌战略、复合品牌战略三种。

（3）品牌的生命周期是指品牌具有与其所代表的核心产品近似的市场生命活动规律。品牌的生命周期有广义和狭义之分：广义的生命周期包括品牌法定生命周期和品牌市场生命周期；狭义的生命周期则特指品牌市场生命周期，包括导入期、知晓期、知名期、维护与完善期、退出期五个阶段。

（4）大品牌战略和小品牌战略并不是相对立的概念。大品牌战略是指品牌理论演变为将品牌提升到金融机构发展战略层面的理念。小品牌战略是指中小金融机构根据自身所处的发展阶段、产品或服务的市场态势、客户的消费成熟度等相关因素来选择合适的品牌营销战略建设方法。

◢ 关键概念

品牌　品牌战略　品牌的生命周期　大品牌战略　小品牌战略

综 合 训 练

一、填空题

1. 品牌战略的主要类型包括：_____、_____、_____。

2. 大品牌战略的内容主要体现在五个方面：_____，_____，_____，_____，_____。

二、选择题

1. 品牌定位的原则不包括（　　　）。

　　A. 相关性　　　　　B. 匹配性　　　　　C. 延伸性　　　　　D. 导向性

2. 品牌生命周期不包括（　　　）。

　　A. 导入期　　　　　B. 成熟期　　　　　C. 维护与完善期　　D. 退出期

三、简答题

1. 品牌的构成要素包括哪些？

2. 品牌定位的原则有哪些？

第11章
金融机构的企业识别系统（CIS）战略

学习目标

通过本章的学习，了解 CIS 战略的产生过程，掌握 CIS 战略的含义；掌握 CIS 战略的主要内容、特点和作用以及基本程序；了解美国、日本以及中国 CIS 战略的应用；掌握商业银行、证券公司以及保险公司 CIS 战略的应用。

开篇导读

人们在购买商品时总是喜欢印有 logo 或品牌名称的商品，尤其在服装行业，在追求质量的同时，消费者也讲求视觉体验，好看的 logo 设计自然成为激发消费者购买欲望的有力武器。金融行业作为服务行业，更需要内外兼修。从理念出发，落实到行动，不断提升服务质量，保证"内在美"，在此基础上，通过视觉体验保证自身"外在美"。金融机构如何做到这一点呢？这正是金融机构的 CIS 战略所要探讨和研究的。

11.1　CIS 战略概述

11.1.1　CIS 战略的含义与主要内容

1. CIS 战略的产生

CIS（Corporate Identity System，企业识别系统）的产生经历了一个从 CI 到 CIS 的演进过程。CI（Corporate Identity）即企业识别，其最初只是统一了企业视觉，即通过设置统一的企业识别形象标志，将该标识渗透于企业的方方面面，以此引起大众对企业的注意力、提高企业的知名度。CI 出现于工业时代大批涌现的企业的激烈竞争之中。20 世纪初，意大利企业家密罗•奥利威蒂（Miro Oliwetti）为了提高产品的竞争力，开始设计企业标识并不断完善。1914 年，德国著名建筑学家比德•贝汉斯（Bede Behans）受聘为德国 AEG 电器公司的设计顾问，为公司进行了统一的商标、包装、便条纸和信封设计，这对统一企业视觉起到了积极作用。这些商标和标识的统一设计虽不能视为严格意义上的 CI 设计，但却可以看作 CI 的雏形。

最早运用 CIS 战略的是美国。20 世纪 50 年代中期，美国 IBM 公司引入 CI 计划，运用有横隐形条纹的"IBM"三个英文文字作为该公司的企业标识，详见图 11-1，这标志着 CI 的正式形成。此后，麦当劳快餐店、美孚石油公司、远东航空公司等也采用了各自统一的标志来突出企业的视角形象，以引起客户的注意。20 世纪 60 年代，日本企业引进了 CIS 战略。日本的一些金融业和零售业首先采用了 CIS 战略，推出了自己的标准字。同时，日本企业在实行 CIS 策略的过程中，渐渐注意到单靠企业标识的视觉效果还无法完全实现预期目标，企业还必须树立正确的经营理念、提供优质的产品与服务并积极开展各种识别活动，才能真正吸引客户。于是，日本企业对 CIS 战略进行补充，把企业的经营理念及经营行为都统一到 CIS 中，形成了现在 CIS 的完整内容。

图 11-1　IBM 公司的图标演变历程

资料来源：新浪网。

作为特殊的企业，商业银行、证券公司等金融机构在观察到 IBM 公司 CI 战略的成功后，开始逐步建立自己的企业形象识别系统。比如，1971 年，日本第一劝业银行率先导入 CI 体系，开始采用"心"形行标。随着经济全球化与竞争国际化趋势的日益明显，金融机构对品牌开始有了进一步的理解和真正意义上的接受，越来越多的金融机构开始运用 CIS 战略规划企业发展，强化品牌战略，提高市场竞争力。美国的花旗银行、中国的中国银行等众多金融机构开始建立自己的企业形象识别系统。全球范围内的金融机构掀起了一股"CI潮"，纷纷开始筹划 CI 体系，从经营理念、员工行为规范、标志等方面入手，融入各自的特色，以达到提升竞争力的效果。

2. CIS 战略的含义

CIS 是一种崭新的现代企业经营战略。它是社会生产、生活现代化与市场竞争日趋激烈的产物。金融机构的 CIS 战略是指商业银行等金融机构运用多种手段将其经营思想、形象、服务宗旨等具象地表达出来。具体来讲，通过标识显示、活动策划、促销方案等方式将金融机构的理念与实际表达紧密结合，如借助广告宣传、创意策划、公共关系等手段塑造金融机构与众不同的形象，增强竞争力。

金融机构的 CIS 战略实质上是把金融机构的经营目标、经营方针、经营原则以及具体经营行为作为一个整体，并以此为原则借助创意策划、广告宣传、公共关系等手段塑造出与众不同的金融机构形象，进而达到提高知名度和增强市场竞争力的目的。

3. CIS 战略的主要内容

金融机构的 CIS 包括理念识别系统（Mind Identity System，MIS）、行为识别系统（Behavior

Identity System，BIS）和视觉识别系统（Visual Identity System，VIS）三个子系统。其中，MIS 是 CIS 的核心，BIS 是 CIS 的动态表现形式，VIS 是 CIS 的静态表现形式，三者相互联系、相互促进、不可分割。它们共同塑造金融机构的企业形象，共同推动金融机构的发展。

1）理念识别

理念识别（MI）是指金融机构经营管理的指导思想或观念，是对其在金融机构经营中围绕经营管理活动形成的一种指导行动的特殊精神的本质概括，主要涉及金融机构的经营使命、经营观念及经营规范等内容。理念识别是用言简意赅的文字表达金融机构的经营理念、经营方针、经营宗旨、经营信条和战略思想，它是整个金融机构的 CIS 的核心，贯穿 CIS 活动的全过程。金融机构的理念识别主要表现为企业使命、经营观念、经营规范与准则三个方面。

（1）企业使命

企业使命是指金融机构经营过程中的最高理想，一方面体现了金融机构经营者的理想与抱负，另一方面反映了金融机构所处的社会文化背景和社会经济发展状况。一般来说，金融机构的使命包括两个层面：一是营利性，金融机构作为一种金融企业，与其他企业一样，必须把实现利润最大化作为最基本的使命；二是社会性，金融机构作为社会的细胞，除追求自身的利润外，还必须承担一定的社会责任，为社会的发展做出自己应有的贡献。金融机构在明确自身使命时，应做到全面考虑，追求两者的最佳结合点。通过 CIS 的理念识别策略，金融机构可以将自身使命传递给金融机构的每一个员工，促使所有员工都为之奋斗。

（2）经营观念

金融机构的使命在经营过程中的体现和表述形式就是经营观念。经营观念包括两个方面的内容：金融机构的经营方向与金融机构的经营管理思想。金融机构的经营方向的正确与否不仅影响着目标市场需求的满足程度，还在很大程度上决定了金融机构形象的好坏。金融机构在确定经营方向时要依据自身的经营条件和能力，选择合适的目标市场，并能够根据目标市场的需求状况及其变化来提供金融产品与服务，最大限度地满足客户的需求。金融机构的经营管理思想包括内向思想和外向思想两种。内向思想也称管理思想，它是企业内部管理的指导思想，如日本住友银行所强调的"扎实经营和进取经营"思想；外向思想是以客户为中心制定的经营思想，如中国银行奉行的"信誉至上、优质服务、廉洁奉公、为国创汇"的总方针。总体来讲，内向思想与外向思想都是金融机构的经营管理思想的具体表述，两者是相辅相成、互相影响的。

（3）经营规范与准则

金融机构的企业使命和经营观念都属于抽象的思想意识范畴，而金融机构的经营规范与准则是对其经营活动的具体要求，它是对金融机构的企业使命和经营观念的进一步具体化、规范化和文字化。为了使每一个员工服从金融机构的"精神规范"，金融机构必须制定出较为具体的行为规范，以便参照执行。例如，中国人寿保险的《中国人寿员工行为规范》《中国人寿员工道德规范》；中信证券的《中信证券股份有限公司合规管理规定》。

2）行为识别

行为识别（BI）是指金融机构在经营理念的指导下所表现出的内部活动和外部活动，

它是在理念识别的基础上对金融机构的各项经营活动进行的规范化准则。金融机构的经营理念不能仅仅是一句口号，而是要内化于金融机构职员的心灵之中，并体现在金融机构日常的经营行为之中。因为公众对一家金融机构的评价，不仅要听它说得怎样，也要看它做得如何，这就需要金融机构运用行为识别策略。作为一种动态的识别形式，行为识别是金融机构的经营管理理念在具体事务中形象化的反映，可以帮助金融机构树立具体、生动、动态的形象。

金融机构的 BIS 几乎覆盖了金融机构的各种经营活动，整体来讲，它可以分为对内系统和对外系统两大部分。

（1）对内系统

对内而言，金融机构要做到员工行为规范化。员工行为规范是企业员工共同遵守的行为准则，包括职业道德、仪容仪表、礼节礼貌和体态语言等内容。为了使行为识别对内系统取得良好的效果，金融机构应该注意以下三个方面：

①制度严格化。良好的作风和行为的形成是一个由强制到自觉的渐进过程，金融机构形象的形成和维护必须有严格的规章制度作保证。金融机构的管理要严格，制度要健全，核算要严密，营运要有序，只有这样才能维护金融机构的信誉和赢得客户的信任。同时，金融机构每一项制度的建立也应遵循人性化的原则，根据金融机构的实际情况，制定符合自身情况的制度，只有这样才能保持自身的特点和活力。

②服务规范化。金融机构服务质量的优劣会对其形象产生极大的影响。因此，金融机构需要以诚恳的态度、专业的方式等手段尽可能为客户提供周到细致的服务，真正做到把客户需求落在实处，树立良好的企业形象。而这离不开规范化的服务制度的制定。只有服务规范化，才能为金融机构的服务质量提供保障，才能为维护金融机构的形象提供可能性。

③操作标准化。金融机构的业务种类繁多，若想使各个岗位的工作井然有序地进行，必须规范工作程序。同时，随着经济全球化的发展，金融机构在进行规范化管理时，应该逐步将国际标准纳入衡量范围，不断制定出更加严密、高效、科学的操作规程。

（2）对外系统

对外系统是指金融机构通过各种对外活动，如公共关系、社会公益活动、各种文化活动等，传达金融机构的经营理念。它主要包括以下四点：

①产品规划。这是塑造金融机构产品形象的第一步。金融产品设计成功与否关系到金融机构将来的利润大小和发展好坏，金融产品的设计和开发要以市场调查为基础，综合运用营销组合策略来加深客户对金融产品的印象。

②服务活动。金融机构的服务活动包括售前、售中和售后三个阶段，缺一不可。服务活动的全面程度反映出金融机构对客户的重视程度，积极的服务活动能够不断吸引优质客户，相反，消极的服务活动可能会使其失去很多优质客户。而优质客户又是塑造金融机构形象的关键之一。

③广告活动。金融机构的广告按内容可以分为商品形象广告和企业形象广告。在 CIS 的行为识别中，金融机构应该更加注重形象广告，通过良好的形象广告不断提高自身知名度、吸引公众的注意，为最大限度地激发客户的购买欲望和获得客户的认可奠定基础。

④公关活动。金融机构应该积极参加或举办各种展示会、召开新闻发布会、进行公益捐助等活动。这些活动不仅可以提升金融机构在客户心目中的形象，还可以消除以往客户对金融机构的误解，改善和提高金融机构在客户心目中的形象和地位。

3）视觉识别

视觉识别（VI）是指通过具体化和视觉化的表现形式来展示金融机构的独特形象。在金融机构的 CIS 战略中，金融机构的理念较为抽象，金融机构的行为虽然具体，但属于一种动态活动，传播范围有限，只有当金融机构通过具体的符号或标识将上述思想和行为凝固成一种静态的视觉形象时，金融机构的形象才容易被广泛地传播并记住。所以视觉识别同时具备传播力量与感染力量。一般来说，金融机构的视觉识别包括两个部分，即基本要素系统和应用要素系统。

（1）基本要素系统

基本要素系统是指可以表明金融机构名称、任务、位置及理念的专用符号、图形、文字、颜色并将这些字符图形加以组合形成的系统，它一般要借助媒体介质传播给公众。基本要素系统包括以下四点。

①金融机构名称。金融机构名称包括全称及简称，它是金融机构的语言标志。金融机构的名称设计要求名副其实，正确反映银行的经营目标、经营方针、经营理念和经营范围。例如，天津金城银行股份有限公司（下称"金城银行"）取名金城，含"固若金汤"之意；恒生银行有限公司（下称"恒生银行"）含有"永恒生长"之意。

②金融机构标志。它是高度浓缩的金融机构形象，体现着银行的个性与风貌。因此银行标志要具有鲜明的特点，便于人们识别与记忆。例如，日本第一劝业银行的标志是红色的心形图案，代表着诚心诚意为顾客服务；樱花银行的标志为日本国花——樱花，强调了日本的文化特征；中国银行标志中的白底红色古钱代表银行，而中间类似一个"中"字代表中国。

③金融机构标准字。金融机构标准字是指金融机构名称的固定写法，一般有固定的尺寸比例、颜色与字体。金融机构标准字在强化金融机构形象和补充说明标志方面起到非常重要的作用。例如，"中国银行"四个字是由郭沫若题写的，中国银行可借助郭沫若先生的声誉树立形象。

④金融机构标准色。这是金融机构用来表示自己特征的固定颜色，可以是一种色彩，也可以是一系列色彩组合，但不宜超过三种。不同的色彩不仅能够呈现出不同的视觉效果，还代表着不同的文化含义、象征意义和精神理念。例如，中国农业银行以绿色作为标准色，表示农业银行的诚信高效，寓意农业银行事业蓬勃发展；而浦发银行以蓝色为标准色，表示浦发银行的现代、科技以及严谨，强化了浦发银行在金融行业的专业服务特性。

（2）应用要素系统

应用要素系统是指用来传播银行基本要素系统的媒介体，它主要包括以下三项：

①制服。统一的制服在视觉形象方面具有特殊功能，可以给客户留下第一印象。整洁统一的制服往往是最能生动并随时随地体现良好企业形象的。特别是对外营业员工，其作为与客户直接接触的人群，更需要衣着统一，色彩鲜明，徽章佩戴规范，以此形象化地增强客户的记忆。中国商业银行的行服各有特色，各行都在追求独家亮点。图11-2为中国商业银行的部分行服。

图 11-2　中国商业银行的部分行服

资料来源：http://www.szslhfz.com/63/yinhang-job-fugedayinhangkuanshidaquan.html.

②广告、公关、宣传等对外标志与口号。金融机构要设计统一的广告宣传、公关等对外形象，并利用各种媒体广泛传播，使金融机构的经营理念深入人心，提高金融机构的知名度。例如，"买保险就是买平安"不仅表明了平安集团的企业名称，还表明了对被保险人的祝福，同时隐喻了保险的重要性；"一项保单保全家"体现了泰康人寿率先提出的养老保险计划，打破了传统的一对一保险模式，真正做到了一人保险惠及全家。

③营业环境。金融机构营业环境分为物理环境与人文环境。物理环境包括视听环境、温度与湿度环境、嗅觉环境、装饰环境等；人文环境主要包括领导作用、物理环境风貌、合作氛围、竞争环境等。良好的营业环境不仅能保证员工的身心健康，也能给客户留下良好的印象。

11.1.2　CIS 战略的特点与作用

1. CIS 战略的特点

从 CIS 战略的概念与内容出发，进一步挖掘 CIS 战略的特点，主要体现在以下四个方面。

1）战略性

作为一个长期性的工作，CIS 战略贯穿于金融机构的整体运营布局之中。无论是品牌标志的构想还是经营理念和企业文化的建立，都并非在短时间之内即可完成的，所以企业形象战略需要金融机构的长期坚持和遵循。金融机构的 CIS 不仅是对金融机构内部的一种要求，更多的是向外界的展示，因此其 CIS 战略也具有全局性，联系了金融机构经营管理的各个方面。因此，金融机构的 CIS 是一个具有全局性战略特点的系统。

2）系统性

CIS 由三个子系统组成，即理念识别系统（MIS）、行为识别系统（BIS）和视觉识别系统（VIS）。三者相辅相成，缺一不可。只有三者的统一、和谐运用，才能够实现金融机构的期望效果。金融机构的日常经营活动应以基本理念与经营哲学为基础，而经营理念又与金融机构的内部文化紧密结合，通过规范化的行为具体体现，借助统一的标志等进行视觉化的传播。因此，CIS 是一个具有系统性且渗透于企业各个方面的系统。

3）独特性

金融机构在市场上的竞争是相当激烈的，一方面金融产品的创新受制于监管；另一方面金融产品极容易被复制，同质化现象严重，这些使得产品的独特性难以表现，然而服务的独特性却是难以取代的。CIS 战略加强了金融机构服务的个性化设计，塑造了金融机构的独特识别功能。

4）传播高效性

CIS 战略是对金融机构文化与精神的科学、条例、完整的标准化表达，是对金融机构的企业文化和企业精神的高度凝练和概括。导入 CIS 战略，可以实现信息的统一性与一致性，节省金融机构信息传播的成本，防止信息的误导。CIS 战略的这一特点使其成果便于传播并推广，因此具有传播上的高效性。

2. CIS 战略的作用

1）加强管理

CIS 战略是一种崭新的管理理念，它不是简单地以提供服务为出发点，而是从金融机构的整体形象出发，将金融机构价值观、外在形象、服务标准等要素纳入整体形象之中，综合运用管理学、心理学、行为科学、美学等手段将金融机构的经营方向、经营目标、经营理念等表达出来，以此管理金融机构，保证金融机构安全健康的发展。

2）对外识别

受业务及规章制度的影响，金融机构的经营战略很容易被模仿，金融机构之间在金融品种、服务手段等方面的差距日益缩小。金融机构的 CIS 战略可以通过树立全新的价值观和整体识别系统塑造独特鲜明的外部形象，在社会公众间建立起自身的信誉和品牌，使其在行业中有别于其他竞争对手。例如，各大银行通过设立不同的银行标识使得自身区别于其他同行业竞争者，以增强其对外可识别性。图 11-3 为世界各国部分银行的标识。

图 11-3　世界各国部分银行的标识

资料来源：各银行官网。

3）扩大影响

金融机构的 CIS 战略要求金融机构在对外传播中必须前后统一，以此保证信息传递的同一性和一致性。因为这可以提高信息传播的频率、增加信息刺激的强度、产生倍增的传播效果，使金融机构能在客户心目中留下更加深刻的印象，也更容易被客户认可和接受。

4）增强凝聚力

金融机构的 CIS 战略是对外形象与对内形象的统一。完整的 CIS 设计不仅有助于创造和谐的环境与积极的气氛，还能够给人耳目一新的感觉，使金融机构的员工都能为成为金融机构的一员而感到自豪，从而激励士气、增强凝聚力，促使全体员工齐心协力为金融机构效力。

11.1.3 CIS 战略的基本程序

金融机构导入 CIS 是在结合其自身情况并根据长期调查以及市场环境等因素综合考虑后推行或再次推行的过程，成功的金融机构形象设计都需要导入 CIS。

金融机构导入 CIS 的基本程序具体如下，详见图 11-4。

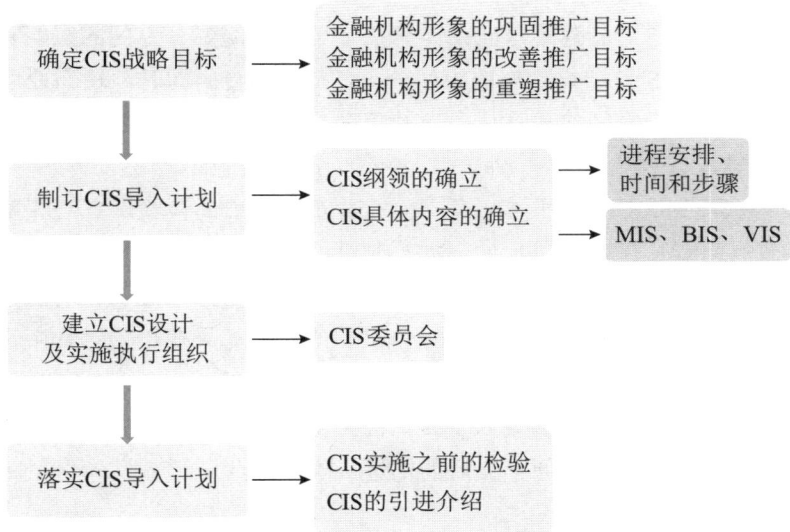

图 11-4 CIS 导入流程图

资料来源：安贺新，等 . 商业银行服务营销实务 [M]. 北京：清华大学出版社，2013.

1. 确定 CIS 战略目标

在确定 CIS 战略目标之前，金融机构需要对其文化和形象进行调研分析，然后根据调研分析的不同结果，提出不同的解决方式。在现有的金融机构文化精神的影响下，CIS 战略目标一般分为三种：金融机构形象的巩固推广目标、金融机构形象的改善推广目标和金融机构形象的重塑推广目标。

（1）金融机构形象的巩固推广目标：对那些在调查分析中获得优异成绩的金融机构

来说，其拥有的内部文化和外部形象都优于同行业现有水平，说明金融机构的 CIS 战略方向正确，前景也很光明。在这种情况下，只需在原有的基础上进一步加深大众对该形象的印象，更多地向社会公众传播金融机构的正能量，保持现有的发展势头。

（2）金融机构形象的改善推广目标：对那些在调查分析当中获得一般评价、没有太强的公信力但运营机制良好或营运能力没有问题的金融机构来说，应保留自有优势，在不断推进业务范围的前提下，通过发展新的领域为自身创造更多的利润。此时，CIS 战略目标则是在原有基础上进行修改以获取更大的市场份额。

（3）金融机构形象的重塑推广目标：部分金融机构在前期分析评判中成绩并不理想，在这种情况下，金融机构的 CIS 战略应以重塑金融机构文化为目标，在合理分析金融机构资源的基础上，打造一个全新的金融机构文化和特色的金融机构形象。

2. 制订 CIS 导入计划

CIS 导入计划涉及两方面内容：第一，CIS 纲领的确立。在 CIS 计划实施前，先要确立实施的纲领，包括 CIS 的进程安排、时间和步骤，以便在日后的实施中畅通无阻。第二，CIS 具体内容的确立。根据 CIS 的具体内容即 MIS、BIS、VIS 的不同领域来确定，包括经营理念、营销手段和宣传方式等。

3. 建立 CIS 设计及实施执行组织

CIS 导入计划虽然与全员有关，但设计和执行工作仍需要有专门的组织负责。金融机构需要成立专门负责 CIS 设计与实施的组织——CIS 委员会。同时，还需要明确在 CIS 导入及实施过程中，各部门之间的关系、各自的权利及义务以及部门之间的合作途径。

4. 落实 CIS 导入计划

落实 CIS 导入计划大致分为两步：第一，CIS 实施之前的检验。在 CIS 实施之前，应当对整个战略进行检验，确定其可行性。如果制订的 CIS 导入计划没有得到内外部门的一致认同，则很容易给计划的实施带来困难。因此，CIS 导入计划在实施前，应该征询内部人员和外界部门的建议，对整体的计划进行分析和改进。如果在检验过程中没有得到一致的认同则需要重新订立。第二，CIS 的引进介绍。在 CIS 导入的过程中，不仅要给予 CIS 一个详细科学、具象化和规范化的导入步骤，而且需要让所有的相关人员明确理解该计划的制订意义和实施的步骤措施，便于日后的推进。

11.2　CIS 战略的国际比较

11.2.1　美国金融机构的 CIS 战略

美国金融机构的 CIS 战略自创立起，就被定义为："以标准字体和商标作为沟通企业理念与企业文化的工具。"这样的观点使美国金融机构的 CIS 设计侧重于视觉识别部分，强调视觉传达设计的标准化，力求设计要素与传达媒体的统一性，将业务特征、理念精神浓缩到一个简洁、个性显著的标志上。随着 CIS 战略层次的发展，美国 CIS 战略也开始汲取各方面的经验，渐渐加大了从开发企业理念和活动识别来强化视觉识别的力度。

美国是世界上首个将 CIS 作为企业识别策略的国家。在美国，其民族文化具有移民文化的特征，整个社会崇尚个人主义、自由主义和实用主义。在这种文化下的 CIS 具有鲜明的美国特色和美国文化。以美国银行有限公司（下称"美国银行公司"）为例，其标识是一面典型美国风格的国旗，由六条色带编织成类似被子的图案，详见图 11-5。

图 11-5　美国银行公司的标识

美国 CIS 的正式兴起是以 1956 年美国 IBM 公司引入 CIS 为标志的，通过 CIS 的应用，IBM 公司树立了独特鲜明的品牌形象。受此鼓舞，美国的金融机构纷纷开始导入 CIS。例如，花旗银行的红蓝标识突出了该行的"金融创新的先驱者"的智慧和实力，又体现出稳定而富有活力的银行特色。纽约银行的银行标识巧妙雕上国际货币的线和金融资料引出公司的全球服务，全新的高科技视觉效果更加引起人的注意力和兴趣，同时赋予时代感，体现了企业现代化的发展特征，迎合市场，从视觉上满足客户的心理需求。

11.2.2　日本金融机构的 CIS 战略

日本初期的 CIS 战略，受到美国的直接影响，即偏向于市场营销导向的视觉设计，注重企业标志、名称、标准字、标准色等项目的深度开发和应用，将视觉识别系统作为 CIS 战略的核心和侧重点。但值得一提的是，日本企业在全面引进 CIS 的过程中，发现若仅仅在视觉要素上做文章，还不能完全达到预期的效果和目标，于是开始关注 CIS 如何结合日本本土环境。在几十年的实践、吸收、消化过程中，日本的 CIS 形成了富有鲜明民族特色的"文化型"CIS。

日本"文化型"CIS 的主要特征是以企业理念、企业社训为核心，并把概念性精神层面的抽象理念转化为具体可见的视觉符号。日本文化强调家庭模式的重要性，提倡团结生存，注重细节。在这种文化下的 CIS 战略侧重于改革企业的理念和经营方针，以企业理念为发展核心，在注重视觉美感的同时，通过灌输企业的文化来促进企业的生产，以此创造更大的利润。这极大地提高了 CIS 的使用范围和价值，使更多的企业将 CIS 战略作为基本的经营战略。日本在美国 CIS 的基础上进一步发展，使其更系统、完善、有效。

日本金融机构中最早有意识地引入 CIS 体系的是第一劝业银行。1971 年，日本两家著名大银行——第一银行与劝业银行合并为日本第一劝业银行，该银行借合并之际在银行界率先导入 CI 体系，合并后的日本第一劝业银行采用的"心"形行标，详见图 11-6，体现了其"爱心"的企业理念，标识整体简洁、清晰、亲切，整套形象理念先进，个性鲜明，提升了银行形象。此后，日本各金融机构纷纷引入 CI 体系，以提升企业形象。

图 11-6　日本第一劝业银行标识

11.2.3 中国金融机构的 CIS 战略

中国金融机构最早引入 CIS 体系是在 20 世纪 90 年代初期，随着金融体制改革的深化，各大国有银行逐渐向商业银行转轨，迫切需要能够有别于其他银行，帮助自己脱颖而出的 CIS 战略体系。交通银行上海分行率先提出"适度发展，规模经营，以质取胜"的经营宗旨，在行业内独树一帜；浦发银行更是提倡"站式"服务，以彰显柜台内外员工与客户的平等。一时间，各大金融机构纷纷开始筹划建立自己的 CI 体系，从企业理念、视觉系统、行为规范三方面系统地设计并应用到所属的分支网点，提升自身的竞争能力。金融机构的 CIS 在中国兴起有着内在的必然性。从社会角度来看，是为了适应市场经济发展的需要。从企业角度来看，为金融机构的经营机制改革提供有力武器。从客户角度来看，是为了满足客户识别需要，帮助客户辨明真伪。

从最初的试验性 CIS 实务到分析解剖欧美型 CIS 以及日本型 CIS，现阶段，中国金融机构 CIS 战略已经克服了早期的盲目性、模仿性，确立了更完整、更系统、更科学的 CIS 战略理论体系与运作模式，但依旧存在 CIS 战略执行不彻底、CIS 的设计同质化严重等问题。表 11-1 为美国、日本、中国金融机构的 CIS 战略特点比较。

表 11-1　美国、日本、中国金融机构的 CIS 战略特点比较

美　国	日　本	中　国
偏重视觉识别 偏重理性的制度条规管理 实用主义、可操作性强	强调整体性、系统性的规划 体现人性管理精神 注重企业实际调查研究 注重企业内部管理	战略体系的丰富性 市场竞争的实战性 企业文化的深厚性 典型代表的多样性 鲜明的"问题解决学" 侧重于单独建设视觉识别系统

资料来源：https://www.docin.com/p-2643291091.html.

11.3　CIS 战略的应用

11.3.1　商业银行的 CIS 战略

商业银行的 CIS 战略是根据企业 CIS 战略结合商业银行特点提出的概念。它是现代商业银行走向整体化、形象化和系统管理的一种全新概念。商业银行通过运用 CIS，将自身的企业形象传达给银行内部员工与外部社会公众，并使他们对该银行产生一致的认同感和价值观，从而形成良好的银行企业形象和促销金融产品或服务。

中国最早应用 CIS 战略的商业银行是国有银行。20 世纪 90 年代，国内还处于无显著品牌识别的时代，中国建设银行因国家金融体制的改革向国有商业银行转轨，"中国人民建设银行"正式更名为"中国建设银行"，为建立新的市场面貌以适应企业新金融业务，中国建设银行决定将旧有的视觉品牌形象改革更新，开始全面导入 CIS 战略，以全新的 CIS 出现在公众面前，提出了"中国建设银行，建设现代生活"的形象口号；中国银行则委托国际专业创意公司策划实施 CIS 战略，推出"选择中国银行，实现心中理想"的形象广告语；随后，中国工商银行也于 1997 年推出了以红色行徽、黑色行名为标志的企业形象识别系统，并大力宣传"中国工商银行，您身边的银行，可信赖的银行"的统一形象。各商业银行通过银行标识、经营理念等方式，从理念识别、视觉识别、行为识别三方面入手，构建了各具特色的企业形象识别系统。以中国工商银行为例，其通过银行标识、统一的行服、银行使命、员工行为规范、社会公益活动等多渠道，打造独特的银行形象，详见图 11-7。

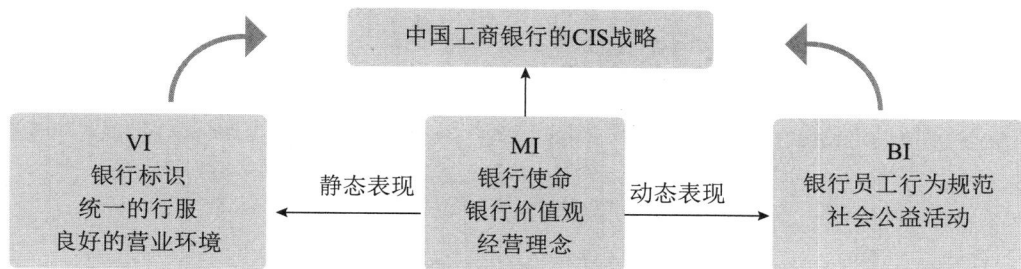

图 11-7　中国工商银行的 CIS 战略

资料来源：中国工商银行官网。

11.3.2　证券公司的 CIS 战略

证券公司的 CIS 战略是企业 CIS 战略在证券公司的具体应用。证券公司通过运用 CIS，有计划地将自身的特征主动向客户等社会公众展示与传播，使社会公众心中树立对证券公司的标准化、差异化形象。

中国 CIS 战略整体侧重于视觉识别系统的建设，证券公司的 CIS 战略也不例外，这体现在多样的证券公司标识上，如中信证券的窗户形标识、国泰君安的钻石形标识、海通证券的古币形标识等。但视觉识别系统建设的侧重并不代表行为识别、理念识别的完全缺失。证券公司的标识往往也体现其企业文化。例如，国泰君安的钻石型 logo 展示了其对钻石自然品质的崇尚，对钻石社会价值的追求。钻石的永恒代表国泰君安要做社会上有重大影响力的公司；钻石的色度代表员工对七彩人生，精彩生活的追求；钻石的净度代表追求完美，是国泰君安对服务的不懈追求。此外证券公司也通过员工行为的规范、公益活动、广告活动的推行等方式，从行为识别入手，展示企业形象。例如，中信证券等多家证券公司都组建了专业志愿者团队，在抗疫救灾、帮扶慰问、支教助学、公共服务等领域积极开展志愿活动。各证券公司以理念识别、视觉识别、行为识别为切入点，树立别具特色的券商形象。以国泰君安为例，其通过券商标识、形象宣传广告、核心价值观、企业精神、员工行为规范、精准扶贫活动等多渠道，提升其可识别性，使其区别于其他竞争对手，详见图 11-8。

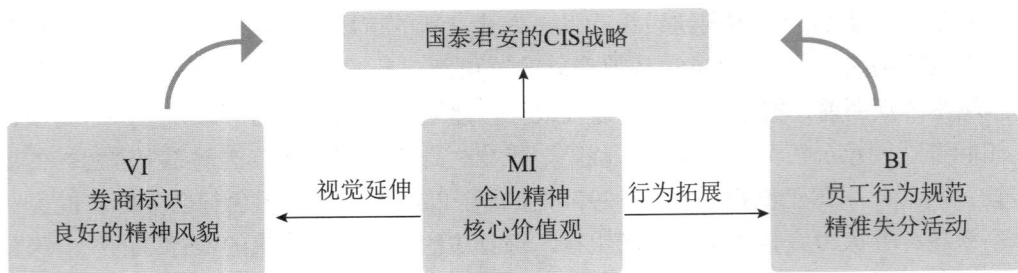

图 11-8 国泰君安的 CIS 战略

资料来源：国泰君安官网。

11.3.3 保险公司的 CIS 战略

保险公司的 CIS 战略是企业 CIS 战略在保险公司的具体应用。保险公司通过对自身的理念文化、行为方式以及视觉识别进行系统设计，塑造出富有个性的整体形象，以获得外部公众的认知与认同。

CIS 战略在中国保险公司得到了较好的应用，保险公司通过企业标识、企业文化等方式，从理念识别、视觉识别、行为识别三方面入手，树立各自鲜明独特的企业形象。例如，平安集团提出以人民为中心，以民族复兴为己任，成为国际领先的综合金融、医疗健康服务提供商的企业愿景，并据此焕新、升级公司品牌标识，将标语"金融•科技"升级为"专业•价值"。中国人寿保险以其独特的标识表明"以人为本、关爱生命"的崇高境界和"客户至上、一言九鼎"的庄严承诺，体现"成己为人、成人达己"的文化理念。此外，中国人寿保险努力承担行业和社会责任，为和谐社会构建作出了积极贡献，如支持农村建设、抗击自然灾害、设立国寿慈善基金会等，向客户等社会公众展示了其良好的企业形象。各保险公司建立了以理念识别为核心，辅以视觉识别与行为识别的 CIS 战略体系，以突出其企业形象。以中国太平洋保险（集团）股份有限公司（下称"太平洋保险"）为例，其以企业价值观等理念识别为核心，通过公司标识等静态延伸以及生态公益活动等动态拓展，构建理念识别、视觉识别以及行为识别的 CIS 体系，以提升太平洋保险形象影响力，详见图 11-9。

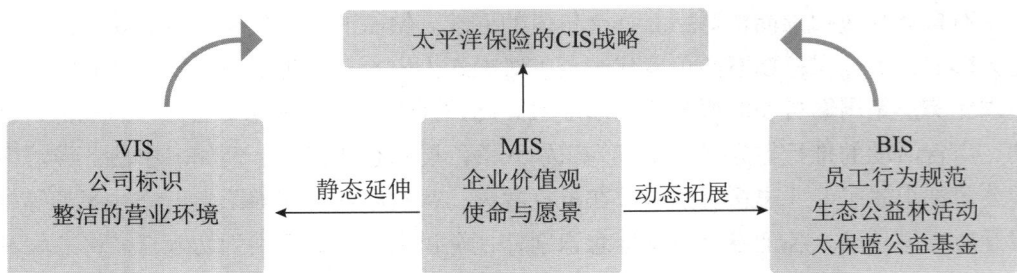

图 11-9 太平洋保险的 CIS 战略

资料来源：太平洋保险官网。

案 例 分 析

案例 11-1　"心""脸""手"齐发力，打造独特券商形象

广发证券通过企业标识、企业文化、公益活动等多形式，从理念识别（企业之"心"）、视觉识别（企业之"脸"）、行为识别（企业之"手"）三方面入手，构建了独具特色的企业识别系统，树立了独特的券商形象。

广发证券标识——视觉识别（VI）

广发证券的标志外形呈现圆融特性，体现了中国文化中的和谐、稳健与谦逊。以"广发"首字母"G"与"F"为基础元素，体现标志的专属性。公司名称中的"广"字字形也在标识中得以突出显现，表现了广发证券"植根于广东，辐射全国"的特色，也隐含了广东企业"务实、开放"的作风。标志中心部位留有空间，通透灵动，有"发而能存者为上"之意，寓意广发证券不仅广开门路，而且有了更大的吸收和蓄势的能力。地球环绕状的飘带创意，寓意着广发证券的国际化目标与视野。红蓝配色的标志通过设计语言着力体现一种秩序美感，同时使标志的图形线条更加流畅有力，在视觉上表达出专业、稳健和创新的企业性格。

广发证券企业文化——理念识别（MI）

核心价值观：知识图强，求实奉献；客户至上，合作共赢。

崇尚专业制胜，坚持以知识为动力，以价值创造者为本；倡导自我批判，锐意进取，不断超越。崇尚实干兴业，坚持以结果说话，倡导认认真真做人、踏踏实实做事；坚持以公司利益为重，勇于担当，毫无保留地贡献智慧和力量。坚持以客户为中心，洞悉客户需求，聚焦客户期望，努力实现客户利益最大化；坚持将"客户至上"内化于心、外化于行，努力提供比竞争对手更优质的服务。坚持与客户彼此成就，共同成长；坚持与合作伙伴互惠互利，携手共进；坚持与同行竞合发展，共创未来。

经营管理理念：稳健经营，持续创新；绩效导向，协同高效发展目标。

坚守合规底线，科学经营风险，有效管理风险，实现公司长期、可持续发展。争做创新的引领者，积极营造鼓励创新的文化氛围，持续完善创新机制，使创新成为公司发展的不竭动力。构建公平公正的评价体系，实行优胜劣汰的人力资源政策，优先向绩优团队配置资源，旗帜鲜明地激励高绩效团队和个人，旗帜鲜明地选拔和使用践行公司核心价值观的优秀人才。坚持整体利益高于局部利益，通过合理的利益分享机制促进有效的分工与协作；不断强化内部服务意识，强调部门协作和业务协同，持续提升执行力，实现公司高效运营。

广发证券公益活动——行为识别（BI）

广发证券将"企业公民"作为公司的核心价值观之一，把社会利益视角融入自身的核心理念框架。早在 2011 年，广发证券就联合旗下广发基金、广发期货、广发信德三家子公司，共同出资 4300 万元设立了广发证券社会公益基金会。基金会以助学助教、扶贫济困为主线先后开展了"广发证券大学生微创业行动""广发证券满天星乡村儿童阅读计划""广

169

发证券校园净水行动""青春助力贫困生关爱计划"等一系列有较强影响力的助学、助教社会公益项目，为青少年学习和创业提供多样化的支持和帮助。在其他公益领域，广发证券积极关注环境和生态发展等问题，扶助社会弱势群体，不断强化自身公益价值链，彰显了热心公益、求实奉献、积极履行社会责任的企业公民价值观。参与慈善公益活动，不仅提升了广发证券在公众心目中的形象，扩大了知名度、美誉度和忠诚度，同时在推广公益理念的过程中形成了独具特色的品牌优势，提升了广发证券的影响力。

资料来源：广发证券公司官网。

思考：

1. 广发证券 CIS 战略具有什么特点？

2. 以上内容体现了广发证券视觉识别的哪一要素系统？

3. "手""脸""心"的比喻体现了 BI、VI 与 MI 怎样的关系？

本 章 小 结

（1）CIS 战略是社会生产、生活现代化与市场竞争日趋激烈的产物。金融机构的 CIS 战略是指商业银行等金融机构运用多种手段将其经营思想、形象、服务宗旨等具象地表达出来。具体来讲，通过标识显示、活动策划、促销方案等方式将金融机构的理念与实际表达紧密结合，如借助广告宣传、创意策划、公共关系等手段塑造金融机构与众不同的形象，增强竞争力。

（2）银行的 CIS 战略必须包括 MI、BI 与 VI 三个要素。其中，MI 是主导要素，是企业成长过程中形成的具有独特个性的价值观体系，是企业宝贵的精神资产和原动力；VI 是 MI 的视觉化体现；BI 是 MI 的行为化延伸。

（3）CIS 战略的特点主要体现在四个方面：战略性、系统性、独特性和传播高效性。金融机构 CIS 战略具有加强管理、对外识别、扩大影响、增强凝聚力的作用。

（4）美国金融机构的 CIS 战略注重从视觉识别（VI）统一入手，强调标准字、彩色和标志的统一，同时还偏重于企业管理因素，特别是制度条规的管理。日本金融机构的 CIS 战略强调整体性、系统性的设计规则，尤其注重企业文化与经营理念的传达；突出人的因素，整个 CIS 设计偏向以人为主，在制度建设上强调和谐性。中国金融机构的 CIS 战略具有战略体系的丰富性、市场竞争的实战性、企业文化的深厚性、典型代表的多样性、鲜明的"问题解决学"和侧重于单独建设视觉识别系统盲目性的特点。

关键概念

CIS 战略　理念识别（MI）　行为识别（BI）　视觉识别（VI）

综 合 训 练

一、填空题

1. CIS 战略包括三个子系统：＿＿＿＿、＿＿＿＿、＿＿＿＿。

2. CIS 战略的特点有＿＿＿＿、＿＿＿＿、＿＿＿＿、＿＿＿＿。

3. CIS 战略作用包括＿＿＿＿、＿＿＿＿、＿＿＿＿、＿＿＿＿。

二、选择题

1. 下列选项中是日本 CIS 战略特点的是（　　　）。

    A. 具有人性管理精神，以人为本

    B. 注意企业管理的因素，偏重理性的制度条规管理

    C. 注重从视觉识别入手，强调色彩、标志等的标准化和统一化

    D. 鲜明的"问题解决学"

2. CIS 的核心是（　　　）。

    A. MI   B. VI   C. DI   D. BI

三、问答题

1. 简述金融机构导入 CIS 的基本程序。

2. 简述美国、日本以及中国 CIS 战略的异同。

第 12 章
金融产品创新

◼ 学习目标

通过本章的学习，掌握金融产品创新的概念和相关理论，了解金融产品创新的步骤；掌握美国、英国以及中国金融机构的产品创新；了解商业银行、证券公司以及保险公司的产品创新。

◼ 开篇导读

有一位老翁将其白手起家的故事讲给自己儿子听，老翁儿子非常感动，决定离家寻宝创业。老翁儿子在热带雨林中找到一种高 10 余米的树且整个热带雨林只有两棵。有趣的是此树在被砍一年后，外皮虽腐烂，但留下树心沉黑的部分会散发一种奇香。于是老翁儿子将树木运到市场上去卖，却无人问津，老翁儿子见市场上卖木炭的人生意不错，于是将香木烧成了木炭，不一会儿就卖光了。老翁儿子很自豪，回去得意地告诉了老父亲。不料，老翁听后泪水直流，原来这个香木是世界上最珍贵的树木——沉香，只要切下一块磨成粉屑，价值都超过一年的木炭。

故事告诉我们，找到基础产品沉香木容易，但如何挖掘其创新点，就十分重要了。如果抓不住创新点，基础产品就会被大大低估。着眼于金融领域，金融产品如何创新，正是本章所要探讨和研究的。

12.1　金融产品创新概述

12.1.1　金融产品创新的概念

金融产品创新，既可指在金融领域内通过各种金融产品要素的重新组合和改变所创造或引进的新产品，也可指金融机构为适应市场需求，创造、引进或开发的新金融产品。金融产品创新是指金融资源的分配形式与金融交易载体发生的变革与创新。金融产品创新是金融资源供给与需求各方金融要求多样化、金融交易制度与金融技术创新的必然结果。

通过金融产品创新，一方面可以最大限度地动员和分配可支配的金融资源，满足社会经济发展对金融资源的需求；另一方面可以适应社会经济发展带来的金融投资者对投资产品的多样化需要和投资风险管理的各种要求。金融产品创新的意义主要体现为以下两点。

（1）丰富金融市场的交易品种。一方面使投资者可以根据各自的偏好选择不同风险和收益组合的金融产品，扩大投资者的选择余地；另一方面使投资者不仅能进行多元化的投资组合，而且可以及时调整组合，增加投资者防范风险的能力，降低投资风险。

（2）提高金融机构的盈利能力。一方面可满足不同金融市场参与者个性化的需求，金融产品创新越活跃，创新的产品种类越多，资源配置效率越高，总效用就越大；另一方面有些金融创新产品可增强金融机构集聚资金的能力，能充分发挥金融机构的信用创造功能，有些金融创新产品可以帮助金融机构规避风险以及监管部门对其的管制，进而增强其盈利能力。

12.1.2　金融产品创新的相关理论

金融产品创新的相关理论众多，本书主要介绍以下五种，分别是交易成本理论、约束诱致创新理论、规避管制理论、技术推进理论以及财富增长理论。

1. 交易成本理论

交易成本理论是由 Hicks 和 Niehans（1976）提出的，他们认为金融产品创新的核心因素是降低交易成本。他们认为金融产品创新的根本原因在于追求交易成本的下降，这包含两层含义：一层认为，降低交易成本是金融产品创新的首要动机，交易成本的高低决定金融业务和金融工具是否具有实际意义；另一层认为，金融产品创新实质上是对科技进步导致交易成本降低的反应。后者是多数学者不认同的观点，他们认为科技进步不是降低交易成本的唯一途径。交易成本理论可以解释多数的金融产品创新，比如网上银行。网上银行是各银行在互联网中设立的虚拟柜台，银行利用网络技术，通过互联网向客户提供开户、销户、查询等传统服务项目。网上银行主要利用的是公共网络资源，不需要设置物理的分支机构或营业网点，实现了银行成本的大幅降低。

2. 约束诱致创新理论

约束诱致创新理论是美国著名经济学家和金融学家 Silber（1983）提出的，其认为引发金融产品创新的根本原因是金融机构内部和外部存在的约束因素。前者是指金融机构为保证资产营运安全等所采取的一系列资产负债管理制度，比如偿还期对称、资产运用比率；后者包括两方面，一是金融压制降低了金融机构效率，金融机构通过创新提高效率来弥补损失；二是金融压制提高了金融机构承担的机会成本，创新是对金融压制的反应。约束诱致创新理论可以解释 20 世纪 60 年代以来的金融产品创新，比如住房抵押贷款证券化。住房抵押贷款证券化是指金融机构将持有的流动性较差但具有未来现金收入流的住房抵押贷款重组为抵押贷款群组，经过担保或信用增级，以证券的形式出售给投资者的融资过程。这一过程将原先不易被出售给投资者的缺乏流动性但能够产生可预见性现金流入的资产，转换成可以在市场上流动的证券，满足了金融机构内部的流动性约束。

3. 规避管制理论

规避管制理论是美国经济学家 Kane（1984）提出的，其认为诱发金融机构进行金融产品创新的主要动因是政府管制。该理论认为规避管制是对各种规章制度的限制性措施实行回避,规避创新是回避各种金融管制的行为。金融机构通过金融产品创新来逃避政府管制,减少管制造成的赢利机会丧失以及成本提高。规避管制理论能够解释大多数金融产品创新,比如可转让定期存单。20世纪60年代,美国市场利率上涨,高于Q条例①规定的存款利率上限,资金从商业银行流入金融市场。为了规避Q条例的利率管制,花旗银行前身——第一花旗银行开始发行可转让定期存单,使商业银行的资金配置策略重心转向"负债管理"。

4. 技术推进理论

技术推进理论是经济学家Hannon和McDowell(1984)提出的,其认为技术革命与进步,特别是计算机、通信技术和设备在金融业的应用是促成金融产品创新的主要原因。他们认为美国20世纪70年代银行业新技术的发明和应用,特别是计算机和通信技术的发明和使用,提高了金融业的资金使用效率,认为新技术的采用是导致金融产品创新的主要因素。高科技在金融业的广泛应用为金融产品创新提供了物质上和技术上的保证,促进了金融电子化和现代化的出现与发展,对20世纪70年代以来的众多金融产品创新起到推动作用。比如,科技创新推动金融业务电子化、自动化、数字化和通信设备现代化,大大缩小了时间和空间的距离,自动提款机、终端机等设备极大地便利了客户,拓展了金融业的服务时间和客户空间,加快了资金流动速度。

5. 财富增长理论

财富增长理论是Greenbum和Haywood(1986)提出的,他们从金融需求角度出发,认为财富的增长加大了人们对金融资产与金融交易的需求,促发了金融产品创新以满足日益增长的金融需求。通过研究美国金融业发展史,他们得出经济高速发展所带来的财富迅速增长是金融产品创新的主要原因。随着财富增长,金融机构客户对投资产品的多样化、投资风险管理等都会产生新需求,而满足客户需求将成为金融产品创新的动力来源。以期权合约为例,期权合约在帮助投资者规避价格波动风险的同时,保留了在基础合约价格变动方向上获得超额利润的机会。

12.1.3　金融产品创新的步骤

金融创新产品的成功推出需要一套科学合理的产品开发程序。根据Scott. J.Edgett(1996)的研究成果,开发金融创新产品大致经过以下十三个步骤,详见图12-1:方案蓝图,是指最初的决定,即为期望的新产品筹集资金;初期市场评估,是对市场进行快速观望;初期技术评估,是对技术优势及工程中可能出现的困难进行快速评估;市场调查,是对销售产品进行调查,涉及合理的调查样本、调查表格式的设计和收集程序中相容的数据;商业/财务分析,是先于产品开发引导决策者作出决定的分析;产品开发活动,是实质性的设计产品开发并创造最终产品;过程设计与测试,是对产品开发的各程序进行设计并给予测试;系统设计与测试,是对系统进行合理调试;人员培训,是指所有与该产品开发有

---

① 美国联邦储备委员会执行的一项条例,目的在于限制银行对存款支付的利率,因位于《1933年银行法》第Q页,故称为"Q条例"。从1980年起逐步废除。

关的人员都要经过一定的培训；销售试验，是用来限定或测试客户群体，为产品的全面推广作出计划；商业化预分析，是于产品开发之后全面推广之前进行的金融或商业性分析；全面推广，是指在全面商业化的基础上对产品进行推广和销售产品；事后检验与分析，是对新产品全面推广后进行效果检验和分析。

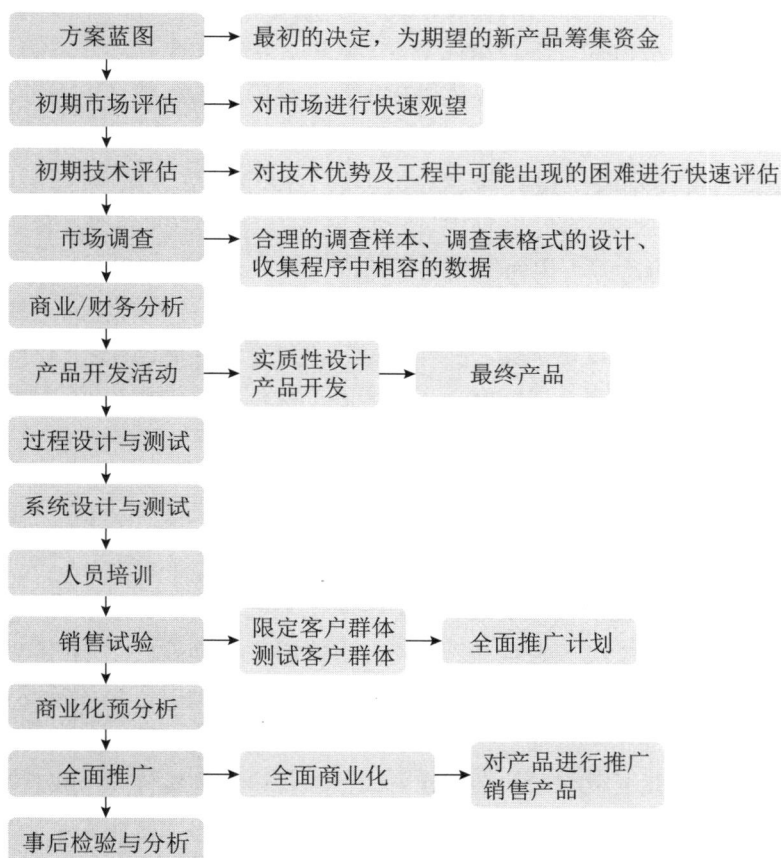

图 12-1 金融产品开发流程图

资料来源：EDGETT S J. The new product development process for commercial financial services[J]. Industrial Marketing Management，1996，25（6）：507-515.

12.2 金融产品创新的国际比较

12.2.1 美国金融机构的产品创新

美国作为当今世界第一大经济体，其金融业的发展居于全球前列，美国金融机构的金融产品创新亦居于世界前列。20 世纪 60 年代以来，美国金融产品创新先后经历了规避性创新、风险转嫁性创新、风险防范性创新等多个阶段，推出了多种多样的金融创新产品。美国银行业推出了社区英雄支票账户（Community Hero Checking Account）等创新产品；证券业推出了伞型基金（Umbrella Fund）等创新产品；保险业推出了 UBI 车险（Usage-based Insurance）等创新产品。以 UBI 车险为例，它是基于使用量而定保费的保险，UBI 车险可理解为"开车时才付保费""为您的驾驶方式付保"或"基于里程的车险"，其保费取决于驾驶时间、地点、驾驶方式等综合指标考量。此外，UBI 车险的功能范畴还包括对安全绿色驾驶给予奖励、对如何安全并绿色驾驶提供指导、附加的相关增值服务，如自动紧急呼叫、车辆状况监控等方面。

美国金融业的自由发展使得美国金融机构的金融产品创新取得了巨大成就，但美国金融产品创新往往为后续的危机发生埋下伏笔。以次贷危机为例，抵押贷款证券化（Mortgage-Backed Security）、担保债务凭证（Collateralized Debt Obligation）等新型结构衍生产品虽不是直接导致危机发生的原因，但其将风险从银行体系转移到证券化产品市场，扩大了金融危机的广度与深度。因此，在金融机构进行金融产品创新的同时，美国金融监管机构应不断进行监管的创新，以配合、适应金融产品创新的步伐，保持有效的监管，防止金融危机的发生。

12.2.2 英国金融机构的产品创新

英国作为具有历史积淀的国际金融中心，其金融业高度发达。随着经济发展、科技进步以及金融业竞争的加剧，英国金融业不断变革，金融产品创新层出不穷。英国银行业推出了移动支付创新产品、加密货币产品等创新产品；证券业推出了杠杆及反向产品等创新产品；保险业推出了智能保险产品、知识产权保险产品等创新产品。以保险机构为例，专利保险局与知识产权诉讼互助保险协会推出知识产权保险，它将知识产权特性和保险制度优势相结合，利用保险的补偿和普惠性质，有效防范知识产权运营风险，提升知识产权使用效益。在英国，知识产权保险主要是针对诉讼、索赔等法律风险尚未发生之时的"事前险"（before the event legal expenses insurance）。英国关于知识产权的保险产品种类十分丰富，可以覆盖一项或多项权利以及一种或多种知识产权风险，如单一咨询建议风险、执行与法律辩护风险、侵权损失赔偿风险、权利无效风险等，详见表 12-1。

表 12-1 英国知识产权保险覆盖风险说明

覆盖的风险类型	覆盖的内容
单一咨询建议风险	覆盖投保人获得针对专利诉讼起诉或应诉成功可能性意见的法律成本
执行与法律辩护风险	覆盖投保人制止他人侵犯知识产权的行为或为侵权指控辩护的法律成本
侵权损失赔偿风险	覆盖投保人侵权诉讼中因败诉而应付损害赔偿金
权利无效风险	覆盖投保人为权利有效性之诉辩护而产生的法律费用

资料来源：许可，肖泳，刘海波. 英国知识产权金融创新发展动态及启示 [J]. 东岳论丛，2021（9）：8.

金融机构国际化、政府政策的扶持等多因素促进了英国的金融产品创新，使英国金融业长期保持领先地位。但英国金融机构的产品创新仍存在研发投资下降、"人才外流"、技术应用比率低等问题。对此，英国在政府机构内设立了人才办公室（Office for Talent），致力于吸引全球顶尖人才。未来，英国金融机构的产品创新应结合金融市场环境，依托先进的金融创新技术，不断完善创新战略，多渠道提高金融产品创新成效，在国内外的竞争中占据有利形势。

12.2.3 中国金融机构的产品创新

中国现代金融产品创新活动始于 20 世纪 80 年代初期，而后渐趋活跃。20 世纪以来，中国金融产品创新速度不断加快，产品种类持续增加，相较于传统产品而言，金融产品种类逐渐向着多样化发展，有很多具有很强代表性的创新产品被推出。中国商业银行、证券公司、保险公司的产品在过去数十年得到了很大程度上的创新发展：商业银行推出了农民安家贷、环境、ESG（Environment Social Governance）理财产品、"涌金票据池"、虚拟卡、无界卡等创新产品；证券公司推出了现金管理产品、约定购回交易、结构分级计划、私募债等创新产品；保险公司推出了碎屏险、安责险、医养保险等创新产品。各大金融机构开发的创新产品不仅在绝对数量上有所增加，而且产品内涵也在日渐丰富，比如商业银行将主要用于国际市场的保理业务移植到国内融资中去。以平安银行的"国内保理应收账款池融资"为例，企业将一个或多个不同买方、不同期限和金额的应收账款转让给平安银行，由平安银行为其提供应收账款融资、账务管理、账款催收等一项或多项的综合金融服务。

20 世纪以来，中国金融机构的金融产品创新显著，但金融产品都存在同质化严重的问题。当一家金融机构推出金融创新产品时，为了保障市场份额不受影响，其他金融机构也会模仿，存在复制金融创新产品的情况，使金融机构无法形成规模效应，金融创新产品无法取得预期效益。未来，中国金融机构的金融产品创新需要在相应的市场调研和开发基础上，充分利用科技进步，通过新技术的引入来提高金融产品创新成效。表 12-2 为美国、英国、中国的金融产品创新特点比较。

表 12-2 美国、英国、中国的金融产品创新特点比较

美 国	英 国	中 国
金融产品创新先进性	金融产品创新多样化	金融产品创新的滞后性
金融风险的伴随	科技创新的加持	金融产品的同质化
开放的金融创新监管制度	金融创新基础实力雄厚	严格的金融创新监管制度

12.3 金融产品创新的实践

12.3.1 商业银行的产品创新

商业银行的产品创新是商业银行通过产品新增或产品调整、产品业务流程的设计和优

化，以满足客户需求的过程。商业银行的产品创新不仅能提高商业银行的运作效率，而且能提高金融市场整体经济运作的发展效能。

中国商业银行的金融创新产品表现出表内、表外业务均衡发展的特点，其主要有以下三种：资产业务产品、负债业务产品、表外业务产品。

（1）资产业务产品。这是重点的创新领域，包括扶贫贷、抗疫贷、农民安家贷等。以"农民安家贷"为例，它是中国农业银行于 2016 年率先推出的专为农民群体购房量身定制的个人住房贷款产品，在为农民进城买房提供便利和帮助的同时，减轻农民的还款压力。该产品降低了按揭购房的准入门槛，专门制定符合农民特点的评分准入标准。同时，为破解农民收入证明难问题，简化收入认定，允许收入证明书，或收入声明加银行收入流水，或政策性融资担保机构增信证明等形式。此外，针对农民群体的收入特点，提供灵活的还款方式。

（2）负债业务产品。这是商业银行产品创新较活跃的领域，包括计息方式创新的产品、定期存款收益权转让类产品等。以"定活宝"产品为例，它是网商银行率先推出的定期存款收益权转让类产品，其通过存款质押与收益权转让打通了定期存款和活期存款的界限，实现"T+0"随存随取和远高于活期存款的收益率。"定活宝"的合同约定显示，客户存入的每一笔资金均对应一笔法定三年期定期存款作为基础资产。因此，浙江网商银行"随时能支取"的本质是"定期存款收益权转让和定期存款质押"，有别于传统的定活期储蓄存款或通知存款类产品的支取。

（3）表外业务产品。这集中了理财产品的创新，包括专精特新理财产品、ESG（Environment Social Governance）理财产品、慈善理财产品、同业存单指数理财产品等。以"同业存单指数理财产品"为例，2022 年 5 月，中国银行推出了业内首款同业存单指数理财产品——"中银理财－稳富高信用等级同业存单指数 7 天持有期理财产品"。同业存单指数理财产品符合理财客户低风险、高流动性投资的需求，特别是在市场经济波动较大的情形下，该产品具有追求稳健收益、回撤较小的特征。

12.3.2　证券公司的产品创新

证券公司的产品创新是通过创新丰富交易产品等方式来实现市场结构多元化、交易品种多样化，促进证券市场快速发展的过程。证券公司的产品创新具有规避风险、发现价格、降低信息不对产、构建新的投资组合等功能。但是受到金融产品创新复杂性的限制，证券公司的创新产品推出是一个谨慎且渐进的过程。

中国证券市场中的金融创新产品表现出明显的需求导向，主要有以下四种，即满足投资者财富管理需求的产品、便利投资者进行风险管理的产品、服务实体经济融资需求的产品以及丰富投资者投资渠道的产品。

（1）满足投资者财富管理需求的产品，如现金管理产品、消费支付方案等。以现金管理产品为例，秉承着提升投资者账户闲置资金收益的初心，国泰君安推出了"现金管家"，这是大型券商的第一支保证金产品。每日收盘之后，签约客户的闲置保证金会自动申购底层投资于固定收益类资产的保证金产品，对于投资者三存账户上的资金来说，证券公司保证金可以提供在需要买入股票的时候自动赎回资金、实现与股票投资的"无缝连接"的功能。2020年，在《现金管理产品运作管理指引》的规范管理下，国泰君安"现金管家"成为首批获批改造成功的货币市场基金的券商保证金产品。

（2）便利投资者进行风险管理的产品，如牛熊宝专项升划、结构分级计划等。以结构分级计划为例，国金证券股份有限公司（下称"国金证券"）2013年推出的"慧泉ETF套利2号"分级集合资产管理计划是典型的"ETF套利＋结构化分级"的券商集合理财产品，其主要投资于沪深300股票、ETF基金、股指期货合约，指数现货资产将配置沪深300ETF，同时按1∶1的比例配置指数期货资产，并通过做空被高估的期货合约来获取换仓收益，从而在实现100%风险对冲的前提下，为投资者带来稳健回报。

（3）服务实体经济融资需求的产品，如中小企业私募债、企业资产证券化等。以中小企业私募债为例，2012年，东吴证券承销了上海证券交易所的首单私募债——苏州华东镀膜玻璃公司债券，该债券由苏州国发中小企业担保投资公司提供保证担保。深圳证券交易所的私募债首单是国信证券承销的深圳嘉力达实业。作为介于高流动性低收益和低流动性高风险之间的一种债权资产，私募债的推出，进一步丰富了金融市场产品线，给债券投资者提供了一个全新的选择。

（4）丰富投资者投资渠道的产品，如沪港通。沪港通是指上海证券交易所和香港联合交易所允许两地投资者通过当地证券公司（或经纪商）买卖规定范围内的对方交易所上市的股票，是沪港股票市场交易互联互通机制。沪港通包括了沪股通和港股通两部分。沪港通的开通不仅拓宽了投资者的投资渠道，也使他们接触到更加理性的投资理念。

12.3.3 保险公司的产品创新

保险公司的产品创新是把通过对社会的保险需求调查产生的新设想转化成能在市场上销售并能够获得利润的全新的或是有明显改进的保险产品的过程。保险产品是保险公司为市场和用户提供的有形产品与无形服务的综合体，是保险业提升服务能力的直观体现。因此，产品保障升级和服务创新都是保险公司产品创新的重要砝码。

当前，中国保险公司的产品创新具有多元化特点，主要可分为三类，即互联网场景类创新产品、政府主导类创新型产品、产业结合类创新产品。

（1）互联网场景类创新产品，包括退货险、碎屏险、航意险、航延险、信用保证保险等。以碎屏险为例，华泰保险集团股份有限公司（下称"华泰保险"）于2014年率先推出手机碎屏险。伴随着智能手机更新换代速度的不断加快，折叠屏、曲面屏等屏幕手机开始占领市场，手机屏幕的维修费用进一步推高，越来越多的消费者开始为碎屏险买单，越来越多的保险公司开始了在碎屏险领域的探索。

（2）政府主导类创新型产品，包括创新型农险、安责险、"惠民保"等。以"惠民保"为例，出于补充医疗保险的目的，"惠民保"于2015年首次推出，其解决了除基本医保和大病医保外的医疗费用报销问题，分为"城市版"和"全国通用版"，城市版更强调产品的城市属性，定价上往往采取"均一策略"，即一城一策；全国通用版则弥补了暂未推出城市版"惠民保"地区的空白，定价上体现了年龄特征。

（3）产业结合类创新产品，包括特药保险、医养结合保险等。以医养结合保险为例，"幸福有约"是泰康保险于 2012 年首创的虚拟保险产品与实体医养康宁服务相结合的创新保险产品。泰康保险在资产端进军了养老社区，建设了连锁的候鸟式高品质养老社区，通过新型的连锁养老社区、候鸟式的养老方式与人寿保险产品的对接，创造了"幸福有约"。"幸福有约"提供一站式养老、健康、财富管理和终极关怀解决方案，既是保险的长期投资年金产品，又是养老社区的入住函。

案 例 分 析

案例 12-1 科技赋能供应链金融，北京银行"京信链"产品创新

融资难、融资贵是横亘在民营企业与小微企业发展道路上的一大难题。作为城市商业银行，北京银行济南分行从民营企业与小微企业的实际困难入手，聚焦解决企业成长中的融资痛点难点问题，以科技赋能供应链金融，打造链式产业生态圈创新模式，走出了一条独具特色的金融服务小微企业创新发展之路。

在实体企业融资难、融资贵的大背景下，互联网和大数据技术日益深度应用，供应链金融越来越受到关注。党中央、国务院高度重视供应链金融工作，并将其作为金融领域改革的重要内容，制定出台一系列鼓励发展的政策措施。北京银行积极响应国家政策，以科技赋能供应链金融，打造链式产业生态圈创新模式，推出"京信链"应收账款多级流转线上融资供应链金融产品，面向核心企业及其上游 N 级供应商提供全流程、线上化融资服务。

为帮助中小微企业供应商盘活应收账款、解决融资难题，同时降低银行业务风险，借助科技手段赋能传统供应链，充分利用核心企业作为平台，2018 年 6 月，北京银行自主研发了在线供应链融资产品"京信链"。供应链的上下游企业可凭订单和应收账款，在无抵押的状态下获得融资。借助区块链、电子签名等技术手段，解决了传统供应链上金融信息不对称、易篡改、参与各方互不信任的难题，实现了全流程线上注册、资金清算、线上放款等功能，满足中小微企业的融资需求。"京信链"通过线上注册、线上认证、线上确权、线上资料、线上合同、线上融资、线上清算等便捷功能，构建了"N+N+1"融资新模式，有效盘活了银行给予核心企业的授信和资金支持，实现了核心企业的信用传导，实现了大中小企业的融通发展，支持了供应链长尾端中小微企业的融资，确保民营、中小微企业获得更加便利、快捷、实惠和安全的金融服务，助力普惠金融，开启信用流转、融资互通新时代。"京信链"业务是北京银行践行服务实体经济、积极拥抱金融科技的一次创新尝试，通过新技术、新金融的创新应用，打通批量获客渠道，为实体经济提供精准、高效的金融服务。

资料来源：微信公众号万物网供应链金融智库，2019-06-18。

思考：

1. 北京银行"京信链"产品创新具有什么意义？

2. 以上内容体现了北京银行金融产品创新步骤的哪些内容？

3. 北京银行"京信链"产品创新贴合哪些金融产品创新理论？

本 章 小 结

（1）金融产品创新，既可指在金融领域内通过各种金融产品要素的重新组合和改变所创造或引进的新产品，也可指金融机构为适应市场需求，创造、引进或开发的新金融产品。金融产品创新的意义有两点，一是丰富金融市场的交易品种，二是提高金融机构的盈利能力。

（2）根据 Scott. J.Edgett 的研究成果，开发金融创新产品大致经过方案蓝图、初期市场评估、初期技术评估、市场调查、商业/财务分析、产品开发活动、过程设计与测试、系统设计与测试、人员培训、销售试验、商业化预分析、全面推广、事后检验与分析十三个步骤。

（3）交易成本理论是由 Hicks 和 Niehans 提出的，他们认为金融产品创新的核心因素是降低交易成本。这包含两层含义：一层认为，降低交易成本是金融产品创新的首要动机，交易成本的高低决定金融业务和金融工具是否具有实际意义；另一层认为，金融产品创新实质上是对科技进步导致交易成本降低的反应。

（4）约束诱致创新理论是 Silber 提出的，其认为引发金融产品创新的根本原因是金融机构内部和外部存在的约束因素。前者是指金融机构为保证资产营运安全等所采取的一系列资产负债管理制度；后者包括两方面，一是金融压制降低了金融机构效率，金融机构通过创新提高效率来弥补损失；二是金融压制提高了金融机构承担的机会成本，创新是对金融压制的反应。

（5）规避管制理论是 Kane 提出的，其认为诱发金融机构进行金融产品创新的主要动因是政府管制。该理论认为规避管制是对各种规章制度的限制性措施实行回避，规避创新是回避各种金融管制的行为。金融机构通过金融产品创新来逃避政府管制，减少管制造成的赢利机会丧失以及管制造成的成本提高。

（6）技术推进理论是 Hannon 和 McDowell 提出的，其认为技术革命与进步，特别是计算机、通信技术和设备在金融业的应用是促成金融产品创新的主要原因。他们认为美国 20 世纪 70 年代银行业新技术的发明和应用，特别是计算机和通信技术的发明和使用，提高了金融业的资金使用效率，认为新技术的采用是导致金融产品创新的主要因素。

（7）财富增长理论是 Greenbum 和 Haywood 提出的，他们从金融需求角度出发，认为财富的增长加大了人们对金融资产与金融交易的需求，促发了金融产品创新以满足日益增长的金融需求。通过研究美国金融业发展史，他们得出经济高速发展所带来的财富迅速增长是金融产品创新的主要原因。

关键概念

金融产品创新　交易成本理论　约束诱致创新理论　规避管制理论　技术推进理论
财富增长理论

综 合 训 练

一、填空题

1. 金融产品创新的意义有：_____、_____。

2. 银行业产品创新的类型有：_____、_____、_____、_____。

3. 证券业产品创新的类型有_____、_____、_____、_____、_____。

4. 保险业产品创新的类型有_____、_____、_____。

二、选择题

1. 下列选项中不属于金融创新产品开发步骤的是（　　）。

　A. 人员培训　　　B. 销售试验　　　C. 营销推广　　　　D. 商业化预分析

2. 下列选项中不属于中国商业银行金融创新产品的是（　　）。

　A. 资产业务产品　　　　　　　　　B. 负债业务产品

　C. 表外业务产品　　　　　　　　　D. 沪港通

三、问答题

1. 简述金融产品创新的相关理论。

2. 简述金融产品创新的步骤。

第 13 章
金融机构的危机营销

学习目标

通过本章的学习，掌握金融机构危机营销的定义、意义、应对方法，掌握金融机构危机营销的策略，了解危机营销的实践。

开篇导读

在市场竞争日趋激烈的今天，危机无时无刻不在觊觎着企业，威胁着企业的生存。一些看上去非常强大的企业特别是新兴企业，在遭遇一两个似乎很小的危机后便如"多米诺骨牌"一样无情地倒下去。金融作为国家重要的核心竞争力，金融安全是国家安全的重要组成部分。随着全球经济一体化趋势的日渐明显，资本的国际流动和国际资本市场带来的金融风险也越来越大。当危机发生时，金融机构如何通过危机营销将"危机"变成"转机"？如何最大限度地减少危机对金融机构造成的不良影响？这是本章所要探讨和研究的。

13.1　金融机构危机营销概述

13.1.1　金融机构危机营销的定义

危机（Crisis）的定义，可以从不同的角度解读。美国国际政治学家赫尔曼（Hermann）认为危机是指一种情境状态，在这种形势下，决策主体的反应时间非常有限，且形势向着决策主体意想不到的方向发展。而后，美国外交家、政治家福斯特（Foster）指出危机具有四个显著特征：急需快速作出决策、严重缺乏训练有素的员工、物质资源紧缺、处理时间有限。美国菲尼克斯 DeVry 技术研究院院长、危机管理方面的权威顾问巴顿（Barton）认为，危机是能够引起潜在负面影响的具有不确定性的大事件，这种事件及其后果可能对组织和员工、产品、服务、资产和声誉造成巨大的损害。

本书从营销学角度将危机定义为：面对直接或间接影响企业正常运营的突发事件，若处理不当或不及时，这些事件会对企业造成不同程度的危害。危机营销是指企业在面对危机、灾难时采取的一系列拨乱反正的营销措施，以期最大限度地减少危机给企业造成的不良影响。金融机构的危机营销主要是指面对金融领域的一些意外事件，金融机构所采取的应对措施。实施危机营销，要求企业时刻拥有危机意识、具备发现和控制危机的能力。

首先，金融机构应具有危机意识。2021年6月9日消息，银保监会制定了《银行保险机构恢复和处置计划实施暂行办法》（以下简称《办法》），自公布之日起施行。《办法》立足于指导银行保险机构未雨绸缪、防患于未然，从制度上预先筹划重大风险情况下的应对措施，有利于压实金融机构主体责任和股东责任，强化金融机构审慎经营意识，持续提升防范化解风险能力。制定的主要目的，一方面，是补齐监管制度短板，提高监管统一性和一致性；另一方面，是强化金融机构审慎经营的理念，提升防范化解金融风险的能力。《办法》的施行有利于强化金融机构危机意识和危机应对能力，落实机构的主体责任和股东责任，将审慎经营理念贯穿业务全流程，真正实现"防患于未然"。这就体现了金融机构必须有危机意识，无危机意识谈何预防。

其次，金融机构要能够发现危机。银行等金融机构的管理者必须借助危机预警系统及时发现潜在危机，并迅速而准确地判断出危机产生的原因及影响程度。这是保证有效应对危机的前提，直接关系到危机营销的成败。例如，清华同方的市场调查系统敏锐地觉察到，由于"非典"的影响，消费者的购买计划会受到常规店面销售方式的压抑。清华同方迅速作出了决议：把过去的电子服务网络迅速转型，实施"渠道＋电话＋送货上门"的复合型营销模式。结果，清华同方家用电脑的销量没有受到"非典"的影响，成功地化危机为商机。

最后，金融机构要能控制危机。当危机发生时，金融机构的首要任务是查出危机的产生原因，然后马上对危机进行控制，防止其进一步恶化，尽量减少损失。因为危机有连锁效应，一种危机往往能引发另一种危机。例如，面对新冠肺炎疫情，一个地区因为疏忽或检查预防不到位，产生新增少量病例，却需要面对全员核酸、多次核酸的一连串危机。

13.1.2　金融机构危机营销的意义

常言道，商场如战场。风云变幻的市场潜藏着各种影响金融机构经营的危机事件。这些事件如果处理不当，将给金融机构带来很大的负面影响，甚至导致金融机构彻底失败。所谓危机营销，就是金融机构要把危机事故当作一个营销项目来做，用营销的思想、观念、方法与手段，力争将危险转化为机会，达到通过危机营销提升金融机构竞争力的目的。

因此，金融机构进行危机营销，一方面是为了保证金融机构在危机发生时能够继续发展，确保金融机构战略的实现；另一方面是为了维护金融机构的形象，因为良好的形象是金融机构长期以顾客为中心，诚实经营的结果，有效的危机营销不但可以维护形象，甚至可以提升形象。

13.1.3　金融机构危机营销的应对方法

做任何事请都要讲求方法和技巧，危机营销也不例外。根据危机营销的概念和内容，金融机构可以通过以下方式进行危机营销：

（1）建立发言人制度。在危机发生后，为避免外界多种因素的干扰，金融机构最好指定一个发言人代替公司发声，而发言人最好由公关人员担任。公关人员长期与媒体、公众打交道，了解他们的需求，对事件可以进行公正、全面的报道且又能最大限度地维护公司利益。

（2）建立先公示制度。在危机发生后，金融机构应在最快时间召开媒体见面会，由发言人客观地陈述事件的全过程且不要过多地分析和提出结论性意见和处理办法，这样既为以后的发言留下空间，又不至于引来公众、媒体的追问和调查。

（3）告知公众事件进展。社会各界包括媒体、公司股东、主管部门都在等待事件进展的最新消息。所以，应经常透露一些对他们有价值的信息，如公司正在和谁合作，调查正在进行中或正在作出某种选择等。

（4）让员工享有知情权。决策人应在日常工作中赋予员工知情权。如果员工对公司现状了解不够全面，那公司就不太可能从员工那里得到太多的支持，弄不好还会祸起萧墙，导致内部不稳定。在出现危机时，还应要求员工不要对外泄露情报，因为只有独家发言人才是对外宣传的窗口。

（5）与媒体建立良好关系。公司经理、公关人员可以通过向媒体真实、客观、及时地提供他们所需要的信息，力所能及地配合媒体的工作，与媒体建立良好的关系。这样，媒体才可能在公司处于危机时公正报道事件。

（6）接受"外脑"的意见。在危机发生后，公司应综合考虑各种因素，考虑可能出现的各种情况，而公司内部人员此时往往不能客观地预料可能出现的最坏情况，此时需要听取外部专家站在不同角度提出的客观建议和有效措施。

（7）保持与客户的联系。为了维护在客户心目中树立的良好的公司形象，销售人员应代表公司经常与客户沟通和交流，尤其在危机发生时，他们对于重新塑造公司值得信赖的形象至关重要。

13.2 金融机构危机营销的策略

根据金融机构危机营销的含义可知，金融机构的危机营销是指当金融机构的危机发生时，金融机构采取的一系列营销策略，以期最大限度地减少危机给企业造成的不良影响。对此，面对危机时，金融机构可以采取以下三种策略进行营销。

13.2.1 调整产品布局

危机发生时，那些同质性较强，容易被替代的产品受危机影响，销量将大幅下滑，费用比大幅上升，利润率急剧下降。从消费者的角度来说，主要是因为这种产品缺乏独特的价值，消费者黏性不强。危机营销不仅需要精细化的策略和管理，更需要把有限的资源用在刀刃上。根据分析，淘汰对金融机构贡献不大的金融产品，集中资源提升核心金融产品销量，然后借助金融产品品类管理的机会，调整产品布局，以吸引消费者的眼球。同时要捕捉危机下产品创新的趋势，为危机后推出新产品做充分准备。

13.2.2　提升产品附加值

危机的发生使消费者的购买行为更为理性。这就需要金融机构在进行产品定价时，需要更多地考虑提升金融产品的附加值，给消费者更多实惠。这样既可以促进销量，又可以提升目标消费者的忠诚度。受危机的影响，消费者的购买焦点将聚焦在金融产品本身，所以充分提升金融产品附加值是吸引消费者购买的最直接方法。

13.2.3　控制渠道风险

渠道风险是金融机构应该特别注意控制的。危机会对金融机构的整个价值链产生巨大影响，而这往往也是行业重新洗牌的重要机会，金融机构若不注重风险控制，将有可能被淘汰出局。金融机构应重点关注渠道成员变化带来的风险，在制定策略时应该先稳定再发展。危机使消费者的消费行为发生改变，他们会寻找一些成本更低、更适合自己的渠道，这时候金融机构如果了解目标消费者的变化，就能更好地满足消费者购买的便利性和经济性等需求，会在渠道上赢得更多的主动权。

13.3　危机营销的实践

13.3.1　商业银行的危机营销

随着市场经济的发展与竞争格局的演变，中国商业银行服务营销活动呈现越来越激烈之势，营销策略已有了一些范式：首先，营销策略的理念。随着客户经理制的引入，"营销围着客户转，企业围着营销转"及"客户至上"的经营指导思想，已渗透到商业银行的营销理念中。其次，营销策略的手段。中国商业银行多采取"总对总"的营销，在能源、交通、证券、保险等重点行业上，实行了全行联动营销；再次，在实施过程中，各行采取多元化的宣传方式，加大了广告宣传的力度，通过一系列的公益性活动来宣传银行的特色文化日益成为新型营销宣传的亮点。最后，营销策略的设立内容。内容已由以对公业务为主发展为对公、对私、同业业务等多业务并举。

针对当时形势需要，中国商业银行可以从以下方面改进和调整营销策略：

1. 引入客户行为分析模式，对银行客户进行更进一步的市场细分

中国商业银行在营销活动中必须对目标客户有明确的识别，即所谓"知己知彼，百战百胜"。这就要求各行对客户进行更深层次的市场细分。由于银行的业务资源比较稀缺，对优质客户的争夺也更为激烈，所以各行在营销中有必要引入客户行为分析模式，从而有针对性地为客户提供服务，有效迎合客户心理，占领市场份额。

2. 深化广告营销与网络营销模式，实施售后营销策略

面对不断变化的环境，中国商业银行服务营销策略也应审时度势。商业银行市场性增强，市场竞争加剧，在这个时候深化广告营销和网络营销模式将有助于中国商业银行服务营销的市场化，从而适应当前局势，符合市场经济的内在要求。

3. 增强品牌意识，打造强势商业银行特色文化

在竞争更加激烈的金融环境里，质量是商业银行竞争的重要保障。商业银行主要通过提供金融服务来实现盈利，而现今可供客户选择的银行越来越多，银行服务质量和金融产品的好坏，将直接决定商业银行在当地的影响力和竞争力。拥有标准化、规范化服务的银行网点则更具吸引力，在服务和产品上比别人做得更好一些、更早一步，就会带来更大的客户认同。因此，商业银行应该持续打造质量和服务品牌，在内部树立良好的质量和服务理念，建立持续提升和改进的机制，通过窗口服务、电子银行服务以及金融产品等，给客户带来高效、便捷、贴心的服务，满足客户及社会的金融需求，形成让社会认同的质量理念、服务理念，形成独具特色的服务文化品牌效应。中国商业银行可以通过市场调查，掌握目标客户群体的偏好与可能选择银行产品或服务的理由，以及市场竞争者的产品与服务状况及品牌定位方法存在的优劣势，不断增强自身品牌营销意识。

4. 提升政策趋向性意识，加强与政府间的合作

为了应对国际金融危机带来的不利影响，保持经济稳定较快增长，党中央、国务院果断采取了一系列宏观调控措施。这些宏观调控政策在推动经济稳定增长的同时也给商业银行带来了巨大的发展机遇，各商业银行要积极响应国家政策要求，深入研究，合理规划，重点介入政策支持领域，积极扩大实业领域的信贷发放，加强与政府部门的密切合作，赢得政府的信赖。

5. 加强专业营销人员培养，保证营销质量

金融危机的蔓延给银行营销人员带来了巨大的挑战，专业营销人员的素质和营销队伍的建设成为决定各商业银行在营销市场中竞争胜负的关键之一。作为商业银行，不但要通过选拔、考核、层层晋级形式来引进优秀的营销人员，还要全面制定合理有效的营销人员培训制度，并适时调整培训内容、手段和方式。

13.3.2　证券公司的危机营销

在金融领域，证券公司是指专门以投资证券获取收益的行业。证券是风险最大也是收益最高的行业，证券业的风险主要表现为投资银行的风险。投资银行最基本的含义是在资本一级市场从事承销证券、筹集资金和在二级市场交易证券的金融机构。但是，这个定义并没有涵盖其全部内容。无论从哪个角度来看，投资银行都是与资本市场紧密相连的。随着资本市场的不断创新，其业务范围已经非常庞大，业务活动错综复杂，除传统的证券承销、自营和经纪业务外，现代投资银行的业务还涉及企业并购重组、风险管理、资产管理、投资咨询等诸多领域。金融机构的危机往往与风险密切相关，投资银行面临的风险又与其所涉及的业务范围是相对应的。从国内外投资银行的经营实践来看，投资银行风险可以分为代理风险、委托风险、并购业务风险和自营交易风险等。

1. 代理风险

证券公司的代理活动主要是从股票经纪活动到公司咨询业务等一系列以收费为基础的业务，证券市场的交易量对投资银行的代理业务收入影响很大，因为无论市场交投活跃还是冷清，总存在一些必须支出的固定费用，如营业网点的租金、网络投资、管理费用等。在市场低迷时期，证券交割结算的收入、资产管理的收入，以及收购、兼并、咨询等方面的收入都会大幅度下降，从而使证券公司收入受到很大的影响。

2. 委托风险

委托活动包括两种类型：证券承销和交易。在证券公司承销企业证券的过程中，如果市场预期变化或其他突发事件引起承销价和市场发行价之间差价的不正常波动，证券公司就可能面临损失甚至亏损。

委托风险主要发生在头寸交易、风险套利和程序交易活动过程中。头寸交易主要是证券公司通过大规模的投资组合来满足较大客户的交易需求。例如，证券公司准备卖掉其所承销的 20 万股股票，但是只能为 15 万股找到买主，证券公司可能会自己买入剩余的 5 万股作为投资组合的一部分，从而完成承销交易。但是，这种组合交易使证券公司在价格出现逆向变动时面临亏损风险。

3. 并购业务风险

并购业务风险主要与投资银行参与收购、兼并的交易有关。例如，当投资银行预计目标企业可能会被兼并时，就会通过大量买入这家企业的股票而持有较高的头寸，从而希望在市场上赚取可观的差价收入。但是，如果兼并活动没有发生，或者由于市场对该企业的预期发生较大程度的反向变化，投资银行就会面临较大的风险。

4. 自营交易风险

自营交易是投资银行收入来源的重要组成部分。根据证券公司自营活动的风险来源，自营交易风险可以分为外部风险和内部风险。外部风险主要是证券市场波动风险，内部风险是由证券公司自身管理问题所造成的风险。在证券公司的自营交易中，应当重点防范内部风险。内部风险一般又分为：在证券自营交易过程中，由于管理人员的知识、经验、技能、判断、决策等能力不足所造成的影响自营业务收益水平的风险；由于技术系统的原因所造成在信息传递和处理过程中产生的风险；由于公司的管理模式存在某些缺陷，如权利不对称、机制欠灵活等所造成的风险。

通过上述对风险的了解，证券公司今后面对危机时可采取一些措施，从而更好地实现营销：

（1）实施积极的财政金融政策。中国在金融危机中，实体经济会因为美国实体经济衰退受到影响，尤其是外贸依存度高的企业。中国对于美国金融企业、资源类商品不应有过多关注，因为中国金融运行机制与国际有很大区别，资源类商品中短期应会降价。中国应该借助此次机遇，从实际中来，到实际中去，稳定人民币汇率，适度放松货币政策，结合企业需求及本国市场需要，加大技术引进力度，实现产业升级，扩大本国市场规模，刺激消费实现自身发展。

（2）推动资本市场健康发展。为维护证券市场健康发展，保护投资者权益，应该加强证券市场基础性制度建设，引导外商投资企业境内上市政策，规范上市公司国有股东行为，杜绝信息披露不规范、内幕交易、操纵市场等问题；做好推进创业板建设与新股发行制度改革、加强监管与执法、维护信息系统安全以及强化干部队伍建设等在内的四方面工作；分步完善市场体系，鼓励央企的上市公司多进行现金分红，提高投资者的信心；加大对上市公司并购重组的支持力度，引导企业选择融资时机和规模，规范减持行为，通过合理调节市场供求维护股票。

13.3.3　保险公司的危机营销

随着中国社会主义市场经济体制的日益深化，与大多数商品一样，保险服务这种特殊的"商品"也已经告别了短缺时代，开始了激烈的市场竞争。以往专注于"生产"和"提供"产品的营销思想，已经不能适应变化了的经营环境，市场营销作为经营管理的一种全新的理论和方法，逐渐受到保险界的重视，并被引入这一新的领域。从社会层面来说，时代进步，大家对保险认知度更高，保险公司的危机营销也尤为重要。

疫情之下，全球经济遭遇下行压力，国内复工复产以及社会经济发展面临新的困难和挑战，保险业发展也不例外，2020 年第一季度，保险业原保险保费收入是 1.67 万亿元，同比仅增长 2.3%，增幅同比下降 13.6 个百分点。长久以来，寿险业依赖"人海战术"，即主要依靠代理人线下发展业务。然而疫情隔离政策大幅减少了人群社交接触，也让保险业线下渠道拓展受到抑制，传统寿险代理人模式在获客、发展业务方面的优势无法体现，这给保险业传统的代理人销售模式带来了巨大的挑战。事实上，在疫情暴发前，保险业已经开始思考放弃"人海战术"这一粗放的发展模式。在代理人数量超过 800 万之际，业内就一直反思粗放式增长的弊端，不再单纯追求以往"数量"取胜的代理人业务路径，传统保险机构开始寻求高质量发展。

传统线下业务全线受阻，银保渠道也势必深受影响。银行网点春节期间延迟开门、节后网点轮换开门，再加上网点客流量大减，甚至不少银行在疫情严重地区暂时关闭网点。疫情的影响导致保险业务短期内增长承压，线下管理、经营活动受到制约。疫情对保险业在传统业务模式、人才技术储备、客户开发维护等方面都带来了新的课题，引起业界反思。但疫情危机之中又蕴含着新的机遇。疫情倒逼企业在短时间内迅速调整和改变，成为保险行业数字化转型的契机。疫情防控期间，中国太平保险集团有限责任公司（下称"中国太平"）旗下太平人寿、太平财险、太平养老等专业子公司针对线下业务、管理经营活动变化所推出的"云服务""云办公"等，开辟了新的业务发展模式。

中国太平统一客服平台"太平通"，针对疫情期间无接触服务需求激增，进行持续升级，为集团寿、财、养老险客户提供全方位的智能化线上保全、理赔服务和健康、车养、教育等增值服务。太平人寿的"云投保"让客户在疫情期间一样想保就保。据悉，"云投保"此前就已经实现了电子投保、电子签名、电子保单、电子回执及回访全流程在线操作。太平人寿在疫情期间进一步优化流程，通过简化"空中签名"、开发"智能双录"功能、支持反洗钱信息在线上传等流程变革，极大便捷了客户服务，让客户在疫情期间完全不用出门，顺畅投保。除针对用户的"云服务"外，中国太平还积极通过"云办公"弥补线下团队管理、业务支持受阻的困难。疫情期间，中国太平各专业子公司通过提升线上作业流程的流畅度、系统承载能力、智能化程度等，全方位恢复经营管理和后台支持流程。同时，通过高频率的"云课堂"培训、科学系统的线上管理、产品开发和运营科技方面的全面支持，提升队伍活力，促进一线提升线上发展业务的成效。在线下，公司也通过各种服务举措，积极向一线队伍、客户传递关爱及支持，为迅速提升产能奠定基础。

此外，不少保险企业尝试通过直播模式带动业务销售。业务渠道积极尝试新的互联网经营模式、整合打通各方面资源渠道，联合各分公司多元经代渠道开展了各种形式及多种内容的线上培训，取得积极成效。

案 例 分 析

案例 13-1　半年 1332 家银行网点关停，银行网点如何借势"地摊经济"破局？

遍布各处的银行网点，曾是中国银行业的一大特点，但随着互联网渠道快速发展，这个特点正在削弱，加上近几年疫情的冲击，不少银行网点因低下的获客能力关停。

根据银保监会金融许可证信息平台的数据显示，截至 2020 年 6 月 30 日，全国各地共有 1332 家银行网点关停，与传统银行网点呆板严肃的形象相去甚远，银行网点如何成功借势"地摊经济"，实现营销模式的突破并不容易。基于此，某地农商银行积极寻找突破口，实现危机营销。

某地农商银行通过使用 MAXHUB 智能营销一体机，开展"农商观影、清凉一夏"、电子化大转盘抽奖、电子化有奖知识问答等互动体验式营销活动，让"地摊经济"与银行网点完美结合，成功通过高大上的科技工具，实现低成本获客引流。在该农商银行网点门口，MAXHUB 智能营销一体机化身电影大屏，一部部热点影片在 4K 高清大屏上轮番播放，吸引了不少观众；而电影播放结束后，网点人员再通过 MAXHUB 智能营销一体机开展电子化大转盘抽奖、有奖知识问答等活动，让现场观众快速了解相关产品知识，潜移默化地实现产品推销效果。"既能来看电影，还能参加各种抽奖活动，顺便还学习了不少金融知识，这家银行真的是大大丰富了我们的娱乐生活，真的很有心。"来参加观影活动的一位群众说道。

类似地，该农商银行也通过 MAXHUB 智能营销一体机对日常的厅堂营销展示进行了数字化升级，一改以往宣传单张、海报结合网点人员解说的呆板营销形式，既节约了纸张等资料成本，也让听讲者有耳目一新的体验，提升营销效果。

可以说，某地农商银行创新的"地摊式"营销，以及厅堂营销展示方式，给当前众多的银行网点做出了一个很好的示范，为行业提供了新的思路和模板，未来也将通过 MAXHUB 智能营销一体机等更多创新产品为银行机构提供更多解决方案，助力实现获客、引流、留客方面的突破。

资料来源：公众号零售金融频道。

思考：

1. 银行网点面临的危机有哪些？

2. 该农商银行采取了哪些危机营销方式？

3. 根据思考和学习，银行还可以采取什么危机营销方式？

本 章 小 结

（1）危机营销是指企业在面对危机、灾难时采取的一系列拨乱反正的营销措施，以期最大限度地减少危机给企业造成的不良影响。实施危机营销，要求金融机构时刻拥有危机意识、具备发现和控制危机的能力。

（2）金融机构进行危机营销，一方面是为了保证金融机构在危机发生时能够继续发展，确保金融机构战略的实现；另一方面是为了维护金融机构的形象，因为良好的形象是金融机构长期以顾客为中心，诚实经营的结果，有效的危机营销不但可以维护形象，甚至可以提升形象。

（3）当危机发生时，金融机构可以采取调整产品布局、提升产品附加值、控制渠道风险的营销策略。

（4）银行在面对金融危机时，可以采取以下营销策略：引入客户行为分析模式，对银行客户进行更进一步的市场细分；深化广告营销与网络营销模式，实施售后营销策略；增强品牌意识，打造强势商业银行特色文化；提升政策趋向性意识，加强与政府间的合作；加强专业营销人员培养，保证营销质量。

关键概念

危机营销   金融机构危机营销   代理风险   委托风险

综 合 训 练

一、填空题

1. 危机营销的内容包括_____、_____、_____三部分。

2. 危机营销的方法有_____、_____、_____。

二、问答题

1. 简述银行危机营销策略选择。

2. 简述证券公司今后可采取的策略选择。

第 14 章
金融网络营销

▶ 学习目标

通过本章的学习，掌握金融网络营销的含义和类型、金融网络营销与传统金融服务营销的比较、大数据营销的含义和特点，了解大数据营销风险防范以及金融网络营销的实践。

▶ 开篇导读

新冠肺炎疫情期间，江苏镇江农商银行为解决出门营销可执行度不高这一问题，策划了"'银'在线上，'微'你而来"网络营销大赛，采取"线上学习、线上讨论、课后归纳"的方式推进网络营销课程学习，抓紧疫情期间网络流量优势，实现了线上获客、活客，借力"疫情危机"，转为"营销契机"。金融产品和服务的销售与其他消费品的销售相比，绝大部分金融产品的交易过程是基于信息与资金流动，因此通过网络渠道完成产品的推广和促成交易十分便捷。面对网络时代背景下客户金融产品消费需求、消费行为以及理念变化，金融网络营销策略对于金融机构的运营越发重要。金融网络营销策略具体如何？它与传统金融营销策略又有何不同？这正是本章所要探讨和研究的。

14.1 金融网络营销概述

14.1.1 金融网络营销的含义

网络营销是基于互联网络及社会关系网络连接企业、用户及公众，向用户及公众传递有价值的信息和服务，为实现顾客价值及企业营销目标所进行的规划、实施及运营管理活动。网络营销不是网上销售，不等于网站推广，网络营销是手段而不是目的，它不局限于网上，也不等于电子商务，它不是孤立存在的，不能脱离一般营销环境而存在。

"金融网络营销"是个复合词组，要全面理解金融网络营销的概念，明白金融网络营销的对象和金融网络营销的研究对象是什么，就要分析金融网络营销的词构。"金融网络营销"是由"网络""金融"和"营销"三个基本词复合而成的词组。"网络"与"金融"

可以组合成"网络金融"，"金融"与"营销"可以组合成"金融服务营销"，那么"网络"可以与"金融服务营销"复合成"金融网络营销"，"网络金融"也可以与"营销"复合成"金融网络营销"。因此，金融网络营销包含着以"网络"为营销工具的金融服务营销和以"网络金融"为营销对象的市场营销两种含义。前者是指利用网络技术对金融业务进行网络市场调查、网络促销和宣传推介等，成功地将金融产品与服务引向消费者的过程，后者是指专门针对基于网络技术的金融产品与服务进行全方位的推介与促销活动；前者的营销对象包括了所有的金融产品和服务，其营销方式是"网络营销"，后者的营销对象是以现代网络信息技术为手段的高科技金融产品与服务，包括网络银行、网络证券、网络基金、网络期货、网络保险等，其营销方式既包括"网络营销"，也包括传统的市场营销。

金融网络营销是现代金融服务营销系统中的一个重要组成部分，它是网络经济时代金融服务营销的主流模式。金融服务营销的目标就是通过提供满足消费者的金融产品与服务需求而获取收益，它强调的是消费者需求的满足和金融机构利润的获得。金融服务营销是实现金融机构根本目标的重要保证，因为金融机构更关心的往往是利润的增长速度。利用网络营销的经营方式来提升自己的投资回报率，已经赢得越来越多金融机构的认同。网络信息技术与金融业务的有机结合，不但产生了一系列更加快捷便利并具有更高附加值的电子金融与网络金融业务，而且借助于网络渠道使这些现代化的金融产品和服务能更广泛、快速地传达给广大金融消费者，金融网络营销方式比传统的金融服务营销方式更能为金融机构带来高得多的利润增长率和投入产出率。由此看来，金融网络营销就是以互联网络为基础，利用数字化的信息及金融网络媒体的交互性和传播的快速性、广泛性来辅助营销目标实现的一种新型的市场营销方式。综合市场营销、网络营销、金融服务营销、电子商务等相关概念的科学内涵，我们也可将金融网络营销定义为：通过信息化、电子化、虚拟化和网络化的方式手段，来改造传统金融服务业，营造网上金融经营环境，创造并交换客户所需要的新型金融产品与金融服务，更加广泛地构建、维护和快速发展各个方面的金融关系，以很好地满足社会各方对金融产品与服务的消费需求，从而获取经营利益的一种营销管理过程。

14.1.2　金融网络营销的类型

1. 搜索引擎营销（Search Engine Marketing）

搜索引擎营销就是基于搜索引擎平台的网络营销，利用人们对搜索引擎的依赖和使用习惯，在人们检索信息的时候将信息传递给目标用户。搜索引擎营销的基本思想是让用户发现信息，并通过点击进入网页，进一步了解所需要的信息。企业通过搜索引擎付费推广，让用户可以直接与公司客服进行交流、了解，实现交易。搜索引擎优化是指在了解搜索引擎自然排名机制的基础上，使用网站内及网站外的优化手段，如从网站结构、内容建设方案、用户互动传播、页面等角度进行合理规划，使搜索引擎中显示的网站相关信息对用户来说更具有吸引力，提高网站在搜索引擎的关键词排名，获得更多的免费流量，为网站提供生态式的自我营销解决方案，让其在行业内占据领先地位，获得品牌收益。

2. 电子邮件营销（Email Direct Marketing）

电子邮件营销是指在用户事先许可的前提下，通过电子邮件的方式向目标用户传递行业及产品信息的一种网络营销手段，是以订阅的方式将行业及产品信息通过电子邮件的方式提供给所需要的用户，以此建立与用户之间的信任与信赖关系。电子邮件营销有三个基本因素：用户许可、电子邮件传递信息、信息对用户有价值。三个因素缺少一个，都不能称为有效的电子邮件营销。电子邮件营销是网络营销手法中最古老的一种，可以说电子邮件营销比绝大部分网站推广和网络营销手法都要老。

3. 体验式微营销（Has Experience Marketing）

体验式微营销以用户体验为主，以移动互联网为主要沟通平台，配合传统网络媒体和大众媒体，通过有策略、可管理、持续性的O2O线上线下互动沟通，建立和转化、强化客户关系，实现客户价值的一系列过程。体验式微营销站在用户的感官（Sense）、情感（Feel）、思考（Think）、行动（Act）、关联（Relate）五个方面，重新定义、设计营销的思考方式。此种思考方式突破传统上"理性消费者"的假设，认为消费者消费时是理性与感性兼具的，消费者在消费前、消费时、消费后的体验，才是研究消费者行为与企业品牌经营的关键。体验式微营销是以SNS、微博、微电影、微信、微视、微生活、微电子商务等为代表的新媒体形式，它为企业或个人达成传统广告推广形式之外的低成本传播提供了可能。

4. O2O立体营销（O2O Three-dimensional Marketing）

O2O立体营销基于线上（Online）、线下（Offline）全媒体深度整合营销，以提升品牌价值转化为导向，运用信息系统移动化，帮助品牌企业打造全方位渠道的立体营销网络，并根据市场大数据分析制定出一整套完善的多维度立体互动营销模式，从而实现大型品牌企业全面以营销效果为导向的立体营销网络。

O2O立体营销模式全面创新地将互联网与传统行业、线上线下营销（Online to Offline & Offline to Online）渠道有机结合，通过捕捉、分析和运用海量多样的大数据，帮助品牌企业科学的规划、定位、策划，以全方位视角对受众需求进行多层次分类，选择性地运用报纸、杂志、广播、电视、音像、电影、出版、网络、移动在内的各类传播渠道，以文字、图片、声音、视频、触碰等多元化的形式进行深度互动融合，涵盖视、听、光、形象、触觉等人们接受资讯的全部感官，对受众进行全视角、立体式的营销覆盖，帮助企业打造多渠道、多层次、多元化、多维度、全方位的立体营销网络。

5. 新媒体营销（New media marketing）

新媒体营销是指利用新媒体平台进行营销的模式。在Web2.0带来巨大革新的背景下，营销方式发生巨大改变，更加注重体验性（Experience）、沟通性（Communicate）、差异性（Variation）、创造性（Creativity）和关联性（Relation）。其中，博客营销、微博营销和微信营销都属于新媒体营销，详见表14-1。

表 14-1　新媒体营销类型

博客营销	建立企业博客或个人博客，用于企业与用户之间的互动交流以及企业文化的体现，如行业评论、工作感想、心情随笔和专业技术等均可作为企业博客的内容
微博营销	通过微博平台为商家、个人等创造价值而执行的一种营销方式，是一种商家或个人通过微博平台发现并满足用户的各类需求的商业行为方式
微信营销	商家通过提供用户需要的信息推广产品，从而实现点对点的营销，如通过微信公众平台展示商家微官网、微推送、微活动，形成一种主流的微信互动营销方式

资料来源：冯英健. 新网络营销 [M]. 微课版. 北京：人民邮电出版社，2018.

14.1.3　金融网络营销与传统金融营销的比较

所谓传统金融营销是相对于互联网出现以前的市场营销而言的。营销观念代表了现代企业的经营思想，在西方被称为"营销管理哲学"。营销思想曾经历了从以产品为中心到以市场和顾客为中心、从以国内市场为舞台到在全世界范围内生产经营的演变过程，企业经营思想的演进过程直接体现了生产力的发展及市场供求关系的变化。

在传统金融营销模式中，制造商生产出成品后往往通过制造商→批发商→零售商→消费者的营销渠道对外销售产品，产品一般需要经历多个环节才能到达消费者手中，这么长的供应链不仅降低了产品的时效性，还增加了产品的成本。

金融网络营销作为一种新的营销模式和手段，与传统金融服务营销同属于现代市场营销的理论范畴，两者既有相同之处，也存在着一定的差别。相同之处体现在：都是金融企业的一种经营活动；都需要通过营销组合才能发挥功能；都是把满足消费者需求作为一切活动的出发点，不仅考虑了消费者现实层面的需求，还包括潜在需求；它们必须遵循一定的市场营销规则，合理运用各种营销策略的组合；活动范畴都包括消费者需求调查、产品设计开发、产品定价、销售、促销、了解消费者的评价及反馈等，涵盖从产品研发到消费者消费的全过程。

两者之间的差别主要体现在营销方式、竞争态势、促销方式、产品策略、广告策略、关系营销方面。具体内容如下：

（1）营销方式上的差别。传统的金融服务营销更多运用的是一种大众化的营销策略，由于自身实力、成本等方面的限制，很难做到针对不同的客户采取不同类型的营销策略；而在金融网络营销活动中，由于网络技术迅速向宽带化、智能化和个人化方向发展，一方面，银行可以降低各种经营管理成本，可以为客户提供各种个性化、多元化的服务；另一方面，客户可以在更加广阔的领域内实现多种信息共享。

（2）竞争态势上的差别。传统金融营销过程中，能否有效地获取所需信息是制约其发展的瓶颈；而在互联网运行的环境下，各种信息基本上处于畅通无阻的状态，因此整个市场的环境基本上是透明的，要想掌握竞争对手的信息及其动态并非难事。

（3）促销方式上的差别。传统金融服务营销更多依靠的是大量的人力和广告以及层层的渠道，这些在互联网时代将成为银行巨大的包袱，而实际上这些传统的营销方法，诸如人员推销、市场调查、人员促销等手法可以与网络实现充分融合，充分利用网络带来的各种便利，整合各种资源，这样金融企业就可以最大限度地降低成本、实现以最小的成本投入获得最大的营销收益的新型营销模式。

（4）产品策略上的差别。传统金融服务营销往往倾向推出大众化的、标准化的产品来满足大多数客户的要求，而金融网络营销可以通过互联网更加便利地获得关于金融产品和服务的理念和广告测试效果的反馈，当然也可以更加准确、全面地了解不同客户的不同需求。

（5）广告策略上的差别。传统金融服务营销的广告一般借助于电视、报刊等媒体，一方面，价格昂贵、时空有限，广告效果不易评估；另一方面，由于它的强势灌输的特点会招致部分消费者的反感。相对于传统的媒体以及广告形式而言，网络广告一方面可以降低企业成本，打破时间和空间的限制，另一方面以消费者主动点击和获取信息为原则，呈现出较强的互动性。

（6）关系营销更为重要。对任何企业而言，他们之间的竞争归根结底是对客户的争夺，金融业也不例外。如何通过互联网与遍布全球的客户群保持紧密的联系，如何通过对金融企业品牌的建设和对银行整体形象的塑造建立客户对金融企业的信任感，这些影响着金融企业营销的成败。

14.2　大数据营销

14.2.1　大数据营销的含义

大数据营销是指营销人员运用大数据技术和分析方法，将不同类型或来源的数据进行挖掘、组合和分析，发现隐藏其中的模式，如不同消费者群体的用户画像、沟通交互方式以及这些形式如何影响消费者的购买决策，并在此基础之上，有针对性地开展营销活动，以迎合消费者的个人喜好，为消费者创造更大的价值。大数据通常呈现出大规模（Volume）、高速度（Velocity）和多样性（Variety）特征。其中，大规模主要强调公司正在追踪和维护的消费者数据量非常庞大，一般情况下，消费者的大数据主要围绕消费者的在线购买、网络点击、社交媒体、智能设备连接和地理位置等信息产生；高速度主要指这些数据通常是实时可用的，使营销科学模型能够在消费者信息搜索、价格比较或进行购买时，为消费者提供实时定制的营销工具；多样性是指大数据以多种形式出现，不仅有常见的数字型数据，还有包括文本、音频和视频等数据。

14.2.2　大数据营销的特点

（1）多平台化数据采集。大数据的数据信息来源一般是多元化的。多平台化数据采集能够对网友个人行为的描绘更加全面和精确。多平台化数据采集的平台可包括互联网、移动互联网、广电网、智能电视机等。

（2）个性化营销。在互联网时代，广告商的市场营销观念已从"新闻媒体导向性"向"受众群体导向性"变化。过去的活动营销以新闻媒体为导向性，挑选名气高、访问量大的新闻媒体开展推广。现如今，企业多以受众群体为导向性开展广告推广，因为大数据技术可使它们知晓目标受众群体置身何处。大数据技术能够保证当不同客户关心同一新闻媒体的同一页面时，广告词内容有所不同，大数据营销实现了对客户的个性化营销。

（3）联动性。大数据营销的一个关键特性取决于客户关注的广告与广告之间的联动性，因为大数据在收集过程中可迅速获知总体目标受众群体关心的内容以及个人信息，这种有价信息可使广告的投放过程产生前所未有的联动性。即客户所看到的上一条广告与下一条广告之间的互动性和相关性。

（4）注重及时性。在互联网时代，客户的消费行为和选购方法非常容易在短时间内发生变化。在客户需求点最高时及时开展营销推广十分关键。全世界领跑的大数据营销推广公司 AdTime 对此提出了时间营销策略，它可通过技术手段充分了解客户需求，并及时响应每一个客户当前的需求，让他在决定购买的"黄金时间"内及时接收到商品广告。

（5）高性价比。和传统广告"一半的广告费被浪费掉"相比，大数据营销在很大程度上让企业广告的投放做到有的放矢，并可根据实时性的效果反馈，及时对广告投放策略进行调整。

14.2.3　大数据营销风险防范

大数据时代也可以称为分析时代。对于处在提供服务地位的银行和竞争对手能否成为这样或者那样的信息中心在于分析能力。当今社会对各种人、企业和关系的感知能力远胜以往，但是对客户按标准提供其自身信息的强制力越来越小，说明信息更多以非标准化、非结构化的形式被非传统的渠道收集起来，若不分析它们的能力，就不可能成为任何关系的中心。

（1）大数据的"大"。数据量的庞大就是大数据营销中首先被提及的风险。以银行为例，当前国内大多数银行还处在将手机银行、网上银行、POS 机作为改造重点的阶段，但世界的信息技术又发生了升级的趋势，我们慢了半拍。本质上是国内银行业缺乏变革的眼光或者勇气，对产业升级缺乏战略眼光，不愿意放弃传统的成功的方法，只有在情势逼迫之下才不得不进行转型。好工具要有使用的动力和决断，应对大数据时代，国内银行也存在一个改变内在组织形态与业务模式匹配的问题。国内银行传统的架构适应于进行资源的整合，信息科技部门作为配角是合适的。银行的发展越来越向分析时代进发，当前国内银行管理部门的主要工作都是自觉或者不自觉地进行分析工作，尤其是数据分析，各业务部门和信息科技部门的矛盾实质上是银行没有足够分析能力的表现，但这不是一个科技部门所能决定的。将信息科技仅定位于部门的活动已不合适，不能提高全行的分析能力，有必要将信息科技工作定位于更高的战略层次，将银行信息科技工作从支持层面转移到以提高信息获取能力为重点。但是，数据的保存、转移会是一个很大的难点。各个银行的分行一般不可能有财力购买到数据库，那各家总行究竟要设置多大的数据库来储存以几何级数递增的数据也是大数据带给银行服务营销的一大难题。

（2）人才。如果说数据库的建立是硬件上的问题，那专业人才就是金融在大数据营销时代面临的"软件"上最大的问题。如前文所述，CIO需要的是数理统计和金融专业知识全面精通的人才，这样才能对现有的数据进行准确的分析、比较、筛选，从而得出营销的最佳方案；而且管理这一庞大的数据库需要不少员工，但是现如今这部分高端的人才可谓凤毛麟角。内部培训也许可以作为一个不错的替代方案，但为了最专业地建立起大数据库，人才的引进和培养是至关重要的。

（3）保密问题。在如今的金融市场，客户信息贩卖和泄露已经极为严重，许多客户都接到过陌生人的电话和邮件，这些陌生人不仅能知道客户是谁，甚至连客户一些极为隐私的信息都了如指掌。一旦大数据营销在金融市场发展并成为主流，客户的信息安全能不能得到保障将是金融服务营销过程中非常值得关注的焦点。

14.3　金融网络营销的实践

14.3.1　商业银行的网络营销

比尔·盖茨（Bill Gates）曾说："传统银行若不能对电子化做出改变，将成为21世纪行将灭绝的恐龙。"从小微信贷、众筹、互联网金融等新兴的金融服务模式来看，金融业不得不经历痛苦的嬗变过程。进入大数据时代，为了得到客户真实关系网的信息，国内外一些银行开始研究如何通过获取、整合各种网络大数据对客户真实社会网络关系加以映射和应用。在国内，手机银行就是银行业运用网络营销的一个关键途径。

手机银行是中国银行党委在金融发展新时期提出的一项重大战略部署，是银行抢占市场份额的有力抓手。新冠肺炎疫情期间，中国工商银行沈阳和平支行（下称"和平支行"）也紧跟号召。虽然线下活动受限，但依然挡不住和平支行营销的脚步。和平支行通过精心部署，开展了首届腾讯会议线上客户微沙龙活动，结合抗击疫情公益爱心活动，将手机银行等产品宣传做得有声有色，是和平支行激发活力、开展线上与线下多渠道营销宣传的有效尝试与拓展。下述为和平支行线上客户微沙龙活动营销思路。

1.加大宣传力度

为吸引客户眼球，和平支行创新宣传模式，用各种线上宣传方式及营销活动页面，搭建了线上渠道用户与手机银行无缝连接的桥梁，制作《和平支行线上业务办理通道手册》，同时建立了和平支行营销活动微信系列群组，为本次线上客户微沙龙的宣传工作做足了准备。活动前，除了在微信朋友圈集体宣传，在和平支行前期建立的各个客户群组里，更是做足了抽奖活动的预热和礼品的宣传，客户群体反应十分热烈。为和平支行首届腾讯会议线上客户微沙龙活动做了很好的铺垫，达到了良好的效果。

2. 普及金融知识，巧妙穿插业务

线上客户微沙龙活动如期而至。直播现场，和平支行客户经理绘声绘色地介绍着和平支行优势产品手机银行和明星保险等理财产品。产品推介的同时，抽奖活动也在继续。腾讯会议线上客户微沙龙留言界面好多客户都表示直播效果特别好，很多银行业务问题足不出户便可以办理了。此时微信群里反响更是热烈，客户询问着产品属性，更等待着扣人心弦的抽奖环节。直播间互动十分紧密。

3. 培养客户基础，用心切实服务

和平支行在活动结束后继续跟进，同样鼓励并指导各网点客户经理利用 H5 定制页面等方式，向客户宣传推广线上重点业务及服务。同时加强线上服务力度，特色推出相关产品操作视频服务。全方位为客户提供优质的线上服务，助力线上营销。

14.3.2 证券公司的网络营销

证券公司的网络营销是指证券公司充分利用网络技术构筑网络化资源整合的信息技术系统。该系统可以改造公司经纪业务模式与流程，为经纪业务营销拓展提供有力支持。

证券公司和客户之间存在着巨大的信息和知识不对称性。在证券市场充分发展的今天，投资方式日益丰富，市场细分日趋加深，各种投资理财产品的推出层出不穷，金融市场知识体系的深度和广度已经远超普通投资者能够驾驭的程度。一方面投资者持有一定的资产，并希望能给自己的资产找到最佳的投资渠道；另一方面投资者对市场信息、金融知识的掌握无法支撑其实现相应目标。基于人工智能技术进行智能营销业务优化，是大势所趋。

华泰证券在向千万级的理财产品客户推荐上千款的理财产品的时候，也同样面临如何更精准地将产品投放到每个特定客户身上促进他们产生真正的有价值的交易行为的问题。随着客户数量的增多，交易量不断增大，数据量大、维度复杂、线上线下数据无法整合等情况都是造成这类问题的原因。华泰证券与明略数据共同对此展开研究，提出了一套具有创新性的融合了客户行为数据、客户基本信息数据、市场行情数据，以及互联网数据的综合的智能营销模型，该模型能够通过机器学习等算法、自然语言处理等人工智能技术为每位客户建立一个符合其个性化需求的产品档案，并在此基础上，实现真正意义上的将理财产品向特定人群进行定向投放的功能。

基于华泰证券对于人工智能自我优化的智能营销管理需求，明略数据为其建设了数据驱动的智能营销平台，该平台利用人工智能技术，整合大量客户画像标签、营销策略，结合多种营销渠道，进行最优化、最贴合场景的线上线下营销链路整合，进而提高营销效率，辅助业务人员进行营销决策。该平台建立了完善的基于人工智能驱动的营销链路应用，主要包括客户行为采集、客户画像、个性化营销、精准营销、售后舆情分析、客户关系图谱等模块。该平台帮助华泰证券全息了解客户个性化诉求、智能精选目标客户、高效建立营销计划、自动拓展客户群体。同时提供标准的 API 数据接口服务，并采用分布式系统部署，高效支撑华泰互联网 App 客户端和线下智能营销业务系统。还提供了一站式业务营销服务，将离散的营销行为和营销经验整合成"数据"，使营销目标明确、可追踪、可衡量、可优化。通过大数据和人工智能技术抓取目标客户，连接营销渠道，从而让网络营销等渠道更具价值；"数据"结合"渠道"，形成营销目标选择、营销计划决策、营销精准投放、营销效果评估动态优化闭环。

14.3.3　保险公司的网络营销

保险公司的网络营销是指保险公司通过互联网的形式与客户接触，为其提供产品的相关信息以及相关保险服务，并通过银行实现相关费用的电子支付的营销渠道。

一场疫情，将直播电商推向前所未有的新高潮。除了李佳琦这样的职业主播，连初代网红罗永浩、众多品牌的 CEO 也亲自投身直播带货。一场直播动辄可带来几千万元甚至上亿元的销售额。一时间，从前无法想象的直播"卖房""卖车""卖家电"成为新风尚。作为国内首家互联网保险公司，利用天然的线上渠道优势，众安保险早在直播"风口"到来之前，就很有前瞻性地利用短视频科普保险知识、邀请名医专家直播讲解医疗知识干货等新模式、新玩法触达更多互联网新生代用户，布局线上新场景用户互动闭环。

1. 众安保险抖音粉丝超百万，马红漫做客直播间

目前，众安保险是业内首家获得抖音营销蓝 V 闭环的保险公司，用户可通过抖音或今日头条 App 进入小程序，实现在线咨询、投保、理赔等一站式保险服务。作为具有先发优势的平台，众安保险抖音号粉丝于 2020 年 5 月突破百万大关，2020 年 5 月 15 日、2020 年 5 月 20 日，众安保险连续两场"粉丝破百万，宠粉返场"主题直播，全程高能圈粉。在 5 · 20 宠粉直播中，众安保险特别邀请经济学博士、著名财经主持人、财经评论家马红漫做客直播间。马红漫专门为众安保险粉丝送上一堂定制的"家庭理财课"。此外，直播现场还连线浙江大学 MBA 导师、心理咨询专家、管理培训专家雷明，以风趣幽默的方式解读育儿健康知识科普和少儿险必要性。大咖做客，引来不少网友互动，健康险怎么买，少儿险与家庭保险如何配置也成了粉丝关注的热门话题。实际上，在预热阶段参与人数就超过 500 万人次。从预热到两场直播在抖音、微信小程序和众安保险 App 平台同步首发，累计观看人数近 80 万人次。

2. 精耕新场景，众安保险抢喝直播"头啖汤"

"新场景"是众安保险近两年提及最多的一个关键词。2019 年财报数据统计，众安保险全年服务用户 4.86 亿人，总保单突破 80 亿张；相当于全国每六张保单中就有一张来自众安保险。众安保险已逐渐成为"国民化"保险品牌，而这正是得益于其从成立之初，对新生代"保民"和互联网新场景的精耕。据 2019 年报，众安保险探索寻求各类用户新触点，利用新场景激发更多市场潜能；借助新场景、新触点，自有平台总保费突破 10 亿元里程碑。

4 月 24 日，众安保险宣布邀请张国立担任"国民体验官"，除了携手老戏骨向用户传递"国民感"，众安保险同时发布全新的品牌理念——网上保险买众安，四亿用户的选择。同时在抖音平台发起"全民任务"，首次以全民化的广告共创模式 High 翻全网，邀请用户和张国立一起隔空飙戏，拍摄属于自己的国民大片。活动超过 2 亿次播放，共诞生 3600 余个原创短视频。除了抖音、快手等传统短视频流量阵地，众安保险也积极尝试在支付宝、淘宝生态与用户建立全方位的连接和互动。2020 年 4 月，众安保险在支付宝上线宠物医疗险，并通过淘宝直播为用户普及养宠知识、科普宠物保险，首次直播便获得超过 12.3 万的观看量。目前支付宝小程序和生活号用户数已突破 4100 万人。

"保险直播"兴起的背后，可以看到，疫情倒逼保险公司变革商业模式，提升线上化运营能力，加快数字化建设。直播平台、短视频平台等新场景平台已成为保险服务营销的新阵地。未来，众安保险将继续秉持"保险＋科技"双引擎战略，通过新场景赋能与新技术变革的双重加持，不断整合前沿的营销资源，与新生代人群建立更加全方位、深层次的沟通和互动。

案 例 分 析

案例 14-1　持续发力，筑牢金融后盾——南湖支行线上营销案例

新冠肺炎疫情之下，由于到店的银行客户数量骤减，中国银行股份有限公司福州南湖支行（下称"南湖支行"）敏捷反应，转移营销战场，全行员工在线营销不打烊。在前期的工作中，南湖支行已为部分企业客户建立微信群提供金融服务，如盛京医院、东北大学等。疫情期间，我们定期在客户微信群内推送手机银行活动及其他产品资讯，发放活动福利，同时做好群内客户金融服务保障工作，特别是抗"疫"一线的盛京医院医护人员，调动了客户的积极性，现就将南湖支行营销活动的思路分享给大家。

1. 开门见山，突出亮点

根据以往的经验，大部分客户对微信群的营销信息都是一带而过，甚至不会点进去而是直接删除。这就需要我们在营销信息的第一行就要将最吸引客户的词汇亮出，这样客户即使在不点击消息的情况下，也能看到我们营销的重点内容，从而吸引客户深入阅读。然后营销产品要条理清晰，重点突出。特别是理财产品，介绍的信息较多，可以把期限、收益、起点金额等信息逐行列出，有优势的地方要用表情符号等来加重。

2. 营销方式要"区别对待"

南湖支行的微信群有医生和学生两个群体，所发的营销信息和方式也不尽相同。对于医生群体，理财产品资讯、手机银行生活缴费和信用卡分期活动等信息是重点，并且针对该群体工作忙的性质，定期推送理财经理的手机号，方便客户联系我们。对于学生群体，手机银行话费充值我们每周都在做抽红包的活动，"心中有光生活有样"活动定期滚动宣传，还有视频会员、购物网站优惠券等活动都在积极推送。针对客户的不同需求，侧重不同的产品。

3. 细化线上服务，做好金融后盾

疫情期间，细致的线上服务是客户的定心丸，越是艰难困苦，就越能彰显出南湖支行服务的优质。对于群里客户的咨询，无论什么时间，我们尽量做到秒回，特别是在群内发信息后，经常有群内的客户想私下咨询问题而加我们好友，这个时候是取得客户信任的最佳时机，要及时出击，解决客户问题。还有客户不会手机银行的操作，我们会将流程一步步的操作截屏发给客户，语音指导客户。要让客户感受到金融后盾的力量，特别是盛京医院的医护人员，他们勇敢逆行，我们更要做好后方保障工作，助力南湖支行勇担社会责任，携手阻击疫情。

资料来源：微信公众号看个金，2020-02-27。

思考：

1. 南湖支行线上营销的关键点是什么？

2. 南湖支行营销的思路有哪些可取之处？

3. 通过该案例，在金融网络营销方面有什么启发？

本 章 小 结

（1）网络营销是基于互联网络及社会关系网络连接企业、用户及公众，向用户及公众传递有价值的信息和服务，为实现顾客价值及企业营销目标所进行的规划、实施及运营管理活动。

（2）金融网络营销具有两重含义，一是指利用网络技术对金融业务进行网络市场调查、网络促销和宣传推介等，成功地将金融产品与服务引向消费者的过程；二是指专门针对基于网络技术的金融产品与服务进行全方位的推介与促销活动。与传统金融服务营销相比，金融网络营销在营销方式、竞争态势、促销方式、产品策略、广告策略、关系营销方面有所不同。

（3）金融网络营销的类型包括搜索引擎营销、电子邮件营销、体验式微营销、O2O立体营销、新媒体营销。

（4）大数据营销是指营销人员运用大数据技术和分析方法，将不同类型或来源的数据进行挖掘、组合和分析，发现隐藏其中的模式，并在此基础之上，有针对性地开展营销活动，以迎合消费者的个人喜好，为消费者创造更大的价值。大数据营销具有多平台化数据采集、个性化营销、联动性、注重及时性和高性价比的特点。

关键概念

网络营销　金融网络营销　大数据营销

综 合 训 练

一、填空题

1. 大数据营销的特点有_____、_____、_____、_____、_____。

二、选择题

1. 以下属于新媒体营销的是（　　　　）。

　　A. O2O 立体营销　　　　　　　　B. 软文营销

　　C. 视频营销　　　　　　　　　　D. 微信营销

三、问答题

1. 简述金融网络营销和传统金融营销的异同点。

2. 简述大数据营销的特点。

参考文献 REFERENCE

[1] 陈钦兰 . 市场营销学 [M]. 第 2 版 . 北京：清华大学出版社，2017.

[2] 王跃梅 . 服务营销 [M]. 杭州：浙江大学出版社，2011.

[3] 唐志刚 . 保险服务营销学 [M]. 北京：电子工业出版社，2008.

[4] 许棣 . 金融服务营销实务 [M]. 北京：中国人民大学出版社，2018.

[5] 韩宗英 . 金融服务营销 [M]. 第 2 版 . 北京：北京化学工业出版社，2019.

[6] 许棣，欧捷 . 金融服务营销实务（21 世纪高职高专规划教材金融保险系列）[M]. 北京：中国人民大学出版社，2018.

[7] 赵占波 . 金融服务营销学 [M]. 第 2 版 . 北京：北京大学出版社，2018.

[8] 安贺新，张宏彦 . 金融服务营销 [M]. 北京：清华大学出版社，2012.

[9] 张黎明 . 市场营销 [M]. 第 6 版 . 成都：四川大学出版社，2018.

[10] 王晶 . 普惠金融形势分析和应对策略 [J]. 中国军转民，2022（18）：80-81.

[11] 中国证券投资基金业协会 . 全国公募基金市场投资者状况调查报告 [R]. 2020.

[12] 赵占波 . 金融服务营销学 [M]. 第 2 版 . 北京：北京大学出版社，2018.

[13] 田雨 . 市场营销学 [M]. 杭州：浙江大学出版社，2017.

[14] 安贺新，张宏彦 . 商业银行服务营销实务 [M]. 北京：清华大学出版社，2013.

[15] 安贺新，张宏彦 . 金融服务营销 [M]. 北京：清华大学出版社，2012.

[16] 张俊，周永平 . 市场营销：原理、方法与案例 [M]. 北京：人民邮电出版社，2016.

[17] 朱佳伶 . 中国村镇银行的市场定位分析 [J]. 时代金融，2013（4）：187-188.

[18] 周建波 . 市场营销学 [M]. 北京：人民邮电出版社，2015.

[19] 周建波 . 市场营销学：理论、方法与案 [M]. 北京：人民邮电出版社，2019.

[20] 张乖利，阮锐师，陈倩媒 . 金融产品营销实务 [M]. 成都：西南财经大学出版社，2019.

[21] 满玉华，赵书海 . 商业银行客户经理 [M]. 第 2 版 . 北京：中国人民大学出版社，2014.

[22] 石飞，黄琳 . 金融客户经理实务 [M]. 北京：中国人民大学出版社，2012.

[23] 范云峰，张长建 . 银行服务营销 [M]. 北京：中华工商联合出版社，2012.

[24] 顾金宏 . 商业银行业务与管理 [M]. 北京：人民邮电出版社，2014.

[25] 张存萍 . 证券投资客户经理（经纪人）岗位实训 [M]. 北京：电子工业出版社，2008.

[26] 马文捷 . 企业有效薪酬激励机制的建立 [J]. 市场周刊（理论研究），2007（3）：149-150，134.

[27] 王莉 . 银行企业有效薪酬激励机制构建之我见 [J]. 财经界（学术版），2013（1）：251.

[28] 叶桂君 . 中国国有企业高管薪酬激励机制研究 [D]. 武汉：武汉大学，2011.

[29] 曹和平，唐丽莎 . 从银行类金融机构成长看中国金融体系的改革方向 [J]. 海派经济学，2018，16（1）：51-60.

[30] 刘丽丽 . 基于马斯洛需求层次理论分析员工福利管理 [J]. 中国科技信息，2010（7）：160-162.

[31] 谢应宽．B. F. 斯金纳强化理论探析 [J]. 贵州师范大学学报（自然科学版），2003（1）：110-114.

[32] 张德．人力资源开发与管理 [M]. 第 3 版．北京：清华大学出版社，2007.

[33] 钟芳．以四性原则指导宽带薪酬设计 [J]. 现代经济信息，2010（3）：173.

[34] 王易龙．薪酬设计的五大原则 [J]. 企业管理，2010（6）：51.

[35] 刘江红．公平性：薪酬设计的首要原则 [J]. 企业活力，2006（7）：56-57.

[36] 李志畴．薪酬体系设计与管理实务 [M]. 第 2 版．北京：清华大学出版社，2014.

[37] 赵国军．薪酬设计与绩效考核全案 [M]. 第 3 版．北京：化学工业出版社，2020.

[38] 王红．商业银行薪酬激励现状及其优化对策 [J]. 企业改革与管理，2019（21）：73-74.

[39] 郭洪，杨勇攀．品牌营销学 [M]. 第 3 版．成都：西南财经大学出版社，2020.

[40] 荣振环．品牌建设 10 步通达 [M]. 第 2 版．北京：电子工业出版社，2016.

[41] 周丹，焦烈焱，邓通，等．金融企业数字化中台 [M]. 北京：清华大学出版社，2020.

[42] 韩宗英．金融服务营销 [M]. 第 2 版．北京：化学工业出版社，2018.

[43] 安贺新，张宏彦．商业银行服务营销实务 [M]. 北京：清华大学出版社，2013.

[44] 韩汉君等．金融创新与金融中心建设 [M]. 上海：上海交通大学出版社，2021.

[45] 周晓明．金融服务营销 [M]. 北京：机械工业出版社，2020.

[46] 安贺新，张宏彦．金融服务营销 [M]. 北京：清华大学出版社，2017.

[47] 韩宗英．金融服务营销 [M]. 北京：化学工业出版社，2018.

[48] 肖扬．互联网保险探索 O2O 生态服务——众安保险推出国内首款 O2O 安心保障计划 [N]. 金融时报，2015-05-25

[49] 凯文·莱恩·凯勒，菲利普·科特勒．A framework for marketing management[M]. 北京：北京大学出版社，2012.

[50] MASLOW. A. H. A Theory of Human Motivation[J]. Psychological Review, 1943, 50: 370-396.

[51] Catalina, T. M. Concept and Evolution of Bank Marketing[J]. The Journal of the Faculty of Economics，2010.

[52] SHARP B. How Brands Grow: What Marketers Don't Know[M]. New York：Oxford University Press. 2019.

[53] Carolina Kairos. THE BRANDING METHOD: cómo crear marcas que provocan, venden e impactan: Una guía paso a paso con más de 25 herramientas practices[M]. Independently published, 2022.

[54] Chaniotakis and Soureli. A Model of Green Bank Marketing, Constantine Lymperopoulos[J]. Journal of Financial Services Marketing, 2012（10），177-186.

教师服务

感谢您选用清华大学出版社的教材！为了更好地服务教学，我们为授课教师提供本书的教学辅助资源，以及本学科重点教材信息。请您扫码获取。

教辅获取

本书教辅资源，授课教师扫码获取

样书赠送

财政与金融类重点教材，教师扫码获取样书

清华大学出版社

E-mail: tupfuwu@163.com
电话：010-83470332 / 83470142
地址：北京市海淀区双清路学研大厦 B 座 509

网址：http://www.tup.com.cn/
传真：8610-83470107
邮编：100084